CERDDI AC YSGRIFAU

Cerddi ac Ysgrifau

Mair Eluned Davies

Golygydd: John Emyr
Darluniau: Rhiain M. Davies

GWASG BRYNTIRION

ⓗ Mair Eluned Davies, 2001
Argraffiad cyntaf, 2001
ISBN 1 85049 182 8

Cynllun y clawr: Rhiain M. Davies (Cain)
Blodau'r clawr: Anne Worthington

Cyhoeddwyd gan Wasg Bryntirion
Bryntirion, Pen-y-bont ar Ogwr CF31 4DX, Cymru
Argraffwyd gan Wasg Dinefwr, Llandybie, Sir Gaerfyrddin

Cynnwys

Ffotograffau yn dilyn tud. 48

Diolchiadau

Er na cheisiaf enwi pawb a'm cynorthwyodd i baratoi'r gyfrol, amhriodol fyddai imi beidio â diolch yn arbennig i'r awdures, Mair Eluned Davies, fy mam-yng-nghyfraith hawddgar a doeth. Er ei phetruster i gyhoeddi ei gwaith rhwng dau glawr, fe wrandawodd ar y llu anogaethau iddi wneud hynny, a rhoddodd bob cymorth i'r gwaith. Diolchaf i'm tad-yng-nghyfraith, y Parch. J. Elwyn Davies, am bob cefnogaeth a chyngor. Bu eu merch, Gwen, fy mhriod, yn ddiwyd ei hymroddiad, a heb ei chymorth ni fyddai'r gyfrol wedi gweld golau dydd.

Fe ymddangosodd nifer o'r cerddi a'r ysgrifau yn y *Cylchgrawn Efengylaidd* a *Gorwelion*, a diolchaf i olygyddion y cyhoeddiadau hynny am eu caniatâd i'w cyhoeddi yma. Diolchir i Gyngor Llyfrau Cymru am gymhorthdal cyhoeddi, ac i garedigion Gwasg Bryntirion am gyfrannu'n hael. Mae fy niolch i Joan Hughes, Caernarfon, ac i gyfeillion y swyddfa yng Ngwasg Bryntirion—Peter Hallam, Edmund Owen, Mair Jones a Manon Owen—am eu diwydrwydd a'u hamynedd. Diolchaf hefyd i Rhiain M. Davies am y gwaith dylunio gofalus. Cafwyd cymorth gan amryw eraill: derbynied pob un ohonynt fy niolch gwresog.

I'm priod
a'm teulu oll
ac er cof am fy rhieni

Rhagair

Testun llawenydd i lawer fydd cael y gyfrol hon yn eu dwylo, a buan y daw'n eglur i bawb a'i darlleno fod yna gyfoeth anarferol rhwng ei chloriau. Yma, wrth borth y gyfrol megis, gellid traethu'n helaeth am y gyfrol a'r awdures, ond rhaid bodloni ar bwysleisio rhai pethau amlwg ond canolog. Efallai y dylwn amlinellu hanes bywyd yr awdures, ei chefndir teuluol a sôn am rai o'r cysylltiadau amlycaf, ond yn hytrach, cyfeiriaf y darllenydd at y sylwadau cofiannol, 'Troeon yr Yrfa', lle ceir llawer o'r cefndir a'r dylanwadau ffurfiannol (yn bobl a lleoedd) yng ngeiriau'r awdures ei hun. A bodlonaf ar dynnu sylw'n unig at y ffaith ei bod yn ferch i'r Parch. James Humphreys ac yn briod i'r Parch. J. Elwyn Davies, cyn-Ysgrifennydd Mudiad Efengylaidd Cymru ac awdur y gyfrol *O! Ryfedd Ras* (1998). Mae hi'n fam i chwech o blant: Alun Meirion Davies, Caerdydd; Gwen Emyr, Caerdydd; y Parch. Hywel M. Davies, Llangefni; Sian Eleri Nicholas, Pen-y-bont ar Ogwr; Rhiain M. Davies, Caerfyrddin; ac Emyr Afan, Caerdydd.

Gwelir cyfeiriadau at Mair Eluned Davies yn atgofion ei brawd, yr addysgwr Gwilym E. Humphreys, *Heyrn yn y Tân* (2000) a *Cofio Hanner Canrif : Hanes Mudiad Efengylaidd Cymru 1948–98* gan Noel Gibbard (2000), a chyhoeddwyd peth o'i chynnyrch mewn cylchgronau amrywiol ac yn y blodeugerddi *O Gylch y Gair* (1987) a *Blodeugerdd Barddas o Gerddi Crefyddol* (1993). Serch hynny, dyma'r gyfrol gyntaf o gynnyrch Mair Eluned Davies, ac yma, am y tro cyntaf —heb geisio cynnwys ei gwaith i gyd—ceir gasgliad helaeth o'i barddoniaeth a'i rhyddiaith.

Y mae ei theulu a'i llu cyfeillion yng Nghymru a gwledydd eraill yn gwybod mai person tra arbennig yw Mair Eluned Davies heb i mi orfod amlhau geiriau i ddweud hynny. I'r rhai nad ydynt yn ei hadnabod, beth a ddywedaf? Yma eto, fe'u cyfeiriaf at dystiolaeth ei gwaith ysgrifenedig. Soniodd eraill am rai o nodweddion y gwaith hwnnw. Dywed J. Gwynfor Jones, 'Yn ei cherddi "Gorchest" a "Galw Heibio", dengys Mair Eluned Davies angerdd dwfn sy'n cyfoethogi'r symlrwydd pur a thelynegol a geir ynddynt.' Meddai'r Prifardd Gwynn ap Gwilym, 'Gwnaeth tynerwch ac afiaith cerddi Mair Eluned Davies

11

gryn argraff arnaf.' A gwerthfawrogai'r Prifardd James Nicholas 'nodyn personol dwfn' cerddi megis 'Castell: I'm Priod', 'Mi Garwn', 'I'r Baban yn y Siôl', 'I'm Merch'. Hoffwn ddal ar y gair 'personol' a'i ategu drwy sôn am yr elfen brofiadol a geir yn rhedeg fel llinyn arian drwy'r gyfrol hon. Er pwysiced yw addysg ffurfiol a gwybodaeth ffeithiol i'r awdures, yr elfen brofiadol sy'n rhoi i'w gwaith ei rym a'i awdurdod arbennig. Ac onid grym ac awdurdod profiad—wedi ei fynegi drwy artistri'r gwir lenor—sy'n rhoi i'w llenyddiaeth hi, fel i emynau a cherddi rhai o gyffelyb anian â hi megis Ann Griffiths neu Emily Dickinson, y nodau gwahaniaethol sy'n codi'r gwaith i dir uwch na'r gwastad damcaniaethol a dibrofiad?

Bydd y sylwadau cofiannol yn gymorth i'r darllenydd weld a dirnad y cefndir a'r cyd-destun i nifer o'r cerddi a'r ysgrifau. Er enghraifft, fe enwir I. D. Hooson fel un dylanwad cynnar yn ystod ieuenctid yr awdures yn Rhosllannerchrugog. Sonnir hefyd am y dylanwad ysbrydol a'r fendith a brofodd yr awdures yn 1948—bendith a roddodd nod a chyfeiriad i'w bywyd hi a bywydau nifer o'i chydnabod, a bendith sy'n cysylltu Cymru ein dwthwn ni â hanes Cristnogaeth fyw oddi mewn i'n cenedl ni a chenhedloedd eraill.

Cyn gwahodd y darllenydd i gerdded drwy'r porth agoriadol hwn a mwynhau cynnwys y gyfrol drostynt eu hunain, hoffwn dynnu eu sylw at un o themâu cyfoethocaf y gyfrol, sef buddugoliaeth mewn dioddefaint. I werthfawrogi'r thema hon, dichon y caiff y darllenydd gymorth o wybod i'r awdur, oddeutu 1984, gael ei tharo gan afiechyd dwys—arthritis. Ar ben hynny, daeth cwmwl profedigaeth i ran Mair Eluned Davies a'i hanwyliaid pan fu farw ei hŵyr bach, Dafydd Elwyn, drwy foddi yn Llansteffan yn 1995.

Felly, er na ddymunai hi imi ei chyflwyno fel rhywun arbennig mewn unrhyw fodd, un sy'n gwybod i'r byw beth yw poen a galar yw awdures y gyfrol hon, ond un sy'n gallu tystio hefyd, fel y Salmydd, i'r cymorth sydd ar gael, i bob perchen ffydd, yng nghanol treialon bywyd. Ac onid yw'r un thema i'w gweld ym myfyrdod yr Apostol Paul pan ddywedodd 'y mae gennym y trysor hwn mewn llestri pridd, fel y byddai godidowgrwydd y gallu o Dduw ac nid ohonom ni. Ym mhob peth yr ŷm yn gystuddiol, ond heb ein llethu yn cael ein bwrw i lawr, eithr heb ein difetha'? Tystiolaeth Mair Eluned Davies hithau yw ei bod yn bosibl inni gael pwrpas i'n bywydau a llawenydd dwfn, nid yn unig ar adegau o heulwen a hawddfyd ond hefyd pan ddaw cymylau annisgwyl a gwyntoedd croesion. Felly, nid cerddi ac ysgrifau trist na thruenus yw'r hyn a ganlyn ond ffrwyth myfyrdod sy'n gyforiog o lawenydd, pwrpas a buddugoliaeth (heb lithro i orchestiaeth), ffrwyth bywyd o waith a myfyrdod ar bynciau sydd o bwys canolog i'n cymdeithas a'n gwareiddiad (er enghraifft, y teulu Cristnogol); ffrwyth mawl a gwerthfawrogiad o berson a gwaith yr Arglwydd Iesu Grist.

Fy nhasg bleserus i, felly, yma wrth borth y gyfrol arbennig hon, yw datgan, gydag awdur Llyfr y Diarhebion, 'Hi a egyr ei genau yn ddoeth . . . Ei phlant a godant, ac a'i galwant yn ddedwydd; ei gŵr hefyd, ac a'i canmol hi . . . Rhoddwch iddi o ffrwyth ei dwylo; a chanmoled ei gweithredoedd hi yn y pyrth.'

John Emyr
Mehefin 2001

Troeon yr Yrfa

Troeon yr yrfa

Sylwadau Cofiannol

Fe'm ganwyd ar ddydd Iau, Mehefin 27, yn y flwyddyn 1929 a hynny yn Seacombe, Wallasey, Glannau Mersi, lle roedd fy nhad, James Humphreys, yn weinidog ar eglwys Bresbyteraidd Gymraeg Liskard Road. Bryd hynny roedd nifer fawr o Ogledd Cymru wedi dod i Lerpwl i weithio ac roedd llawer o eglwysi Cymraeg, o'r herwydd, yn y ddinas ac yn y maestrefi. Cyn priodi, nyrsio oedd fy mam, Rachel Roberts, yn Ysbyty Brenhinol Caer, a chofiaf hi'n dweud iddi un tro fod yn nyrsio merch ifanc o'r Ganllwyd, Dolgellau, a ddaeth i mewn gyda llosgiadau drwg iawn. Oddeutu un ar bymtheg oed oedd y claf, Mair Eluned, ac roedd wedi ei llosgi mor ddrwg fel y bu farw o'r llosgiadau hynny, a mam oedd gyda hi ar y pryd. Wrth farw, adroddai'r pennill:

Dal fi, fy Nuw, dal fi i'r lan,
'N enwedig dal fi lle rwy'n wan;
Dal fi yn gryf nes mynd i maes
O'r byd sy'n llawn o bechod cas.

Credaf i hyn adael y fath argraff ar mam fel pan anwyd ei phlentyn cyntaf (a honno'n ferch) iddi roi'r enw Mair Eluned arni. Ychydig dros ddwy flynedd yn ddiweddarach ganwyd fy mrawd, Gwilym Esmor (27 Medi 1931), ac yna ganwyd fy nwy chwaer, Ceinwen Catrin (28 Ebrill 1938) ac Ann Hooson (19 Chwefror 1942) yn Rhosllannerchrugog pan aeth fy nhad yn weinidog ar y Capel Mawr.

Sut y bu i'm tad a'm mam gyfarfod

O gofio plwyfoldeb ardaloedd gwahanol Gogledd Cymru ar ddechrau'r ganrif yn y byd amaethyddol, wrth edrych yn ôl dros ysgwydd y blynyddoedd, y mae'n syndod cofio bod fy nain (a oedd yn weddw ers pan oedd yn ddeugain oed) wedi symud, gyda mab a thair o'i merched, o fferm Plasymhenllech ym mhellafoedd Llŷn i fferm y Bistre ym Mwcle heb fod ymhell o'r Wyddgrug. Yn ddiweddar, deellais fod nain a'r merched wedi teithio am ddau ddiwrnod gyda phoni a thrap i gyrraedd Bistre o Blasymhenllech tra oedd fy Ewythr John yn 'gyrru'r wedd', sef dod â'r anifeiliaid. Bûm yn meddwl llawer pam y daethant i Glwyd o Lŷn, a'r unig resymau sy'n eu cynnig eu hunain yw bod Yncl Llewelyn wedi dod i ffermio i Dŷ Newydd, Llanfair Dyffryn Clwyd, ger Rhuthun. Wedyn roedd Yncl Robert yn ffermio yn y Foelas ym Mhentrefoelas, ger Betws-y-coed. A fyddai'r ffaith eu bod nhw wedi ymgartrefu yn y gogledd mwy dwyreiniol wedi tynnu Yncl John a nain i brynu fferm y Bistre a gadael pellafoedd Llŷn? O ddiffyg clywed dim gwahanol, mae hynny'n ddigon posibl.

Merch ysgol ramadeg oedd mam ar y pryd (a oedd eisoes wedi bod am oddeutu dwy flynedd yn Ysgol Ramadeg Blaenau Ffestiniog), ac felly dechreuodd fynychu Ysgol Ramadeg Alyn, yr Wyddgrug. Roedd fy nhad yn mynychu'r ysgol honno hefyd. Gan ei fod flwyddyn yn hŷn na mam, roedd mewn dosbarth uwch na hi. Soniai'r ddau, yn aml, yn fy nghlyw i, am un athro arbennig iawn oedd ganddynt sef Mr W. J. Roberts a ddysgai'r ieithoedd clasurol a Chymraeg. Pwy oedd hwnnw ond tad y Parch. Gwilym Roberts, Caergwrle, a fu'n gyfaill arbennig i'm priod a minnau ar hyd y blynyddoedd. Bu Elwyn ac yntau yn eu tro yn ysgrifenyddion teithiol gyda'r IVF yng Nghymru, y ddau ar bwyllgorau'r Mudiad Efengylaidd pan oedd Elwyn yn ysgrifennydd cyffredinol ac ar Gyngor y Coleg Efengylaidd ym Mryntirion, ac ef a ddilynodd Ken Barker fel cadeirydd pwyllgor y Coleg. Pan fu farw fy nhad, derbyniais lythyr o gydymdeimlad oddi wrth Gwilym Roberts ac ynddo deyrnged i gyraeddiadau academaidd fy nhad: 'Fel y gwyddoch roedd eich tad yn un o ysgolheigion cyntaf fy nhad yn Ysgol Alyn, ac yn sicr roedd yn un o'r rhai disgleiriaf a gafodd ar hyd ei yrfa yn yr ysgol honno, efallai'r mwyaf disglair ohonynt i gyd.'

Felly roedd fy narpar rieni wedi cwrdd â'i gilydd yn Ysgol Alyn, mam yn seiclo yno o'i chartref ym Mwcle a 'nhad yn teithio ar y trên o Ryd-y-mwyn. Byddai mam yn arfer dweud wrth edrych yn ôl ar ddyddiau ysgol, gan rannu ei hatgof o'm tad, 'Roedd o'n hogyn clyfar iawn a dwn i ddim pam roedd o'n fy hoffi i', gyda'i llygaid bach yn pefrio. Ond drwy'r blynyddoedd y bu fy nhad yn fyfyriwr ym Mangor, yng Ngholeg Iesu, Rhydychen, y Coleg Diwinyddol yn Aberystwyth a'r flwyddyn fugeiliol yng Ngholeg y Bala, a thra bu mam hithau am gyfnod yng Ngholeg Amaethyddol Llysfasi, blwyddyn yng Ngholeg y Brifysgol, Bangor, ac wedi hynny yn nyrsio yng Nghastell Rhuthun, ac yna'n gwneud ei chwrs SRN yn yr Ysbyty Brenhinol yng Nghaer, hyd eu priodas ar Awst 13, 1928, yn eglwys St. John's St, Caer, bu'r ddau yn ffyddlon iawn i'w gilydd. Cyn eu priodas ac wedyn, roedd eu ffyddlondeb i'w gilydd fel y graig, a sylw fy mam oedd, 'Wn i ddim ond doedd neb arall yn gwneud y tro.'

Hanes y teulu ym Mhlasymhenllech ger Tudweiliog

Kate Pierce oedd enw morwynol fy nain ac fe'i ganwyd ar Chwefror 29, 1865, pan oedd y teulu'n ffermio ym Mhengwern, Llan Ffestiniog. Roedd fy hen daid yn gyfrifol am gludo cerrig i adeiladu capel Bethel, Tanygrisiau. Oddi yno symudodd y teulu i Ystumcegid Isaf ger Llanystumdwy. Mynychai nain ysgol y pentref yn Llanystumdwy ac roedd Lloyd George a'i frawd yn ddisgyblion yno ar yr un pryd. Cofiaf hi'n sôn fod ewythr iddi oedd yn fancer ac yn ŵr dibriod wedi talu iddi hi a'i chwaer fynd wedyn i ysgol breswyl i ferched yn Lerpwl. Ond byr fu eu harhosiad yno oherwydd i'r dwymyn goch dorri allan, a daeth y ddwy adref. Roedd hi'n ysgol galed, meddai nain, a doedd ei chwaer a hithau ddim yn hapus yno o gwbl.

O bryd i'w gilydd byddai nain yn sôn am ei phlentyndod ac amdanynt yn gwneud canhwyllau brwyn o'r mawndir, ac fel y byddent fel plant yn cael eu hanfon i hel y cerrig o'r caeau. Gorchwyl mwy pleserus na hynny, pan ddeuai'r haf, oedd casglu llygeirion. Cofiaf hi'n dweud wrthym dipyn o hanes 'dydd yr injan ddyrnu', fel y byddent wrthi hyd oriau mân y bore ar noson loergan, a hwythau fel plant yn gorfod rhedeg yn ôl a blaen gyda dŵr i'r injan neu ddal yr hen lamp stabl nes oeddynt wedi fferru.

I ddangos pa mor galed oedd hi ar ffermwyr pan oedd nain yn ifanc, byddai'n aml yn adrodd hanesyn wrthyf am ei thad yn dychwelyd adref o'r ffair ac yn cwrdd â gwraig y plas. 'Bore da', meddai honno wrtho, ac yntau'n ateb, 'Nid bore da i mi, Ledi Wen, wedi gorfod gwerthu fy nwy ddyniawed am bumpunt!' Roedd hi'n amlwg yn ddyddiau anodd ar ffermwyr bryd hynny fel heddiw.

Priododd fy nain William Roberts, mab Ystumcegid Uchaf, a ganwyd iddynt ddeg o blant—pump o fechgyn: William; John; Robart; Llywelyn a Glyn, a phump o ferched: Elizabeth (Bet); Kate; Annie; Rachel a Suzannah. Yn fferm y Glyn, Capel Curig, y buont yn ffermio gyntaf (o ran diddordeb, mae'r Tŷ Hyll wedi ei godi ar gwr tir y fferm). Oddi yno symudasant i Blasymhenllech, a'r diwrnod cyn iddynt symud talodd Dewyrth Lincoln am gael llun wedi ei dynnu o'r teulu (taid a nain a naw o'r plant). Fy mam oedd y babi ar lin ei mam. Yn gefndir iddynt mae tŷ gwydr fferm gyfagos a oedd yn beth ffasiynol bryd hynny. Trefnodd cefnder imi, David P. Evans, fod pob un ohonom fel wyrion ac wyresau yn cael copi ohono. (Gweler ail ddalen y lluniau.)

Lle cyfareddol yw Plasymhenllech yn llawn awyrgylch oes a fu, ac yno, yn 1996, ffilmiwyd rhai golygfeydd o *August* (seiliedig ar *Uncle Vanya* gan Tshechof), gyda'r actor Anthony Hopkins a chwmni Theatr Clwyd.

Digon trist fu eu hanes fel teulu wedi symud i Lŷn. Pan oedd un o'u plant, Suzannah, yn ddwyflwydd oed fe'i lladdwyd mewn damwain erchyll. Gwasgwyd hi i farwolaeth yn erbyn y wal pan redodd allan i'r cwt lle roedd ci yn troi buddai fawr. Ymhen rhyw flwyddyn wedyn, yn 1905, bu farw fy nhaid o niwmonia ac yntau ond yn 52 oed. Dywedodd fy nghefnder, Arthur Gwynn, wrthyf iddo ef glywed bod taid yn ffair Four Crosses bythefnos cyn iddo farw ac mae'n bosibl iddo ddal annwyd trwm yno. Aeth ei angladd drwy Four Crosses bythefnos wedyn, ar y ffordd i'w gladdu yn Eglwys Cwm Pennant. Clywais mam a'm modrabedd yn dweud nad oedd hinsawdd agos-at-y-môr Pen Llŷn yn ei weddu. Cyfrifid ef yn ŵr addfwyn a welai'r gorau ym mhawb ac ni chlywid ef byth yn beirniadu'r pregethwr ar y Sul, er enghraifft. Roedd rhyw rinwedd ym mhawb.

Felly gadawyd fy nain yn weddw ifanc i ffermio fferm fawr Plasymhenllech gyda naw o blant dan ei gofal. Trwy drugaredd, bechgyn oedd y pump hynaf, a chyda chymorth hwsmon hwy oedd yn ffermio, a morynion yn helpu nain yn y tŷ, a'r merched fel y tyfent.

Yna daeth tro ar fyd pellach i nain pan ymfudodd ei mab hynaf, William, i Toronto, Canada; a phan dorrodd rhyfel 1914-18 ymrestrodd Llywelyn a Glyn yn y fyddin gyda'r Ffiwsilwyr Cymreig. Diddorol i mi oedd darllen yng nghyfrol Harri Parry ar Tom Nefyn y modd y disgrifiodd Tom Nefyn, yn ei lyfr *Yr Ymchwil*, y cwrdd listio yn Neuadd Madryn, Nefyn. Wrth ddarllen y disgrifiad hwnnw, ni allwn lai na chredu mai dyma'r cyfarfod (neu un arall tebyg iddo) oedd yn achlysur i Llywelyn a Glyn adael y fferm ac ymuno â'r Ffiwsilwyr Cymreig. Fel miloedd eraill o'u cenhedlaeth, anfonwyd hwy i Ffrainc i ymladd. Lladdwyd Yncl Glyn yn Ypres ac anafwyd Yncl Llywelyn. Yr hyn a ofidiai nain ar hyd y blynyddoedd oedd nad oedd raid iddynt fod wedi mynd gan fod ganddynt fwy na digon i'w wneud ar y fferm. Ond cymaint oedd effaith cyfarfodydd megis yr un a ddisgrifiwyd gan Tom Nefyn—gyda gweinidog huawdl yn perswadio rhai i listio drwy ei areithyddiaeth—fel yr aeth llaweroedd o Gymry ifanc tebyg iddynt i'r ffosydd. Oni bai am gefnogaeth gyson Dewyrth Lincoln bryd hyn, byddai nain wedi torri ei chalon yn llwyr.

Clywais mam yn dweud am ei mam ei bod yn wraig tŷ ragorol ac na fyddai byth yn cael anhawster i gyflogi a chadw morynion i ddod i Blasymhenllech. Roedd yn deg iawn yn eu trafod, yn gweithio'n galed ei hun ac yn gofalu am safon dda o fwyd. Mae'n debyg y byddai'n hoff o wario, a phan fyddai'n mynd i'r ffair yn achlysurol byddai'n gofalu am brynu digon o lestri. Roedd yn ddiamheuol hael ei hysbryd ac yn hoff o wneud popeth yn drefnus, gyda'r lleiafswm o ffws.

Ganwyd un ferch iddi, Annie (y chwaer o flaen mam) gyda hollt yn nhaflod ei genau a doedd dim llawer y gellid ei wneud bryd hynny i fabanod a anwyd felly ond eu bwydo'n amyneddgar gyda llwy de. Roedd nain, fodd bynnag, yn ddigon arloesol ei hysbryd i fynd ag Annie at arbenigwr yn Lerpwl i weld ynghylch y cyflwr (o bosibl roedd Dewyrth Lincoln yn ei helpu'n ariannol). Wn i ddim pa gyngor a gafodd gan yr arbenigwr ond roedd y weithred o fynd o ben draw Llŷn i Lerpwl yn dangos dipyn o wroldeb, ac awydd i wneud ei gorau glas dros ei merch fach.

Yr oedd y ffaith bod Glyn—yr ieuengaf o'r bechgyn hoffus, ac un annwyl iawn o'i fam, a fyddai'n mynd ymlaen i 'gymryd rhan' pan ddaeth Diwygiad '04–'05 i ardal Tudweiliog—wedi ei ladd yn y Rhyfel yn ddigwyddiad a oedd gyda hi fel croes drom ar hyd y blynyddoedd. Ar ddydd cofio'r cadoediad (Tachwedd 11), wrth iddi wisgo'r pabi coch, byddai'n ddwys iawn, ond yn methu wylo, a chan roi ei llaw ar ei chalon am ennyd byddai'n dweud, 'Mae o fan hyn.' Fel y dywedodd R. Williams Parry, roedd hi, fel miloedd o rai eraill, yn dioddef 'y rhwyg o golli'r hogiau'.

Ar nodyn ysgafnach, cofiaf hi'n adrodd stori annwyl am fy nhaid a hithau. Roedd nain, mae'n debyg, wedi bod i ben y das gyda'r ysgol i nôl gwair i'r gwartheg. Yn annisgwyl llithrodd ei modrwy briodas a diflannodd i mewn i'r das. Canlyniad hyn oedd bod fy nhaid yn ei herian: 'Dydw i ddim yn briod dim mwy!' Fodd bynnag, wrth i'r wythnosau fynd heibio, a hithau'n ddifodrwy, daethpwyd i waelod y das wair, ac yno ar y gwaelod yn deg roedd y fodrwy briodas a gollwyd. Felly roedd y ddau yn gyflawn briod unwaith eto!

Yr oedd ei Chymraeg yn gyfoethog o briod-ddulliau a dywediadau Llŷn ac Eifionydd (a thipyn o sir Feirionnydd gan iddi gael ei geni yn Ffestiniog). Roedd yn dda am ysgrifennu llythyr, dim ond i chi wneud yr atalnodi eich hun, a chofiaf ei llythyrau ataf pan oeddwn yn y coleg ym Mangor. Oedais un tro cyn diolch am rodd o arian a anfonodd ataf a chefais wybod ganddi yn ddi-flewyn-ar-dafod y dylwn ddiolch yn syth wedi derbyn rhodd. Arhosodd ei cherydd gyda mi hyd y dydd heddiw, a cheisiais wedi hynny ddiolch mewn pryd, gyda rhai eithriadau mae'n siŵr. Doedd Saesneg ddim yn broblem iddi, gan iddi gael peth amser mewn ysgol yn Lerpwl mae'n debyg, a byddai'n darllen y *Liverpool Daily Post*, yn enwedig i ddilyn hanes Lloyd George. Ond yn ei hymwneud â'r radio roedd popeth yn Gymraeg yn cael ei groesawu ganddi, a phan ddeuai rhaglen Saesneg ar yr awyr, waeth pa mor uchel oedd ei safon, 'Rho'r hen Saesneg 'na i ffwrdd' oedd y dywediad a gofiaf ganddi!

Byddai'n hoff iawn o adrodd rhigymau wrthym megis hwn:

> Mae'n dda gen i ddefaid,
> Mae'n dda gen i ŵyn,
> Mae'n dda gen i fachgen
> Â phant yn ei drwyn
> A thipyn bach, bach o ôl y frech wen
> Yn gwisgo het befar ar ochr ei ben.

Rhigwm arall oedd yn boblogaidd ganddi o fyd ffermio (sydd fymryn yn fwy cyfarwydd, o bosibl) oedd:

> Mi ddweda' i chi stori,
> Hen gaseg yn pori; (Ateb bob yn ail)
> Mi ddweda' i chi ddwy,
> Hen gaseg ar y plwy;
> Mi ddweda' i chi dair,
> Hen gaseg yn y ffair;
> Mi ddweda' i chi bedair,
> Hen gaseg yn colli pedol;
> Mi ddweda' i chi bump,
> Hen gaseg yn cael cwymp;
> Mi ddweda' i chi chwech,
> Hen gaseg frech;
> Mi ddweda' i chi saith,
> Hen gaseg yn cael gwaith;
> Mi ddweda' i chi wyth,
> Hen gaseg yn cael pwyth;
> Mi ddweda' i chi naw,
> Hen gaseg yn y baw;
> Mi ddweda' i chi ddeg,
> Hen gaseg ar ei chlwt teg!

Fel plant, ni allem glywed gormod am yr hen gaseg a'i champau.

Hwyrach y byddai o ddiddordeb nodi'r math o fwydydd a gaent ar y fferm, a'r cynghorion ynghylch y rheini:

Menyn cartra' (gwae os oedd blas 'hir hel' arno). Byddai nain yn sôn fel y byddent yn 'potio' menyn ym Mhlasymhenllech ac yn ei werthu yn ffeiriau Caernarfon i chwarelwyr o dueddau Llanberis.

Peidio bwyta dau enllyn, sef peidio â rhoi menyn a chaws gyda'i gilydd ar fara.

Llaeth enwyn (dim hafal iddo am dorri syched, ac roedd mam yn hoff ohono hyd ddiwedd ei hoes).

Brwes. (Roedd nain yn hoff o wneud hwn am flynyddoedd pan ddôi i aros atom.)

Potes (cawl clir gyda llysiau, etc.).

Cacen sinsir (ffefryn adeg Nadolig).

Cacen gri (ar y 'radell' i de).

Crempog.

Cacen datws (roedd nain yn dda am wneud pethau blasus fel hyn ar gyfer te).

Digon o *jam cartref* (roedd triog du yn cael ei ganmol fel 'eli'r galon' ac roedd cyfleth yn boblogaidd adeg y Nadolig).

Yr oedd cacennau afalau, sgonau a bara brith a gwneud 'twmplen afal' mewn cadach, a phwdinau eraill fel 'roli-poli jam' yn boblogaidd. Roedd pwdinau llefrith—reis, sago, tabioca—yn boblogaidd hefyd, a phob math o gigoedd gyda llysiau wedi eu codi ar y tir.

Cynghorid rhywun i beidio â bwyta caws i swper gan y gallai beri ichi gael breuddwydion cas. Os oeddech wedi colli eich archwaeth am fwyd, gwnâi nain ffisig drwy dywallt dŵr berwedig ar wermod lwyd a gadael iddo oeri. Roedd yfed cyfran o hwn (wedi iddo oeri a sefyll) mor ddychrynllyd o atgas fel y byddech yn gwneud eich gorau i fwyta'r bwyd a osodwyd o'ch blaen!

Clywais y teulu'n sôn y byddai hen fodryb iddynt bob amser yn gosod un lle ychwanegol wrth osod y bwrdd, 'rhag ofn i rywun ddod dros y mynydd'. A phan ddeuai dieithriaid at y drws, gofalid peidio â'u troi ymaith yn ddiseremoni heb wrando neu brynu rhywbeth bach ganddynt: 'Mae pobl eraill eisiau byw.' Amlygid hen arfer arall o fyd ffermio pan ddeuai nain i aros gyda ni: cyn noswylio byddai bob amser yn mynd at y drws cefn ac yn ei agor i weld sut dywydd oedd hi, a chael dipyn o awyr iach cyn cysgu. Wrth heneiddio tueddai mam i wneud yn debyg, a dywed fy nghefnder, Arthur Gwynn, ei fod yntau'n gwneud yn debyg bob nos ar ôl edrych yn gyntaf ar gloc y tywydd. Caf fy hun weithiau yn gwneud yn debyg.

Yr oedd balchder mawr mewn ffermio yn nodwedd amlwg o deulu mam. Pan deithiech mewn car gydag unrhyw un o'm hewythrod a oedd yn ffermwyr—sy'n golygu pob un ohonynt!—byddent bob amser yn sylwi pa mor daclus oedd gwrychoedd gwahanol ffermwyr. 'Rydych chi'n 'nabod ffermwr da wrth ei wrychoedd', meddent. Weithiau byddent yn syllu cymaint ar y caeau, ac yn y blaen, fel y byddent braidd yn esgeulus wrth olwyn y car, ac yn cael cerydd y modrabedd. Roedd gair uchel i John, Robert a Llywelyn, brodyr fy mam, fel ffermwyr cydwybodol a da. Pwysleisiai'r merched, Anti Bet, Anti Kate ac Anti Annie, pa mor bwysig oedd cadw buarth neu iard gefn tŷ yn daclus, ac roedd y 'brws bras' ar waith yn aml iawn ganddynt. Hefyd, roedd parch at y Sul yn bwysig dros ben, gan wneud cyn lleied â phosibl o waith drwy baratoi llysiau ac yn y blaen ar gyfer y Sul ar nos Sadwrn.

Atgofion mam am Blasymhenllech

Byddai'n sôn ei bod yn cofio'r goets fawr yn dod i Dudweiliog (yr olaf i redeg rwy'n credu). Yn ddiweddar roeddwn yn darllen atgofion Thomas Parry, yn *Amryw Bethau*, ac yntau'n sôn fel y byddai'n mynd am wyliau yn blentyn at ei nain yn Llangwnadl, Llŷn, ac yn dweud, 'Yr oedd mynd o Bwllheli i Langwnadl ynddo'i hun yn anturiaeth ogleisiol, efo coets fawr Tirgwenith, a phedwar ceffyl yn ei thynnu' (t.52). Ganwyd mam yn 1902 a Thomas Parry yn 1904, felly mae'n ddigon posibl mai'r un goets a gofient yn rhedeg. Mae Elwyn, fy ngŵr, yn cofio y byddai'n arfer mynd gyda'i nain ef o Rostryfan i weld perthnasau yn Llŷn o bryd i'w gilydd, ac yn Nhirgwenith yr oedd y rheini'n byw. Cofia Elwyn fel y byddai'r hen goets fawr yn cael ei chadw ganddynt mewn stabl. Felly, nid yn unig fy nheulu i, o ochr fy mam, oedd yn hanu o Lŷn ond rhai o ochr teulu Elwyn hefyd.

Wrth gofio am Blasymhenllech, byddai mam yn sôn hefyd fod eglwys fach hynafol a beddau o'i chwmpas heb fod ymhell o'r tŷ, a hwythau fel plant yn ofni mynd heibio iddi liw nos, gan feddwl fod ysbrydion yno. Byddent hefyd yn ofni mynd heibio haid o wyddau a fyddai weithiau'n dod ar draws eu llwybr ar y ffordd adref o'r ysgol. Cofiai iddi gael wats aur am fod yn ffyddlon yn mynychu'r ysgol yn Nhudweiliog—waeth sut y byddai'r tywydd, ni fynnai er dim golli'r ysgol. Yn gysylltiedig â hyn, diddorol i mi oedd darllen yn y gyfrol *Gwraig y Capten* gan Aled Eames am ymroddiad Capten Thomas Owen gyda'r ysgol a'r capel yn Nhudweiliog fel un o'r rheolwyr: '. . . mae'n amlwg bod Ysgol a chapel Tudweiliog wedi elwa'n fawr iawn ar ei bresenoldeb ym Minafon o tua 1907 hyd at ei farwolaeth yn 1919' (t.131). Roedd yn un o reolwyr ysgol Tudweiliog ac yn cadw'r

24

cofnodion—a'i stamp fel capten a gŵr busnes yn amlwg iawn arnynt (yn Saesneg yr oedd y cofnodion fel y byddai'n digwydd yn y cyfnod hwnnw). Byddai'n mynd i'r ysgol i roi ambell wers i'r plant ar ddaearyddiaeth, a byddai plant yn derbyn gwobrau am 'full attendance'. Rhoddai anrhegion i'r ysgol fel lluniau o longau ac yn 1918 rhoddwyd piano ganddo (a gosodwyd plac arni i ddangos hynny).

'Daeth cymylau du y Rhyfel Byd Cyntaf i daflu cysgodion ar ardal mor anghysbell â Thudweiliog a buan iawn yr oedd Capten Owen yn ysgrifennu at y bechgyn oedd gynt yn ei ddosbarth Ysgol Sul [byddai Llywelyn a Glyn wedi bod yn eu plith] a hwythau wedi gwasgaru i foroedd pell a ffosydd y rhyfel ar y cyfandir' (t.135). Ac mae Aled Eames yn dyfynnu o'r *Drysorfa* yn 1921, 'Daliodd afael di-ollwng ynddynt trwy gydol yr alanas; ymohebai â hwynt ac anfonai roddion iddynt, a gweddïai fwy a mwy drostynt . . . ond cyn iddynt ddychwelyd o wahanol wledydd y ddaear roedd eu hathraw wedi mynd, i beidio dychwel mwy.' Fel ym myd llongau, rhoddodd Thomas Owen o'i orau i'r ysgol (fel rheolwr) ac i'r capel (fel blaenor) a'i wraig Ellen Owen bob amser yn gefn iddo. Byddai cymwynaswr fel Thomas Owen yn gaffaeliad i unrhyw ysgol, ac yn sicr o wneud yr ysgol yn lle atyniadol i ddisgyblion fel fy mam i fynd iddi, heb fod eisiau colli diwrnod.

Ond er holl atyniadau difwstwr Llŷn, daeth diwrnod yr ymfudo, a theithiodd nain gyda John, Kate, Annie a Rachel ymhellach a phellach o Benrhyn Llŷn nes cyrraedd fferm y Bistre, Bwcle, yn Sir y Fflint. Yn ddiweddarach, pan briododd John, aeth nain, Kate, Annie a mam i fyw i Lys Eifion ym mhentref Cilcain wrth droed Moel Famau. Wedi i Anti Annie fynd i wasanaeth a mam i nyrsio, priododd Anti Kate Yncl John (Tŷ Capel, Cilcain)—adeiladydd, ymgymerwr, codwr canu a blaenor yn y capel. Ganed iddynt ddau o blant: Eirlys (ychydig fisoedd yn iau na mi) ac Arthur Gwynn. Gwnâi fy nain ei chartref yn bennaf yn Llys Eifion, a hyn oedd i gyfrif, yn ogystal ag ysbryd tu hwnt o groesawus Anti Kate (gyda chefnogaeth Yncl John), ein bod wedi treulio cymaint o wyliau yno bob blwyddyn. Yno y buom hefyd am fis yn cael lloches pan fomiwyd y Rhos, a chofiaf fynd gyda'm brawd, Gwilym, i'r ysgol yno.

Roeddwn yn neilltuol o hoff o fynd i Lys Eifion ar fy ngwyliau, ac yn fy arddegau cynnar byddwn yn seiclo yno o'r Rhos ac yn mwynhau pob munud o'r daith. Roedd Cilcain yn bentref bach tlws, a deuai llawer o ardal y Wirral yno am wyliau cerdded. Dim rhyfedd, felly, y byddai ymwelwyr yn aros yn Llys Eifion yn rheolaidd ac Eirlys a minnau'n gweini arnynt wrth y byrddau yn y ddwy ystafell ffrynt. Tŷ

25

tafarn, a enwid 'Red Lion', oedd Llys Eifion ar un tro. Roedd yn dŷ eang gydag awyrgylch hynafol yn perthyn iddo, ar waethaf y bywyd ifanc oedd yn byrlymu o'i fewn.

Yr oedd siop, swyddfa bost a chapel Methodistaidd yn rhan annatod o'r pentref a hefyd efail y gof—cyrchfan na fyddem ni fel plant byth yn blino ymweld â hi. Wrth ymyl y tŷ ac i lawr yn y bwlch, cadwai fy modryb a'm hewythr rai gwartheg godro, lloi, mochyn neu ddau ac ieir yn dyrfa gref. Roedd Dewyrth John bob amser yn llawn prysurdeb gyda'i waith fel saer ac adeiladydd, a'i wraig oedd yn ymwneud fwyaf â'r anifeiliaid. Roedd Anti Kate yn wych iawn am ymddiried jobsys i ni fel plant: yn ogystal â bwydo'r ieir a chasglu'r wyau byddem yn danfon llaeth mewn piseri i rai o dai y pentref ac yn troi'r fuddai yn ogystal â phicio i'r siop yn y Llan, a gosod a thendio byrddau. Byddem wrth ein bodd yn ei helpu fel hyn. Roedd ei phersonoliaeth radlon, gynnes a bywiog yn atyniadol dros ben i ni. Ac wrth gwrs, fel y dywed Dylan Thomas am ei wyliau ef ar fferm ei fodryb yn 'Fern Hill', roedd y dyddiau gwynfydedig hyn yn hir a diderfyn.

Ein hoff gyrchfan chwarae oedd strimyn o goed led tri chae o'r tŷ, llecyn a alwem yn 'Coed Bach'. Doedd ond un chwarae yn ei gynnig ei hun i'n hysbrydoedd anturus yn y fath amgylchfyd—'Robin Hood and his Merry Men'. Fel yr hynaf, fi oedd Robin Hood a mawr oedd cyfrifoldeb fy arweinyddiaeth dros y 'cymeriadau' eraill: Friar Tuck, Little John, Wil Scarlet, i enwi'r rhai amlycaf. Byddem yn llunio ein bwâu a'n saethau'n ofalus, ac yn ein tyb ein hunain roeddem yn gryn arbenigwyr yn y gelfyddyd o ddewis y coedyn mwyaf hyblyg a'r llinyn mwyaf addas. Aeth y chwarae hwn rhagddo drwy ein plentyndod pan oeddem ar ein gwyliau yn Llys Eifion, ac mae'r atgofion yn rhai hapus hyd heddiw.

Pan oedd fy nghyfnither, Eirlys, oddeutu wyth neu naw oed, dychrynwyd hi'n enbyd gan i rywun, a ddaeth i iard y fferm gyda cheffyl, ei chodi'n chwareus ar gefn y ceffyl ac i hwnnw folltio a'i thaflu. Y cyngor a roddwyd i'w rhieni oedd iddynt brynu trap a phoni reit ddof iddi. Fel y byddai'n arfer â hwnnw ystyrid y gallai hyn ei helpu i anghofio'r braw a gafodd. (Roedd hefyd wedi bod yn wael gyda salwch pur ddifrifol.) O ganlyniad byddem fel plant yn cael mynd mewn steil am dro i'r wlad o gwmpas Cilcain yn y trap, a'r hen Polly, oedd mor ddiog a dof, yn trotian yn gyflym yn unig pan afaelai Anti Kate yn ei ffrwyn! Ond arafu a chymryd mantais arnom ni, y plant, a wnâi Polly os cydiem ni yn ei ffrwyn. Mewn gair, roedd hi'n gall yn ei chenhedlaeth.

Pan arhosem yn Llys Eifion, gan ein bod mewn tŷ a oedd union gyferbyn â'r capel, roeddem yn rhan annatod o'r gwasanaethau dair gwaith y Sul, ac roedd hynny hefyd yn rhan o atyniad y gwyliau. Roedd ewythr i Yncl John yn bregethwr o ddylanwad yn ei ddydd. Ei enw oedd Evan Davies, Cilcain, a chredaf iddo ddylanwadu ar gymdeithas gynnes yr eglwys. I mi'n blentyn roedd awyrgylch o sancteiddrwydd atyniadol o'i gwmpas, a phan ddeuai i'r tŷ ar noson Seiat byddem wrth ein bodd yn dweud ein hadnodau wrtho. Aeth i'r weinidogaeth yn ddiweddar yn ei oes, ac yn ddi-os roedd yn bregethwr gwreiddiol y cofiai pobl ei bregethau ymhen blynyddoedd lawer wedyn. Fel yn fy nghartref fy hun doedd cadw'r Saboth, er gwaethaf ein bywiogrwydd naturiol, ddim yn dreth nac yn faich. Mae'n gas gen i, o'r herwydd, y portreadau eithafol a geir mewn llenyddiaeth o gadw'r Saboth, mewn blynyddoedd a fu, fel peth beichus a chrebachlyd.

Ar ddiwedd pob gwyliau byddem fel defod yn dringo Moel Famau i'w chopa ac yn cario carreg bob un i'w gosod ar y pentwr a oedd yno eisoes. Yna, wedi dotio at ysblander Dyffryn Clwyd oddi tanom, byddem yn rholio i lawr bendramwnwgl drwy'r grug gan chwerthin yn aflywodraethus. Wedi bod allan yn yr awyr iach am yr holl oriau, roeddem yn awchio am ein te, a Modryb yn methu torri bara menyn yn ddigon cyflym. Nid cynt y syrthiai tafell ar y plât bara menyn nag y byddai wedi ei hawlio!

Yr oeddem yn mynd i leoedd eraill ar wyliau, ac am ysbeidiau aem i gartrefi aelodau gwahanol o'r teulu, ond i mi doedd dim hafal i groeso a gwyliau Llys Eifion. Gyda phresenoldeb diddan nain yn y gegin (pan nad oedd yn golchi pentyrrau o lestri wrth y sinc yn y gegin gefn), Anti Kate ac Yncl John yng nghanol bwrlwm cant a mil o orchwylion, Anti Annie adre'n achlysurol am ysbeidiau o'i gwaith fel howsgiper, perthnasau, ffrindiau, cymdogion a rhai mewn angen ymgeledd yn galw i mewn ac yn cael croeso, fe fyddai'n anodd peidio â chofio'r aelwyd gydag anwyldeb a diolchgarwch.

Bu nain Cilcain fyw i oedran teg. Bu farw Chwefror 21, 1953, ac roedd ei chyneddfau'n gryf hyd y diwedd. Bu'n ddylanwad arhosol arnom fel teulu fel y deuai i aros ar un aelwyd ar ôl y llall yn eu tro. Roedd yn gymeriad cadarn, prin ei geiriau ac yn hoff o drefn, ond hefyd yn gallu dotio at ein campau ni fel plant. Deellais ymhen amser fod Pyrsiaid yn gallu olrhain eu hachau yn ôl at Edmwnd Prys (1544–1623), a gallaf gredu'n hawdd amdani ei bod yn hanu o deulu athrylithgar, gan fod rhyw ddyfnder rhyfedd yn ei phersonoliaeth.

Pan oedd nain Cilcain yn aros gyda ni yn y Rhos dros y gaeaf, yr atgof sydd gennyf amdani yw ei bod yn cychwyn 'mewn digon o bryd' i ddringo'r allt serth oedd yn arwain at y Capel Mawr, a ninnau fel plant yn rasio ar ei hôl ar frys gwyllt ac yn cyrraedd yr oedfa a'n gwynt yn ein dwrn, tra eisteddai hithau'n hamddenol yn ei sedd.

Ar ôl cinio dydd Sul byddai wastad yn setlo i lawr (wedi golchi a chlirio'r llestri, a mam, fy nhad a ninnau yn yr Ysgol Sul) i ddarllen, nid y Beibl fel y cyfryw, ond ei Llyfr Emynau, ac mae'n siŵr gen i ei bod yn cael cysur mawr o'i ddarllen. Cofiaf mai ei hoff garol adeg y Nadolig oedd emyn Morgan Rhys sy'n cynnwys y pennill:

> Peraidd ganodd sêr y bore
> Ar enedigaeth Brenin nef;
> Doethion a bugeiliaid hwythau
> Teithient i'w addoli Ef:
> Gwerthfawr drysor!
> Yn y preseb Iesu a gaed.

Ffefryn arall gan mam a hithau oedd 'Wele, cawsom y Meseia'. Roedd mam yn hoff iawn o ganu emynau a hefyd o fynd at y piano ambell dro i chwarae emyn dôn neu alawon fel 'Gwenno aeth i ffair Pwllheli'; 'Robin goch ar ben y rhiniog'; 'O na byddai'n haf o hyd'; 'Mae gen i dipyn o dŷ bach twt' a 'Fflat Huw Puw'. Roedd yn llawer mwy cerddorol ei hanian na 'nhad, ac unwaith eto roedd yr ochr werinol yn gryf iawn. Magodd ynof hoffter dwfn at y pethau hyn, a bydd yr alawon a'r penillion a ddysgais ganddi yn rhan ohonof tra byddwyf.

Yr oedd nain yn neilltuol hoff o ddarllen i ni fel plant, a'r ffefrynnau oedd *Cymru'r Plant*, *Trysorfa'r Plant* a *Llyfr Mawr y Plant*. Byddai'n mynd o un bennod i'r llall yn darllen hanes Siôn Blewyn Coch, a phetai ei llais yn dechrau crygu cyn i Siôn Blewyn Coch a Siân Slei Bach gyrraedd eu cartref yn ddiogel at eu plant yn niogelwch Cerrig Llwydion o afael Eben Jones y ffermwr, byddai fy mrawd neu minnau yn rhedeg i nôl diod o ddŵr iddi gael clirio'i gwddf!

Byddai mam a 'nhad hefyd yn ein difyrru drwy ddarllen i ni. *Peter Pan and Wendy*, *Alice in Wonderland*, *Yr Hogyn Pren* yw rhai o'r llyfrau a gofiaf, a chyfrol drwchus o Chwedlau Aesop. Rhoddent bwysigrwydd hefyd ar ddysgu'r *Rhodd Mam*, a chofiaf yr atebion yn glir, hyd yn oed heddiw. Yn y gyfrol olaf a gyhoeddwyd o waith R. Tudur Jones, *Fflam y Ffydd*, mae'n sôn am y pwysigrwydd o ddysgu ffeithiau'r ffydd i blant ar ffurf holi ac ateb. Byddem hefyd yn dysgu adnodau ar gyfer oedfa bore'r Sul, gyda phwyslais ar eu dysgu'n gywir a'u dweud yn dda.

Bob nos Nadolig, gyda'r trylwyredd a'r difrifoldeb pennaf, byddai Gwilym a minnau yn trefnu cyngerdd Nadolig o flaen y goeden yn ein parlwr yn ein cartref yn Arwel, y Rhos. Roedd gennym raglen a thocynnau wedi eu paratoi'n ofalus, a 'nhad fyddai'n llywyddu bob amser. Roedd yr eitemau i gyd gan y pedwar ohonom, a Ceinwen ac Ann (wrth iddynt ddod yn hŷn) yn cymryd rhan mor frwdfrydig â Gwilym a minnau. Châi neb gymryd y peth yn ysgafn, a byddai nain, yn arbennig, wrth ei bodd, a'm rhieni yn ddigon cefnogol. Ar ôl y cyngerdd byddem yn rhannu anrhegion y byddai fy mrawd a minnau wedi eu prynu (gan gasglu'r arian prin dros gyfnod o wythnosau) neu wedi eu gwneud i bob un o'r teulu. Bob blwyddyn hefyd byddai 'nhad yn llawn ffwdan gyda goleuadau'r Nadolig, a byddai'n rhaid mynd â nhw i gael eu trwsio cyn y gallem ddathlu'r Nadolig yn iawn! Rwy'n gweld goleuadau coeden Nadolig heddiw mor ddidrafferth o'u cymharu â'r goleuadau a oedd gennym yn Arwel ers llawer dydd. Bu farw llawer o bleserau syml fel y cyngerdd Nadolig gyda dyfodiad y teledu maes o law, ac roeddem mor falch y dydd o'r blaen pan gafodd ein hwyresau Meleri a Mair a'u ffrindiau drws nesaf y 'syniad da' o baratoi cyngerdd i ni yn yr iard yng nghefn Ar y Bryn un noswaith braf ym mis Medi, gan ddwyn llawenydd y dyddiau cynnar yn y Rhos yn ôl i'm cof.

Unwaith yr aem heibio i oed derbyn teganau fel anrhegion Nadolig, llyfrau oedd yr anrhegion wedyn: set o *The Children's Encyclopaedia* Arthur Mee, llyfr *The Miracle of Life* a nofelau T. Rowland Hughes fel yr ymddangosent o Nadolig i Nadolig—'y dewraf o'n hawduron' fel y gelwid ef oherwydd ei anabledd. Yn sicr nid oedd prinder llyfrau da i'n diddanu, a gallaf ategu'r sylw mai 'plain living and high thinking' yw un o nodweddion cael eich magu ar aelwyd gweinidog.

Teulu 'nhad
Enw taid fy nhad oedd James Humphreys, ac yn wreiddiol mwynwr ydoedd a anwyd yn 1843/1844 yn Rhyd-y-gais, yr Wyddgrug, a bu fyw yn yr ardal honno yn ystod cyfnod Daniel Owen. Roedd y nofelydd yn adnabod fy hen daid, a disgrifiodd ef yn 'Dewis Blaenoriaid' a gyhoeddwyd yn *Offrymau Neillduaeth* (1879) ac *Y Siswrn* (1886). Mae gennyf hefyd, mewn toriad papur newydd, adroddiad eithaf llawn o hanes ei angladd yn 1901, yn 59 mlwydd oed, a'r golled a fu ar ei ôl yng Nghapel Bethel, Rhosesmor. Mae'n amlwg mai gŵr syml a di-

ddysg ydoedd ond, fel y dywed Daniel Owen, 'Pan âi James Humphreys ar ei liniau, yr oeddym yn gorfod teimlo ein hunain yn fychain a llygredig yn ei ymyl, a'i fod yn meddu yr allwedd a allai agor dôr y byd ysbrydol.' Gallwn feddwl iddo ddod dan ddylanwad Diwygiad 1859 a'r effeithiau ysbrydol a'i dilynodd yn yr eglwysi. Clywais fy nhad yn sôn amdano (drwy ei dad ef o bosibl) mewn cyfarfod bendithiol dros ben a'i daid yn torri allan i weddïo'n daer, 'O Arglwydd, atal Dy law', am fod pwysau'r fendith mor llethol.

Symudodd o'r Wyddgrug i Rosesmor, ac yn y cofnod o Gyfrifiad 1871 mae sôn amdano ef yn 28 oed wedi priodi Jane (32 oed) ac un mab bach dwyflwydd oed ganddynt sef Edward, a ddaeth wedi hynny yn daid i mi. Dywedir mai 'mwynwr' oedd ei alwedigaeth bryd hynny hefyd. Yr enw a ddefnyddid am Rosesmor yn y Cyfrifiad oedd yr hen enw Caerfallwch ac enw eu cartref oedd Gais.

Ar un adeg roedd James Humphreys a'i fab Edward Humphreys yn flaenoriaid yn y sêt fawr gyda'i gilydd yng nghapel Bethel, Rhosesmor, a hwy a wnâi'r gwaith o 'Holi'r Ysgol' yn y maes llafur a oedd dan sylw mewn cyfarfod Ysgol Sul.

Gweithiodd fy nhaid am rai blynyddoedd yn y gweithfeydd plwm, ond wedi cau llawer o'r mwynfeydd hynny, a ddisgrifir yn fyw iawn gan Daniel Owen yn ei nofel afaelgar *Enoc Huws*, bu'n rhaid iddo fynd i weithio ar y ffordd. Cymeriad diddan, hapus oedd fy nhaid, dipyn yn hamddenol ei osgo, yn enwedig o'i gyferbynnu â nain a oedd mor ddiwyd â gwenynen fach. Smociai ei getyn yn ddedwydd ei fyd, ac ni faliai'n ormodol am ei ymddangosiad allanol, er bod nain yn daer ei chri ar iddo ymdacluso. Roedd yn hynod o sionc yn feddyliol ond tueddai i wirioni'n ormodol fod ganddo fab a oedd yn gwneud mor dda yn yr ysgol—mynd 'dros ben llestri' yn ei ganmol a hynny, o bosibl, yn gwneud drwg i ddelwedd fy nhad yng ngolwg pobl. Byr ydoedd o gorffolaeth, a mwstash trwchus gwyn ganddo, wedi ei felynu braidd gan fwg baco, a hwnnw'n ein cosi wrth inni ei gyfarch â chusan pan oeddem yn blant. Roedd ganddo synnwyr digrifwch cryf ac roedd yn arbennig o selog dros y Gymraeg mewn cyfnod pan oedd llaweroedd yn cefnu arni ac yn troi at y Saesneg er mwyn i'w plant gael dod ymlaen yn y byd. Mae gennyf gof byw iawn amdano yn closio cyn agosed ag y medrai at y set radio (a weithiai ar fatris) a honno, wrth iddo geisio clustfeinio ar y gwasanaeth bore Sul neu raglen Gymraeg arall, yn 'craclo' dros y lle ac yn gwneud y synau mwyaf aflafar, ond nid oedd hynny'n rhwystro dim ar ei fwriad i wrando!

Er mai yng nghapel Bethel, Rhosesmor, yr oedd fy nhaid a nain a'm modryb Eirian yn aelodau, roedd tipyn o waith cerdded iddo o Ryd-y-mwyn. Rhaid oedd mynd i lawr yr allt i'r pentref ac yna ddringo i fyny'r allt serth i Rosesmor. Byddem yn mynd yno i oedfa'r nos, ond ar bnawn Sul byddem yn mynd gyda nhw i oedfa yng nghapel bach Llyn-y-pandy. Cofiaf am yr awyrgylch neilltuol o gynnes a geid yn y capel bach, am y canu da a'r gwrandawiad astud ar y bregeth. Roedd hynny'n nodweddiadol o gapeli bach y wlad ers talwm.

Yr adnod a gysylltaf fwyaf â'm taid, ac fe'i clywais yn ei dweud gydag arddeliad lawer gwaith, oedd hon: 'Canys y gyfraith a roddwyd trwy Moses, ond y gras a'r gwirionedd a ddaeth trwy Iesu Grist.' Ei hoff emyn oedd 'Yn Eden, cofiaf hynny byth', gyda'r cwpled clo, 'Cans clwyfwyd dau, concwerodd Un /A Iesu oedd Efe', yn cael sylw arbennig ganddo. Yn wir, wrth edrych yn ôl ar gwrs hanes crefydd yng Nghymru, gallaf weld bod fy hen daid yn cynrychioli cyfnod 'profiadol' Methodistiaeth yn Sir Fflint, fy nhaid yn perthyn i gyfnod pryd yr oedd crefydd yn allanol lewyrchus ond yn llai ysbrydol, a 'nhad yn gynnyrch Moderniaeth oedd eto â pharch dwfn at yr hen draddodiadau a hanes yr enwad.

Yr oedd fy nain ('nain y Mwyn' fel y galwem hi) ychydig yn iau na'm taid. Gydag ychydig iawn o adnoddau ariannol, roedd yn wraig tŷ benigamp, a phleser bob amser oedd eistedd wrth ei bwrdd—popeth yn ei le ar liain bwrdd glân a blas eithriadol o dda ar ei bwyd, beth bynnag fyddai: bara cartref, teisennau, pwdin reis, pastai cwningen ac yn y blaen, i gyd yn cael eu coginio yn y ffwrn wrth y tân. O ran corff doedd hi ddim mor gryf â nain Cilcain. Byddai ei sgwrs hefyd yn fwy arwynebol na sgwrs nain Cilcain, ddim mor ffraeth ond bob amser yn garedig a chlên. Dydw i ddim yn ei chofio erioed yn codi ei llais a dweud y drefn; byddai'n cyfateb yn dda i ddisgrifiad Shakespeare, 'Her voice was ever soft, gentle and low,—an excellent thing in a woman.' Byddai bob amser yn drwsiadus iawn ei gwedd ac yn dda am bwytho dillad ar y peiriant gwnïo. Roedd hefyd yn dda iawn am bapuro, a byddai'r ystafelloedd gwely wedi eu papuro'n hyfryd ganddi yn ôl safonau'r cyfnod. Mewn gair, roedd hi'n foneddigaidd ac annwyl. Fe hanai o'r teulu Hooson, a chlywais sôn i'r teulu ddod i Sir y Fflint gyntaf o Gernyw i weithio yn y mwynfeydd plwm. Perthnasau pell iddi hi fyddai'r bardd I. D. Hooson a'r Arglwydd Hooson yn y byd gwleidyddol.

Doedd nain y Mwyn ddim yn gymeriad mor ddylanwadol â nain Cilcain ond roedd ganddi rai arferion cofiadwy i ni fel plant, fel estyn roc (gyda Mold yn ysgrifenedig drwyddo) a'i dorri i ni fesul tamaid crwn blasus ar ôl te dydd Sul. Dydd Mercher fyddai ei diwrnod siopa yn y dref, a phan ddychwelai yn llawn paciau ar y trên byddai 'nhaid yn gofalu bod yn yr orsaf yn ei disgwyl. Roedd iddi rinweddau amlwg fel addfwynder a gwir letygarwch, ac roedd yn dda am gynnal sgwrs ag ymwelwyr. Felly dau wahanol iawn oedd nain y Mwyn a thaid y Mwyn: ef yn dipyn o rebel o ran ei ffordd, a hithau'n gwneud ei gorau glas i'w gadw o fewn y tresi. Mae llinell gan Gwenallt, 'Crwydryn o'r ddeunawfed ganrif ydoedd ef', yn dod i'm meddwl wrth gofio amdano.

Priododd Edward a Mary Humphreys (Hooson cyn priodi) ar 25 Tachwedd 1898. Cawsant dri o blant. Fy nhad, James, oedd yr hynaf, a ganed ef yn 1902. Dilynwyd ef yn 1904 gan ei chwaer, Ceinwen: merch ddeallus ac annwyl iawn a fu farw yn ddeg oed o lid y pendics. Roedd ei marwolaeth yn brofedigaeth drom iddynt fel teulu, ac roedd llun gweddol o faint ohoni ar fur y gegin. Claddwyd hi ym mynwent yr eglwys yn Rhosesmor—mynwent lle mae llawer o deulu fy nhad wedi eu claddu. Yna cafwyd Eirian yn chwaer iau. Ysgrifenyddes oedd hi mewn sywddfa NFU, yn yr Wyddgrug, cyn iddi briodi Ifan (oedd yn hanu o Borthmadog) a mynd i fyw i Shotton lle gweithiai ef yn y gwaith dur mawr oedd yno. Enw eu hunig ferch yw Mair Hooson. Bu ei thad fyw hyd nes oedd yn 90, yn hen ŵr llawen a diddig ac agos atoch.

Trem Alun—y cartref yn Rhyd-y-mwyn
Hen ficerdy wedi ei leoli ar lechwedd bryn oedd Trem Alun, Rhyd-y-mwyn, ac yno yr aem ar ein gwyliau ym mis Awst. Tŷ ar rent ydoedd, a'r perchennog oedd Syr Williams Wynn, Nannau, oedd yn berchen ar lawer o dai yng nghymdogaeth Rhyd-y-mwyn. At ei deulu uchelwrol ef y byddai'r cerddor Felix Mendelssohn (1809–1847) yn dod i aros ar ei wyliau, ac mae carreg goffa ym mhentref Rhyd-y-mwyn yn sôn am y cerddor a arferai gerdded ar hyd llwybr tlws ar lan yr afon. Ceid llawer o droeon braf o gwmpas Rhyd-y-mwyn, a byddem yn eu cerdded fel teulu o bedwar pan aem yno ar ein gwyliau bob mis Awst o Fae Colwyn. Byddai 'nhad yn ddi-ffael yn darllen yn y boreau ond cerdded neu fynd ar ymweliad â pherthnasau oedd y rhaglen at y prynhawn. Brasgamai 'nhad o'n blaenau a byddai mam, Gwilym a minnau dipyn o bellter ar ei ôl. Torrwyd ar yr arferiad hwn pan ddechreuodd y rhyfel, a'm taid a nain wedi eu gorfodi i letya teulu gŵr a oedd yn gweithio yn y ffatri arfau. Wrth fynd am dro byddem o hyd yn dod ar draws hen siafftau dwfn a oedd yn gysylltiedig â'r gweithfeydd plwm. Roedd ffens o amgylch y siafftau ond un o'n hoffterau oedd taflu carreg i lawr

32

siafft a gwrando ar honno'n drybowndian wrth iddi ddisgyn, weithiau i ddyfnderoedd mawr—testun rhyfeddod i ni fel plant ac yn tanlinellu pam yr oedd angen ffens o gwmpas y siafftau.

Teithiem ar y trên o Fae Colwyn gan logi tacsi i fynd â ni a'n paciau i lawr i'r orsaf. Aem heibio gorsafoedd bychain fel Bodfari a Phen-y-ffordd nes cyrraedd gorsaf Rhyd-y-mwyn. Roedd coed uchel yn amgylchynu Trem Alun a threfedigaeth o frain wedi llwyr ymgartrefu ynddynt er cyn cof. Yr atgof sydd gennyf yn blentyn oedd deffro'n annisgwyl i sŵn aflafar y brain ar fore cyntaf y gwyliau, ac yna at amser gwely roeddynt hwythau'n hedfan o bob cyfeiriad i glwydo am y nos ac yn gwneud y sŵn rhyfeddaf. Gwyddwn wedyn fod y gwyliau wedi dechrau. Cofiaf y lampau olew a'r canhwyllau. Doedd dim dŵr yn y tŷ ond roedd tap y tu allan, a byddai 'nhaid yn siafio ryw unwaith yr wythnos gyda rasal hen ffasiwn a'r gwydr ar y bwrdd wrth y ffenestr yn y gegin—perfformans nid annhebyg i hanes Robert Wynn yn siafio yn *Gwen Tomos* gan Daniel Owen. Ceid tŷ golchi reit helaeth wrth ochr y tŷ gyda'r 'boiler' a'r mangl a'r bwrdd sgwrio a oedd mor nodweddiadol o gyfnod cyn y peiriannau golchi. Roedd y 'tŷ bach' ar ben y llwybr ym mhen pellaf yr ardd—a system ddigon ansoffistigedig oedd yno hefyd.

Y peth cyntaf a wnaem wedi cyrraedd Trem Alun bob mis Awst oedd cael ein tad i osod rhaff gref ar gangen hen goeden yn rhan uchaf yr ardd i wneud siglen. Procer poeth oedd yn gwneud y tyllau i'r rhaff fynd drwyddo ar y sêt bren. Mynd ar honno gyda hwyl di-ben-draw a wnaem hyd nes y gwelem y gangen yn gwisgo'n beryglus o denau, a rhaid oedd symud y rhaff i gangen arall. Mae'n rhyfedd bod mynd yn uchel ar siglen wedi bod yn un o bleserau pennaf plentyndod i genedlaethau o blant. Ar y Bailey Hill yn yr Wyddgrug roedd siglenni gyda rhaffau i ddau fynd ynddynt, a phleser ychwanegol oedd hyn pan aem i'r dref.

Ar lawr gwaelod Trem Alun roedd ystafell nad oedd byth yn cael ei hagor (a gosodwyd pwysau yn erbyn y drws o'r tu mewn). Mae'n debyg mai yma y byddai'r diodydd a'r gwinoedd yn cael eu storio. Doedd dim pwrpas iddi i 'nhaid a nain, felly gadawyd hi'n wag. Byddai Gwilym a minnau yn mynd drwy'r dalan poethion y tu allan i'r ystafell er mwyn cael cip ar ei gwacter drwy'r barrau. Tybed, o gofio am y wardrob yn *Llew a'r Wrach*, beth fuasai dychymyg awdur fel C. S. Lewis wedi ei wneud o ystafell fel hon? Gelwid y llofft ym mhen draw'r landing yn hen lofft, ac yno roedd ôl-rifynnau lu o *Trysorfa'r Plant*, *Cymru'r Plant* a phentwr o lyfrau plant yn cael eu cadw. Os byddai'r tywydd yn wlyb roeddwn yn fy elfen yn darllen y mwynglawdd diddorol hwn ar sil ffenestr yr hen lofft.

Fel defod bob blwyddyn gwnaem babell o hen sachau ar hors ddillad yn yr ardd, ac mae arogl y sachau hynny yn aros gyda mi hyd heddiw. Meddyliem y byd o'r babell fach er ei bod mor blaen a syml.

Yr oedd Anti Eirian yn hoff iawn o ganu'r piano, a chan fod honno yn y gegin byddai canu emynau, a chaneuon, o'i chwmpas yn beth cwbl naturiol. Roedd teulu nain yn gerddorol, ac roedd pobl Rhosesmor yn gyffredinol yn ddiarhebol hoff o ganu. Yng nghofnod y *North Wales Times* o angladd fy hen daid, James Humphreys, gorffennir gyda'r geiriau, 'In the quiet little churchyard the entire congregation sang that never to be forgotten hymn "O fryniau Caersalem ceir gweled". It was sung as only a Rhosesmor congregation can sing it.'

Yn ystod y cyfnod pan aem i Ryd-y-mwyn, daeth Tom Nefyn Williams yn weinidog yno. Eglwys Bethel, Rhosesmor, gyda'm taid, Edward Humphreys, yn ben blaenor, a roes alwad yn ôl iddo i eglwys gyda'r Hen Gorff wedi cyfnod ei ddiarddeliad gan y Sasiwn am ddal a chyhoeddi daliadau gwahanol i rai y Gyffes Ffydd. Fy atgof i amdano fel plentyn oedd o ŵr mwynaidd ei ffordd, a'm taid a nain a modryb yn meddwl yn uchel ohono.

Ni allaf ddarllen gwaith Daniel Owen—ei nofel, *Rhys Lewis* dyweder—heb deimlo fy mod yn adnabod yr awyrgylch sydd yn y gyfrol: yr Wyddgrug yn gymdeithas glòs a threfol, ar raddfa fach, a'r ffermydd a'r tyddynnod bach yn y pentrefi o gwmpas yn batrwm cynhaliol o groeso. Yn wir, enw'r fferm agosaf at Drem Alun oedd 'Y Twmpath', sef enw cartref Tomos a Barbara Bartley yn *Rhys Lewis*. Fel y gŵyr pawb a ddarllenodd ei weithiau, mae Daniel Owen yn gryf yn erbyn rhagrith a gwironi ar allanolion bethau megis canu, ond mae hefyd yn werthfawrogol o'r duwiolfrydedd syml a charedig a geid yn eglwysi bach Sir Fflint, ar eu gorau, lle ceid pobl a oedd, yng ngeiriau'r nofelydd, yn ddi-ddadl yn meddu grym gwir grefydd.

Yn ddiweddar, roeddwn yn ailddarllen gweithiai Daniel Owen ac yn dotio at yr hiwmor iach sy'n rhedeg drwyddynt. Byddai fy nhad yn sôn wrthym o bryd i'w gilydd am ysgolfeistr a rybuddiai ei ddisgyblion i beidio â rhoi cerrig mân yng nghlustiau'r mulod wrth giât y mynydd ar eu ffordd adref o'r ysgol. Ergyd y peth oedd nad oedd y plant wedi breuddwydio gwneud y fath beth cyn cael y gwaharddiad! Yn *Enoc Huws* mae gan Daniel Owen yr un stori, felly byddai'n deg casglu ei bod yn fath o stori ffraeth a ailadroddid yn ardal yr Wyddgrug yn ei gyfnod ef ac wedyn yn ystod llencyndod fy nhad.

Mae'n rhyfedd mor fyw yw'r gorffennol, ar brydiau, wrth i air neu ystum ei ddwyn yn ôl i'r cof. Er enghraifft, bûm yn darllen fy nyddiadur am 1948 lle disgrifiwn fy hun ar ddydd Calan y flwyddyn honno yn mynd draw i aros am ychydig ddyddiau yn Nhrem Alun. Rhuthrodd y cyfan yn un talp annisgwyl, fel eira'n dadmer, i ganol fy ymwybyddiaeth. Roedd fy nain newydd ddychwelyd o gael triniaeth yn yr ysbyty. Dyma fy nghofnod am ddydd Gwener, Ionawr 2.

'Ofer fu addo codi am hanner awr wedi naw oherwydd i'r hen gloc dician mor gryf yn fy ystafell neithiwr nes fy rhwystro rhag mynd i gysgu . . . Mae Trem Alun yn lle diddorol gan i chwiw y cadw gael gafael yn nain ers blynyddoedd ac nid oes nemor ddim gwahaniaeth yn y tŷ i'r hyn a gofiaf pan arferwn ddod yma yn ddim o beth. Tŷ ceidwadol os bu un erioed, y dodrefn yn yr un lle o flwyddyn i flwyddyn, e.e. y gwelyau haearn, yr un lluniau ar y waliau a rhyw fân betheuach yn addurno'r tŷ ers cyn cof; bron iawn na haerwn fod yr un cysgodion ar y wal yng ngolau'r hen lamp Aladin, a'r union awyrgylch yn y tŷ ers pan adeiladwyd ef . . . Wedi mynd i'r gwely darllen cofiant O. M. Edwards yng ngolau'r gannwyll.'

Yr oedd hud i mi yn yr awyrgylch hwnnw, a gallaf ddeall pam roedd gan fy nhad feddwl uchel o Sir Fflint a'i phobl. Gan fod mam hefyd wedi mynd i'r ysgol yn yr Wyddgrug, a chan fod cysylltiad teuluol yng Nghilcain, roedd yn ddigon naturiol iddynt ddewis dod i fyw i Rosesmor pan ddaethant i oed ymddeol, ac yno, ym mynwent yr eglwys, y mae'r ddau wedi eu claddu. Cofiaf yn dda fod hiraeth gan fy nhad am Rosesmor pan symudasant i Ddinbych i fyw ym Mharc Mytton, ac o gofio am safle'r lle a'r golygfeydd a welir oddi yno a'r cysylltiadau dwfn teuluol, doeddwn i ddim yn synnu at hynny. Wedi dweud hyn bu gofal a chefnogaeth Emyr ac Ann fy chwaer yn amhrisiadwy iddynt yn Ninbych yn ystod eu blynyddoedd olaf. Ann ei hun oedd gyda mam pan fu hi farw yn Ysbyty Glan Clwyd rai blynyddoedd yn ddiweddarach. Yn rhyfedd iawn, rhoes mam enedigaeth i Ann ar ei phen ei hun yn y cartref yn Arwel, y Rhos, tra oedd 'nhad wedi mynd i nôl y fydwraig. Ac ar ddiwedd ei hoes, Ann oedd gyda hi bryd hynny hefyd.

Addysg ac addysgu—ysgolion gwahanol
Ysgol Douglas Road, Bae Colwyn
Doedd plant ddim yn dechrau'r ysgol bryd hynny nes oeddynt yn bump oed. Cofiaf yn dda mai fi oedd yr unig un a oedd yn siarad Cymraeg

35

yn yr ysgol, ac mai ychydig iawn o Saesneg oedd gennyf. Felly, fe ddysgais Saesneg dros nos, megis, yn hollol ddiymdrech, ac mae'n siŵr mai felly y bydd llawer o blant yn dysgu Cymraeg pan ddônt yn ddisgyblion i'r ysgolion Cymraeg sydd mor boblogaidd ac ar gynnydd heddiw. Roedd dwy neu dair o athrawesau'r ysgol a'r brifathrawes, Miss Hughes, yn gallu siarad Cymraeg yn rhugl ond byth, byth yn ei harddel.

Yr oedd yn adeg o gyni economaidd dwys ym Mhrydain ar y pryd ac roedd nifer o'r plant â golwg dlodaidd iawn arnynt. Wedi cychwyn mynd i'r ysgol, mae gen i gof byw imi droi'n anesboniadwy o gas tuag at ddwy chwaer oedd yn edrych yn arbennig o dlodaidd, llwyd eu gwedd a thruenus. (Mae'n siŵr mai hyn oedd adwaith plentyn a ddeuai o gartref cysurus—methu deall y fath drueni na'i dderbyn.) Ni allaf feddwl am y peth heb gywilyddio, a wnes i erioed wedyn yn fy mywyd ond bod yn dosturiol wrth rai llai ffodus na mi fy hun. Flynyddoedd wedyn, pan oeddwn yn athrawes yn Sandfields, plant anghenus oedd yn cael fwyaf o'm sylw. Rhyfedd fel yr arhosodd y digwyddiad yma yn fy nghof: gallaf gofio'r ddwy chwaer druenus yn Douglas Road, yn sefyll amser chwarae yn ddifywyd yn erbyn y wal—a minnau'n gas wrthynt!

Ar lawer cyfrif caem addysg ddi-fai a doedd dim problem darllen Saesneg na gwneud mathemateg elfennol wrth adael yr ysgol. Yn nosbarthiadau uwch yr ysgol, cofiaf ni'n darllen cerdd hir 'Hiawatha' (Longfellow)—cerdd swynol am un o'r Indiaid Cochion—ond dim sill o farddoniaeth Gymraeg. Byddem yn cael gwersi ar y radio yn gyson (dawnsio i fiwsig, a chanu), a gwersi crefftau fel nyddu a gwau (a gwnes ddigon o hwnnw ar hyd fy oes wedyn). Ffeithiol iawn oedd yr addysg, digon o dablau a syms, pwyslais garw ar ysgrifennu'n daclus a darllen Saesneg ond ychydig iawn o ddychymyg a ddefnyddid gan yr athrawon i agor ein meddyliau ifanc.

Yn Ysgol Douglas Road roedd gennyf ffrind o'r enw Marjorie. Mewn llun o grŵp y dosbarth, mae hi'n sefyll wrth fy ymyl. Hi oedd fy ffrind pennaf, ond mawr fy ngholled pan bu farw'n sydyn o lid yr ymennydd pan oedd tua saith oed. Un diwrnod roedd hi gyda mi, a drannoeth roedd hi wedi mynd. Roedd hyn yn anodd iawn i blentyn ei dderbyn, a doedd neb yn 'cynghori' dim fel y ceisir ei wneud heddiw.

O safbwynt Cymreictod, y dylanwad pennaf arnaf bryd hyn oedd ymuno yn chwech oed gydag Adran o Urdd Gobaith Cymru oedd newydd ei ffurfio yn y dref. Bryd hynny gwisgai bawb wisg yr Urdd i gyfarfodydd y gangen: sgert werdd wedi ei phletio, blows wen, tei coch a gwyrdd, *blazer* werdd (peipiad coch) gyda bathodyn crwn yr Urdd mewn brethyn wedi ei wnïo ar y boced, a beret gwyrdd gyda phompom coch. Cofiaf un tro fod y gangen yn cyfarfod ym Mharc Eirias un noson braf yn yr haf ac i mi rywfodd lwyddo i fynd ar goll am ychydig oddi wrth weddill y cwmni. Gwelwyd fi yn fy nghyflwr coll gan ddwy wraig eithaf uchel-ael a oedd yn eistedd ar fainc yn y parc, a dyma nhw'n gofyn i mi, 'What's that badge you have on your blazer?' Sythais innau i'm llawn daldra fel Cymraes chwech oed o'r iawn ryw a dywedais wrthynt yn gadarn a chyda syndod, 'Haven't you heard of Urdd Gobaith Cymru?' Hwn oedd fy safiad ymwybodol cyntaf dros yr iaith.

Yr oedd cangen fywiog iawn o'r Urdd yn Hen Golwyn gerllaw (wedi ei ffurfio cyn ffurfio cangen Bae Colwyn) a phan fyddai gorymdeithiau dinesig byddem fel dwy gangen yn cerdded tu ôl i faner fawr Urdd Gobaith Cymru yn ein lliwiau coch, gwyrdd a gwyn. Gwelid ni ar gefn yr orymdaith ar ôl mudiadau fel y Sgowtiaid, y Girl Guides a'r St. John's Brigade, ac o'u blaen hwy yr osgordd ddinesig a'r bandiau.

Bryd hynny cofiaf i Eisteddfod yr Urdd gael ei chynnal mewn pabell fawr yn Hen Golwyn ac imi ennill gwobr am adrodd 'Pethau Tlws' gan Eifion Wyn. P'run ai cyntaf neu ail a gefais, nid wyf yn cofio ond roeddwn yn falch iawn o'r rhuban a gefais i'w wisgo. Byddid hefyd yn cynnal Mabolgampau mawr ffurfiol ar anferth o gae: pawb yn gwneud ymarferion gyda'i gilydd gan ffurfio patrymau gwahanol yn un cwmni mawr.

Felly, er gwaethaf Seisnigrwydd llwyr yr ysgol, rhwng dylanwad cadarn y cartref, y capel a'r Urdd, Cymry selog oedd Gwilym a minnau pan symudasom i fyw i Rosllannerchrugog, A chofiaf am y symudiad hwnnw, yn haf 1937, o fywyd cymharol gysgodol a hamddenol un o drefi glan môr y Gogledd i fywyd byrlymus gwerinol pentref mawr gweithfaol, gyda'i Gymraeg a'i arferion cymdeithasol arbennig ei hun, fel prif ysgytwad diwylliannol fy mywyd. Yn ei gyfrol ddiddorol *Life in Wales*, dywed A. H. Dodd, yn ei bennod ar 'Economic Development 1700-1850' (t. 130): '. . . in the north-eastern coalfield the nearest approach to Merthyr was the overgrown village of Rhos Llannerchrugog, which had sprouted on empty moorland to accommodate a population of some five thousand, in conditions described in a government report as "worse than Merthyr Tydvil". On the other hand, the immigrants were drawn, as those of Merthyr originally were, almost exclusively from the adjacent country-side, and

Rhos remained a village in spirit, with an inner coherence and a lively culture of its own.'

Yn wir, hawdd fyddai ategu hynny.

Pan oeddem yn byw yno roeddem yn ymwybodol ein bod yn byw yn y pentref mwyaf yng Nghymru. Roedd balchder pobl y Rhos yn eu pentref yn ddi-ben-draw, a chyfeirient at ei gilydd fel 'ni, bobl y Rhos'. Roedd ganddynt faint fynnir o hyder, ac ateg i hynny yw llwyddiant eithriadol nifer fawr ohonynt mewn gwahanol feysydd.

Yr oeddwn yn wyth oed pan symudasom o Fae Colwyn i Rosllannerchrugog, a Gwilym yn chwech oed. Byddem yn ymroi'n afieithus i chwarae yn yr awyr agored, a chan fod gennym ardd go helaeth yn amgylchynu Arwel byddai Gwilym a minnau'n casglu llu o ffrindiau i chwarae yno. Pan gyrhaeddai'r ardd 'saturation point' a'r sŵn yn fyddarol, yn ddigon i aflonyddu ar drywydd myfyrdod fy nhad yn y stydi, byddai 'nhad yn dod allan ac yn rhoi'r ddeddf i lawr yn reit gadarn bod gormod o blant yn yr ardd! Roedd Gwilym a minnau'n ddigon effro ein meddwl i weld bod yr hyn a ddywedai yn deg a chyfiawn ac na fyddai llawer o drefn ar unrhyw ardd petai'r cwmni'n parhau i chwarae ynddi mor egnïol. Felly rhaid oedd gwasgaru'r cwmni'n ddiplomataidd am gyfnod, ond cyn sicred â dim, o dipyn i beth, byddai'r cwmni bach o ffrindiau yn chwyddo eto i rifedi cwmni mawr trystiog, a byddai'r gorchymyn bod 'gormod o blant yn yr ardd' yn cael ei ailgyhoeddi! Roedd coed pîn uchel o gwmpas y tŷ yn Hill Street, dwy lawnt helaeth ac un lawnt lai, ac roedd modd rhedeg o gwmpas y tŷ, felly roedd yn gyrchfan chwarae ardderchog. Tu ôl i'r tŷ roedd darn helaeth o dir 'neb' a elwid y 'Ponciau' (roedd y pentref cyfagos i'r Rhos, y Ponciau, tu draw i'r tir yma a'r parc). Roedd y lle hwn yn gyrchfan ardderchog i chwarae hefyd (cyn iddynt ymhen rhai blynyddoedd godi tai yno) a rhaid oedd i ni fel criw o ffrindiau warchod ein tiriogaeth yn erbyn giangiau eraill o blant, fel gang Gardden Road, a allasai danio ein coelcerthi cyn noson Tân Gwyllt, dyweder, neu feiddio chwarae yno o gwbl.

Ysgol y Merched, y Rhos
Cymraeg oedd iaith gyntaf y merched i gyd ac roedd y brifathrawes, Olwen Morris Jones, wedi graddio yn y Gymraeg. Cymraeg a siaradai hi a'r athrawesau eraill i gyd (mor wahanol i'r ddwy ysgol a fynychais ym Mae Colwyn). Ond roedd Cymraeg y Rhos yn ddieithr dros ben i'm clustiau, a'r diwrnod cyntaf yn yr ysgol gofynnodd y ferch a oedd yn fy hebrwng o gwmpas, 'Ga i gymryd dy gwat ti?' (côt oedd hi'n feddwl ond

edrychais yn syn arni am funud). Bellach fe ysgrifennwyd dipyn ar iaith 'pobl y Rhos' a'u hacen a'u geirfa gwbl unigryw, ond roedd gwaith arfer iddi ar y pryd, er enghraifft, pan fyddai'n dechrau bwrw eira, byddai'r plant yn dweud ei bod yn 'odi' ac yn rhedeg yn gwmnïau o gwmpas iard yr ysgol yn canu'r rhigwm hwn:

Odi, odi, blawd yn codi,
Dŵr ar y tân i olchi llestri.

Yn 1934, ychydig o flynyddoedd cyn inni ddod i fyw i'r Rhos, roedd tanchwa fawr pwll glo Gresffordd wedi digwydd, ac roedd rhai o'r plant a adwaenem (un ohonynt yn ffrind agos iawn i Gwilym a minnau) wedi colli eu tadau yn y ddamwain erchyll honno a adawodd ei chysgod ar yr ardal am flynyddoedd. Cyfeiriodd I. D. Hooson at y ddamwain yn ei gerdd 'Y Lamp' yn y gyfrol *Cerddi a Baledi*:

Ond, yn y bwthyn llwyd
Mae un o hyd a fyn,
Ddisgwyl ar drothwy'r drws,
A chadw'r lamp ynghyn.

Yr oedd yr ysgol, felly, yn 'ysgol Gymraeg naturiol', ac yn Gymraeg yr oedd gwasanaethau'r bore. Yn ystod y gwasanaethau hynny y dysgais 'Y Delyn Aur' a chanu mawr ar y cwpled 'Ni bydd diwedd / Fyth ar sŵn y delyn aur'. Effeithiwyd ar y Rhos yn drwm gan Ddiwygiad 1904-05, yn bennaf dan bregethu grymus R. B. Jones, ac mae'n bosibl fod poblogrwydd emyn o'r fath mewn gwasanaeth ysgol gynradd mewn blynyddoedd diweddarach yn adlewyrchiad o hynny.

Yr oedd ein prifathrawes fywiog yn ferch i weinidog; roedd ei thad wedi bod yn weinidog ar Bethlehem, Bae Colwyn, lle bu fy nhad innau yn weinidog. Roedd yn aelod ffyddlon yn y Capel Mawr ac yn wych iawn am ddweud hanesion o'r Beibl wrthym pan ddeuai yn achlysurol i'n dosbarthiadau. Cofiaf hi un Pasg yn dweud hanes y digwyddiadau a arweiniodd at y Croeshoeliad mor fyw nes roedd dagrau yn fy llygaid. Dysgem rannau fel 'Y Deg Gorchymyn' yn drwyadl ac ambell Salm fel 'Wrth afonydd Babilon'. Atgofion hapus iawn sydd gennyf am yr ysgol: un flwyddyn fe enillais gwpan bach am y nifer uchaf o farciau yn Eisteddfod flynyddol yr ysgol a gynhaliem ar y cyd gydag Ysgol y Bechgyn a hynny ar eu llwyfan hwy. Cymerwn ran frwdfrydig iawn yn y Mabolgampau, ac er i mi chwarae fy siâr o hoci wedyn, yn yr ysgol a'r coleg, athletau oedd fy newis cyntaf, yn enwedig rhedeg a neidio.

Yn ystod fy mlwyddyn olaf yn yr ysgol gynradd, torrodd yr Ail Ryfel Byd, a throdd hyn fywyd pob un ohonom wyneb i waered. Roedd y Rhos ar lwybr yr awyrennau bomio i Lerpwl a byddai bomiau, a oedd dros ben ganddynt wedi bomio Lerpwl yn ddidrugaredd, yn dod i lawr arnom ni. Cofiaf iddi fod yn haf anarferol o boeth, a phan syrthiodd cawod o fomiau ar fynydd-dir y Rhos, fflamiodd y grug yn goelcerth, ac yn ôl pob sôn credai'r Almaenwyr yn siŵr eu bod wedi taro 'arsenal'. Am rai nosweithiau, yn y twll dan grisiau y buom yn ymochel fel teulu pan seiniai'r 'Air Raid Warning' hyd nes y seiniai'r 'All Clear'. Yna aethom i Gilcain am fis pryd y bu Gwilym a minnau am y cyfnod byr hwnnw yn mynychu ysgol y pentref gydag Eirlys ac Arthur Gwynn a nifer o ffoaduriaid o Lerpwl. Collodd y ddau ohonom un o'n ffrindiau agosaf, Harry, pan aeth ef a'i ffrind (a oedd mor fentrus ag yntau) i archwilio 'crater' bom a ddisgynnodd yn Osborne Street ger y Capel Mawr. Ail-ffrwydrodd y bom a chipio bywyd ein ffrind mewn amrantiad. Cyn ei farwolaeth ddisymwth, buom yn bedwarawd clòs: Harry a'i chwaer Irene a Gwilym a minnau, felly torrwyd ar berthynas werthfawr pan gafodd Harry ei ladd. Roedd oddeutu cant o fechgyn y Capel Mawr yn y Lluoedd Arfog bryd hynny, a chofiaf yn dda fel y byddai Gwilym a minnau yn plygu'n ofalus gopïau o *Cofion Cymru* i'w hanfon atynt yn y gwahanol luoedd bob ryw dri mis. Hyd yn oed fel plant teimlem y pryder a oedd drostynt, yn enwedig pan ddeuai'r newydd fod rhai wedi eu hanafu, eu cymryd yn garcharorion rhyfel neu eu lladd.

Ysgol Ramadeg y Merched, Rhiwabon

Cofiaf yn fyw imi fod fis ar ôl pawb arall yn dechrau'r ysgol oherwydd imi fod yn wael yn yr ysbyty yn Wrecsam gyda difftheria pan oedd fy nghyfoedion yn y dosbarth yn eistedd yr arholiad 'Scholarship' (11+ wedyn). Roedd gofyn o'r herwydd i mi (a dau o fechgyn a oedd hefyd wedi bod yn sâl) eistedd papurau eraill ym mis Medi. Cofiaf ddod adref o Gilcain i wneud hynny.

Pedwar o gytiau pren wedi eu peintio'n wyn (gwaddol o'r Rhyfel Byd Cyntaf) oedd Ysgol Ramadeg y Merched, ac roedd rhan o Glawdd Offa (y Dyke fel y galwem ef) yn rhedeg fel ffin uchel o laswellt heibio i'r ysgol. Amser egwyl, os byddai'r tywydd yn braf, ar Glawdd Offa y byddem yn eistedd i sgwrsio. Drws nesaf roedd ysgol ramadeg y bechgyn ond roedd ganddynt hwy ysgol grand newydd sbon er bod cychwyniadau'r ysgol yn wir hynafol—pan ddaeth ysgolion gramadeg gyntaf i Gymru gallwn feddwl. Tu draw i Ysgol y Bechgyn, gyda'i champfa a'i iard helaeth, roedd hen dŷ, adeilad o gerrig llwyd pur hynafol, a oedd yn cynnwys nifer o ystafelloedd gweddol fach a ddefnyddid gan Ysgol y Merched fel dosbarthiadau masnach i lawr grisiau gyda'r Chweched Dosbarth yn y llofftydd. Gwir a ddywedais ei fod yn hen adeilad oherwydd roedd rhannau o'r to yn gollwng a rhaid oedd wrth wasanaeth rhes o fwcedi i ddal y diferion glas ar hyd y landing yn y llofft. O'i chymharu ag ysgolion heddiw, ysgol fach iawn o ran nifer ydoedd, oddeutu dau gant a hanner o ferched a nifer cyfatebol yn Ysgol y Bechgyn.

Byddem yn dal bws i fynd i'r ysgol yn y bore ond yn cerdded adref ar ddiwedd y dydd gan gymryd y daith fyrraf posibl ar hyd gledrau'r trên o Blasbenion i'r Rhos. Byddai cwmni cryf ohonom, yn fechgyn a merched, yn cerdded ar hyd y cledrau yn hapus ddigon hyd nes deuai'r 'navvies' i'r golwg, a phan welem hwy'n dod yn y pellter byddem yn gwasgaru'n gyflym oddi ar y trac. Rhyw ddwy filltir oedd y pellter rhwng Rhiwabon a'r Rhos, a phan ddaethom yn ddigon hen i gael beic byddem yn seiclo yn ôl a blaen yn afieithus.

Y mae'n anodd i genhedlaeth a gafodd addysg ddwyieithog ddirnad y gwahaniaeth a oedd i ni bryd hynny gael cymaint o Saesneg o'n cwmpas, ac eto'n byw mewn rhyw ynys o Gymreictod yn y Rhos. Roedd llu o gapeli yn y Rhos a'r Ponciau, ac ar ddydd Sul roedd cyrchu mawr i leoedd o addoliad a pharch mawr i'r dydd hwnnw. 'Gwyn Sabathau'r Rhos', chwedl I. D. Hooson yn un o'i gerddi, ac roedd ef yn aelod ffyddlon yn y Capel Mawr. I ni, fel cenhedlaeth o blant yn y capel, y rhoddwyd y fraint o gael adrodd, neu gydadrodd, rai o'i weithiau mwyaf adnabyddus cyn iddynt ddod i gylchrediad eang yn ddiweddarach.

Cychwynnodd fy nhad Aelwyd yr Urdd yn y Capel Mawr adeg y rhyfel, a chafodd dri gŵr gwahanol i'w helpu gyda'r gwaith ieuenctid: Stafford Thomas, sef tad Beryl Stafford Thomas, enillydd gwobr Daniel Owen un flwyddyn; Ednyfed Thomas, a aeth wedyn gyda'i wraig, Gwladys, yn genhadwr i'r India; ac Odo Pritchard a aeth i'r weinidogaeth ymhen amser.

Felly roedd llewyrch ar wasanaethau'r capel a phwyslais cryf blynyddol ar sefyll yr arholiad sirol yn y gwahanol feysydd llafur a ddysgem yn drwyadl. Roedd yno fwrlwm gwahanol weithgareddau'r Urdd, a bri mawr ar gymanfaoedd canu a chanu'r 'Meseia' yn y capel bob Nadolig.

Seisnigaidd dros ben, fodd bynnag, oedd pentrefi dalgylch yr ysgol

41

bryd hynny, fel yr awgrymais, felly prin iawn oedd y disgyblion o Riwabon, Cefn Mawr, Acre-fair, Rhosymedre, Johnstown a Threfor a oedd yn siarad Cymraeg. Felly o'r Rhos, Ponciau a Phen-y-cae y deuai'r gatrawd Gymreig a hwy oedd disgyblion y dosbarthiadau Cymraeg, a'r lleill yn gwneud Ffrangeg ar ôl y flwyddyn gyntaf.

Yn wahanol i'm prifathrawes yn yr ysgol gynradd yn y Rhos, doedd prifathrawes yr ysgol Ramadeg, Miss Mary Jones, ddim yn Gymraes nac yn selog dros bethau Cymraeg. Roedd yn Fedyddwraig gref a bwysleisiai'r egwyddorion moesol pan ddôi i gymryd gwers Ysgrythur unwaith bob wythnos gyda ni, a hefyd yn y gwasanaethau yn y bore. Emynau Saesneg a ganem yn ddi-ffael bryd hynny, rhai ohonynt yn ffefrynnau gennyf heddiw fel emyn Bunyan 'Who would true valour see' a 'Dear Lord and Father of mankind' (gan John Greenleaf Whittier), ond hefyd ganeuon gwladgarol Prydeinig fel cân Rudyard Kipling:

> Land of our birth, we pledge to thee
> our love and toil in the years to be . . .

gyda'r geiriau cofiadwy a ganem yn ddwys:

> that we may bring, if need arise,
> no maimed or worthless sacrifice.

Llawer gwell gennyf yn bersonol fyddai fod wedi cael canu 'Cofia'n gwlad, Benllywydd tirion'. Ond dyna mewn 'cameo' oedd awyrgylch ac ethos addysg ramadegol y cyfnod hwnnw.

Pan euthum i gyflenwi fel athrawes yn Rhiwabon, cefais y brifathrawes yn glên iawn tuag ataf, ond fy nghof amdani pan oeddwn yn ddisgybl oedd am un na fyddai byth yn arddangos hiwmor nac agosatrwydd atom fel merched.

Un o athrawesau mwyaf brwdfrydig yr ysgol oedd Miss Ethel Wood a ddaeth yn brifathrawes wedyn ar ôl fy nghyfnod i. Lladin oedd ei phwnc a doedd dim pall ar ei sêl drosto. Doeddwn i ddim yn cael llawer o rwyddineb gyda dysgu'r iaith fel y cyfryw, ond wrth astudio gwaith Fyrsil a Horas llwyddai Miss Wood, oherwydd ei brwdfrydedd heintus, i roi cyflwyniad da i'r cefndir clasurol (hen bwyslais yr ysgolion gramadeg) gan agor ein llygaid i'r modd y bu Lladin a Groeg mor sylfaenol yn nhwf cynifer o ieithoedd, a maint dylanwad yr ymerodraeth Rufeinig dros gyfnod maith yn hanes datblygiad ein gwareiddiad. Gwrandawem wedi ein cyfareddu, a'r cyfan am ei bod hi mor heintus o frwdfrydig.

Cefais ddwy athrawes Gymraeg dda; Ceinwen Bowyer (merch y cerddor Owen Williams o Eglwys-bach) oedd y cyntaf. Roedd hi'n selog dros yr iaith ac yn gallu creu hoffter ynom tuag at lenyddiaeth Cymru. Roedd hi hefyd yn dysgu Cerddoriaeth ac yn arwain y côr, a than ei chyfarwyddyd fe gaem ddysgu rhai alawon Cymraeg. (Dysgai'r brifathrawes beth Cerddoriaeth hefyd, ond madrigalau Saesneg oedd ei hoffter hi.) Roedd gŵr Ceinwen Bowyer, W. J. Bowyer, yn athro gwyddoniaeth yn Ysgol y Bechgyn. Ymhoffai'n fawr mewn barddoniaeth a phopeth oedd yn perthyn i'r diwylliant Cymreig. Pan ddewiswyd ef yn Arolygwr Ysgolion, ymadawodd Ceinwen Bowyer â ni pan oeddwn yn y flwyddyn gyntaf yn y chweched dosbarth ac wedi dewis Cymraeg fel un o'r tri phwnc gofynnol at yr 'Higher'. Yn ei dilyn daeth Margaret Morris, Gorseinon, merch ifanc nad edrychai fawr hŷn na ni, un a ddysgodd Gymraeg fel ail iaith a chael Dosbarth Cyntaf yn y Gymraeg yn Aberystwyth. Merch gydwybodol, swil, oedd hi, a châi anhawster i ddechrau cyfathrebu â ni fel criw bach (eithaf byrlymus), gan mai hon oedd ei swydd gyntaf. Roedd pwyslais cryf iawn ganddi ar gywirdeb iaith a minnau, mae arnaf ofn, ddim yn ymateb yn rhy frwdfrydig i hynny. O dipyn i beth enillodd ei phlwyf a daethom i ymateb yn well iddi gan wneud ein gorau gyda'r traethodau cyson a osodai.

Yr oedd gennym athrawes ddawnus dros ben yn dysgu Saesneg, sef Katherine Gwenlan, a than ei dylanwad hi daeth y cwrs 'Higher' Saesneg yn rhywbeth byw a chofiadwy. Astudiem waith beirdd rhamantaidd fel Wordsworth, Byron, Keats a Shelley, gydag astudiaeth ysbrydoledig o waith Browning a nofel Thomas Hardy, *The Mayor of Casterbridge*, a'r cefndir yn Wessex. Llwyddai'r athrawes hon i dynnu allan hynny o orau a oedd ynom ym myd dechrau gwerthfawrogi llenyddiaeth, a chofiaf hyd y dydd hwn rai o'r gwersi a'r modd y byddai'n darllen y cerddi.

Dewisais wneud Ysgrythur fel fy nhrydydd pwnc yn y chweched, a chan nad oedd neb i'm dysgu yn yr ysgol roeddwn yn cael gwersi bob bore Iau gartref gan fy nhad yn y stydi. Roedd ef, mae arnaf ofn, yn gweithio'n galetach na mi yn y pwnc ac yn paratoi nodiadau manwl yn ei ysgrifen fach. Ni osodai unrhyw beth tebyg i draethawd imi, ond yr hyn a wnâi gyda'r manylder mwyaf oedd darllen gyda mi yr hanes yn y Beibl, gan danlinellu pob adnod a allasai ddod i fyny fel cyd-destun. 'Mae honna'n bwysig' oedd ei ddywediad afieithus bob tro y darllenem adnod a ystyriai ef yn un allweddol. Gyda'r athrawes Lladin yn yr ysgol, gwnes dipyn o Roeg y Testament Newydd i gael crap ar ddarllen Efengyl Marc a hanner olaf llyfr yr Actau yn y gwreiddiol. Os byddai 'nhad, fodd bynnag, yn digwydd bod yn brysur gyda galwad weinidogaethol, fe'm gwelid i yn picio i lawr i Wrecsam ('i'r dre', chwedl pobl y Rhos) ar y bws er mwyn mynd i'r farchnad i brynu pysgod i mam ar gyfer gwledd o ginio cyn mynd yn ôl i'r ysgol wedyn at y prynhawn.

Yr oeddwn yn hapus dros ben yn gwneud fy nhri phwnc yn y chweched dosbarth ac roeddwn wedi gwneud stydi fach i mi fy hun yn y 'boxroom' yn Arwel ac wedi rhoi'r enw 'Y Gell' ar y drws mewn llythrennau bras. Yno y mwynhawn y llonydd enciliedig hwnnw sy'n apelio'n fawr at berson ifanc sy'n dechrau ymgydnabod â llenyddiaeth sy'n swyno. Teimlwn fy hun yn dechrau agor fy ngorwelion a chael gwir afael ar bethau, ac edrychwn ymlaen at flwyddyn arall yn y chweched dosbarth gan mai newydd gael fy mhen-blwydd yn ddwy ar bymtheg yr oeddwn. Ym mis Medi, felly, roeddwn yn ôl yn yr ysgol, yn wynebu eistedd yr 'Higher' o ddifrif ac i weithredu fel prif swyddog yn yr ysgol, pan ddaeth y newydd annisgwyl fy mod wedi ennill Ysgoloriaeth Sir ar bwys canlyniadau'r 'Higher' a eisteddais eisoes yn yr haf. A chan fod fy mrawd, Gwilym, yn debygol o fod yn dod i'r coleg ymhen dwy flynedd penderfynwyd fy mod i'n mynd i Fangor i'r coleg y mis Hydref hwnnw.

Wrth edrych yn ôl, a gweld yr holl baratoi sydd ar ddisgyblion heddiw cyn iddynt fynd i goleg o'u dewis, sylweddolaf pa mor anaeddfed ac ifanc oeddwn. Pan gyrhaeddais i ganol y bywyd a oedd yn byrlymu ym Mangor ar y pryd—bywyd a ddisgrifiwyd mor fyw gan Islwyn Ffowc Elis—ymroddais innau i bob gweithgarwch a rhialtwch. Doedd dim pall ar y gweithgareddau, a rhaid oedd mynychu pob un ac ymroi bob prynhawn Mercher a phrynhawn Sadwrn i chwarae hoci yn erbyn gwahanol dimau ar y Ffriddoedd. Un gymdeithas a fuasai wedi apelio'n fawr ataf oedd y gymdeithas fynydda, ond gan eu bod yn dringo ar y Sul doedd dim cwestiwn y byddwn yn ymuno â nhw. Ar y Sul mynychwn y Tŵr-gwyn fore a hwyr ac awn i ddosbarth Ysgol Sul Ambrose Bebb yn y prynhawn, ac yna gwrdd yr SCM yn y coleg ar ôl oedfa'r nos.

'Pwy ydi'r bachgen acw?'

Dyma pryd y deuthum i gysylltiad gyntaf â'r un a oedd yn mynd i fod yn gymaint rhan o'm bywyd hyd y dydd heddiw. Ym mis Mawrth 2001, cawsom ddathlu ein priodas Aur—dathlu oes o gyd-fyw a phrofi troeon yr yrfa; oes o fagu plant a chroesawu wyrion ac wyresau; oes o gyd-lafurio yng ngwaith yr efengyl; ac oes o ddyheu am weld Duw yn ymweld â'n gwlad mewn bendith ysbrydol fawr unwaith eto.

Yr oedd John Elwyn Davies wedi cyrraedd y Coleg bedair blynedd ynghynt na mi ac yn gwneud ei radd mewn Athroniaeth pan gyrhaeddais i yno. Ei atgof cyntaf ef amdanaf i oedd dod ar draws y 'fresher' ifanc yma yn cael ei herian, yn ddidrugaredd, gan ddau neu dri o hogiau [Bala-Bangor] a oedd yn mynnu eu bod yn 'ddoctoriaid' academaidd! Dywed o hyd iddo ddotio braidd fy mod i'n cymryd fy herian mewn modd mor *good-natured*. Beth arall fedrwn i fod gyda bechgyn Bala-Bang? Yna rwy'n ei gofio ef—ar draws y ffordd o'r siop sglodion ym Mangor Uchaf—yn mynd â sglodion yn ôl i'r hostel. Roeddwn yn sefyll wrth y siop gyda'r criw yr oeddwn yn arbennig o gyfeillgar gyda nhw, ac fe ofynnais i Aled (bardd ifanc o Ddyffryn Nantlle a fu farw ymhen pedair blynedd ar ôl hynny o lid yr ymennydd), y cwestiwn tyngedfennol ynghylch Elwyn, 'Pwy ydi'r bachgen acw?' Chwibanodd Aled arno i ddod atom, a chefais fy nghyflwyno iddo! Ond roedd rhai misoedd i fynd heibio cyn i'r atyniad aeddfedu i fod yn gariad. Gwireddwyd hefyd yr hen ddywediad praff: 'the course of true love never did run smooth' yn ein hanes am nifer o resymau, ac wrth edrych yn ôl gallwn weld i'r gwrthwynebiad fod yn un ysbrydol yn bennaf.

Pan oeddwn yn treulio amser yn Llanymawddwy, ar fferm Bryn Uchaf, y dyweddiasom ym mis Rhagfyr 1949 gan briodi ar Fawrth 26, 1951, pan oedd Elwyn yn weinidog yn Jerwsalem, Blaenau Ffestiniog. Cofiaf yn dda i Emyr Roberts ddweud yn ein brecwast priodas fod yna lawer i'w ddweud dros ein bod ill dau wedi bod yn y Coleg gyda'n gilydd—ac yn ei ddull bachog ei hun roedd yn dweud llawer o wir. Geraint Gruffydd oedd ein gwas priodas, a ffrind arall agos i'r ddau ohonom, Enid Gruffydd o Ddyffryn, Sir Feirionnydd, oedd y forwyn briodas gyda'm chwiorydd, Ceinwen ac Ann, fel morynion iau. Gwilym, fy mrawd, oedd yn fy nghyflwyno, a 'nhad yn cymryd y gwasanaeth. Yn cynorthwyo hefyd yn y Sêt Fawr y bore Llun y Pasg hwnnw yn y Capel Mawr yr oedd Arthur Pritchard, Emyr Roberts a Glyn Williams (Bethel). Cyfansoddodd Emily Roberts yr emyn 'Gelwaist lawer dau i fentro/Drosot Arglwydd yn Dy waith' i'r dôn Regent Square ar gyfer ein priodas, a dyblwyd a threblwyd y cwpled 'Diolch i Ti/Gelwaist eto'r ddeuddyn hyn' gan lond llawr o gynulleidfa'r Capel Mawr a oedd wedi dod ynghyd i'r gwasanaeth y bore hwnnw.

Cynhaliwyd y wledd briodasol wedyn yn Festri'r Capel Mawr, ac aethom am wythnos i Lundain ar ein mis mêl cyn dychwelyd ar y trên *via* noson yn y Rhos (gyda'n holl baciau o anrhegion priodas, etc.) i gyd-weinidogaethu yn eglwys Jerwsalem, Blaenau Ffestiniog. Ganwyd Alun a Gwen yn ystod ein cyfnod yno, a Hywel, Sian a Rhiain pan oeddem yn byw yn y Bala, ac Emyr Afan yng Nghwmafan wedi inni symud i'r De. Gelwid ef yn 'bachan drwy'r dydd' gan bobl Cwmafan oherwydd ei fywiogrwydd a doedden nhw ddim ymhell o'u lle!

Bwrlwm coleg

Wedi camu'n sydyn dros y blynyddoedd fel hyn, o safbwynt amseryddol, rhaid troi'n ôl at gyfnod Bangor (1947-49). Wrth droi fy meddwl yn ôl at y blynyddoedd hynny a cheisio gwneud crynodeb ohonynt, sylweddolais y ffaith ddiymwad, er ei bod hi'n gymharol hawdd ysgrifennu'n bwyllog am ddyddiau plentyndod a maboed, pan ddechreuir gosod allan mewn geiriau y bwrlwm o brofiadau a gafwyd yn y Coleg ei bod hi bron yn dasg amhosibl! 'Byrlymus' fyddai'r ansoddair mwyaf addas i ddisgrifio'r 'Coleg ar y Bryn' yn ystod y blynyddoedd y cefais y fraint o fod yno yn astudio Cymraeg fel fy mhrif bwnc, ac Athroniaeth fel pwnc atodol. Nid oeddwn yn aros yn y brif hostel i ferched ond mewn tŷ (a ymdebygai i 'pagoda') ar lethr bryn drws nesaf i'r Coleg Normal. 'Brynafon' oedd enw'r hostel a gallai deunaw myfyrwraig aros yno dan oruchwyliaeth warden ganol oed o'r Alban o'r enw Miss Maclaren. Roedd y criw bychan ohonom a ddaeth yno yr un flwyddyn â mi mor hoff o'r lle ac yn gymaint o ffrindiau fel i ni aros gyda'n gilydd am y tair blynedd y buom yno. Mae'r atgofion am eu cwmnïaeth yn felys, felys: yr hwyl a'r chwerthin, y sgyrsiau dwys a'r sôn am ein gwahanol gefndiroedd o bob rhan o Gymru. Llywyddai Miss Maclaren drosom yn sobr a di-fflach gan mai diffyg hiwmor oedd ei nodwedd bennaf.

Yr oedd y bywyd Cymraeg yn gryf iawn ym Mangor ar y pryd, a Llywydd y Coleg yn fy mlwyddyn gyntaf oedd Meredydd Evans (Merêd). Yn fy ail flwyddyn Aled Eames oedd y Llywydd. Dyma'r cyfnod pryd y canai 'Triawd y Coleg' eu caneuon gwreiddiol poblogaidd llawn harmoni, gan swyno Cymru gyfan drwy gyfrwng y 'Noson Lawen' boblogaidd a ddarlledid yn wythnosol o Neuadd y Penrhyn dan gyfarwyddyd y talentog Sam Jones. Roedd cangen gref o'r Blaid Genedlaethol yn y Coleg a Gwynfor Evans ac eraill yn dod i'n hannerch yn aml. Bryd hyn roedd yr ymdeimlad fod angen lleisio protest gyhoeddus yn dechrau cyniwair, a chofiaf fynd gyda chwmni o brotestwyr i wynebu Shinwell yn yr Amwythig am fod Lloegr yn

mynnu gormod o dir Cymru. Roedd rhywrai mwy eofn na'i gilydd
wedi peintio 'Hands off Wales' mewn llythrennau amlwg uwchben
Pont Menai. Pan fabwysiadodd Gwersyll Gwyliau Butlins orsaf
Penychain, a gosod yr enw 'Penny Chain' ar y platfform, aeth dau o
fechgyn y Coleg yno liw nos i adfer yr enw Cymraeg. Dro arall cofiaf
gerdded gyda phlacardiau yn yr Amwythig yn protestio am fod Lloegr
eisiau hawlio Sir Fynwy iddynt hwy eu hunain. (Rhyfedd meddwl am
y brwdfrydedd dros yr iaith a Chymreictod sydd mewn rhannau o'r sir
honno heddiw.)

Yn wir, roedd pob agwedd ar fywyd y Coleg yn llewyrchus a llawn
bywyd. Roedd niferoedd y Coleg wedi chwyddo'n aruthrol yn 1947
wrth i gyn-aelodau o'r lluoedd arfog ymuno i ailafael yn eu haddysg,
ac o ganlyniad roedd y cyfarfodydd niferus—y cyrddau dadlau a'r
Cymric ac ati, yn ffynnu heb sôn am y chwaraeon brwdfrydig ar
gaeau'r Ffriddoedd a'r dawnsfeydd nos Sadwrn yn neuadd y PJ. Yna
roedd cymdeithas yr SCM (y Student Christian Movement) gyda'r
cryfaf yng ngholegau Prydain i gyd. Fel arweinydd y gymdeithas
honno, roedd Elwyn, a adnabyddid bryd hynny fel 'Elwyn SCM', wedi
llwyddo i gorlannu criw niferus o wahanol golegau Bangor i ddod i
gwrdd gweddi yn Ystafell Gyffredin Bala-Bangor am saith o'r gloch
bob bore Sadwrn. Ond pwyslais mawr yr SCM, fodd bynnag, oedd y
wedd gymdeithasol i grefydd er iddo yn ei gychwyniadau fod yn
fudiad uniongred efengylaidd. Heb os nac oni bai, yn y blynyddoedd
hynny yn union ar ôl yr Ail Ryfel Byd, a'r hen werthoedd mewn
cymdeithas yn dechrau simsanu a chreulondeb dyn at ei gyd-ddyn
wedi ei ddadlennu mor arswydus o gignoeth pan aethpwyd i mewn i
wersylloedd fel Buchenwald ac Auschwitz, roedd llawer yn dechrau
holi beth oedd sylfeini eu ffydd. Mae barddoniaeth Gwenallt, o
flynyddoedd cyn yr Ail Ryfel Byd ac wedyn, yn darlunio hyn mewn
llinellau cofiadwy fel: 'Ein llong yn tindroi yn y niwl, a'r capten a'r
criw yn feddw.'

Er ennill y rhyfel dros ddrygioni unben fel Hitler, ar ba seiliau
cadarn y gallem ailadeiladu ein cymdeithas, yn enwedig os nad oedd
gwir sicrwydd ffydd gennym fel ieuenctid?

Fel rhan o raglen yr SCM am y flwyddyn, byddem yn cynnal yr hyn
a fedyddiasom yn 'encil' yn Gymraeg: bwrw'r Sul ym Mhlas-y-nant,
Betws Garmon, dan arweinyddiaeth gweinidog (un fel J. P. Davies
Porthmadog, dyweder) lle byddem yn ceisio ein paratoi ein hunain yn
'ysbrydol' i wynebu'r tymor colegol a oedd o'n blaenau. Byddai'r
encilion hyn yn cynnwys cyfnodau pryd y byddem yn myfyrio'n

dawel—pob unigolyn ar wahân (tebyg i'r 'retreats' eglwysig a gynhelir o hyd).

Mewn encil SCM o'r natur yma a gynhaliwyd adeg y Pasg, 1947, daeth fy mhriod, ar ei ben ei hun, i lawn grediniaeth ffydd a chafodd y sicrwydd cadarn yn ei enaid fod ei holl bechodau wedi eu maddau drwy farwolaeth iawnol Iesu Grist drosto ar y Groes. Teimlai mor llawn o orfoledd fel y dywedodd wrth yr un a alwem yn Auntie Lena, a oedd yng ngofal y ganolfan Christian Endeavour ym Mhlas-y-nant, wrth fynd i mewn i'r ystafell fwyta i gael cinio: 'Auntie Lena, my sins have been forgiven.' Ni allai'r wraig dda honno wneud dim ond edrych mewn syndod arno!—doedd hi ddim o'r perswâd uniongred lle mae cyfaddefiad o'r fath yn allweddol bwysig i'r Cristion ailanedig.

Pan ddychwelasom i'r Coleg ar ôl yr encil, darganfu Elwyn fod un arall o'r cwmni a fu gyda ni yno wedi profi'r un peth ag yntau—John Jackson, myfyriwr siriol o Fanceinion a oedd yn astudio gwyddoniaeth. Darganfu Gristion arall hefyd o'r enw John Bowers, Almaenwr o ran ei dras. Yn arferol byddai cyfarfodydd nos Sul yr SCM yn gorffen dros dymor yr haf (gan fod arholiadau ar y gorwel) ond penderfynasom ein bod am barhau i'w cynnal, yn groes i'r arferiad, ac yn y cyfarfod cyntaf rhannodd Elwyn gyda ni ei brofiad ym Mhlas-y-nant. Gwnaeth hynny gyda'r fath arddeliad fel y cefais i fy nwysbigo yn ddwfn iawn mai arwynebol dros ben a rhagrithiol fu fy rhodiad ysbrydol hyd hynny.

Ond er y dwysbigo bryd hynny a'r mynych ymdrech ar ran Elwyn am beth amser i'm cael i gredu mewn gwirionedd, yr adeg y torrodd y wawr ar fy enaid i ac amryw eraill o'm cyd-fyfyrwyr oedd yn encil yr SCM a gynhaliwyd ym Mhlas-y-nant ym mis Ionawr 1948. Cynhaliwyd yr encil honno union wythnos ar ôl encil fawr yn Nhy'n-y-coed, Dolgellau, dan arweiniad Arthur Pritchard, a'r Ysbryd Glân yn cael ei dywallt mewn modd neilltuol ar y cwmni bach o Gristnogion ifanc oedd yno o wahanol rannu o Ogledd Cymru. Daeth Elwyn a Mari Davies, Pantyneuadd (Mari Jones, wedi hynny) atom i Blas-y-nant yng ngwres y profiad hwnnw, a chan fod y siaradwr wedi gorfod ein gadael nos Sadwrn, Elwyn a gymerodd yr awenau gan ganolbwyntio'n arbennig ar 1 Ioan 1:8,9: 'Os dywedwn nad oes ynom bechod, yr ydym yn ein twyllo ein hunain, a'r gwirionedd nid yw ynom. Os cyfaddefwn ein pechodau, ffyddlon yw efe a chyfiawn, fel y maddeuo i ni ein pechodau, ac y'n glanhao oddi wrth bob anghyfiawnder.' Eglurodd ystyr yr Iawn a dalwyd drosom unwaith ac am byth ar y Groes ac mai ein lle ni oedd ildio a derbyn yr Arglwydd Iesu i'n calonnau. Er mor

Taid a Nain Trem Alun, Rhyd-y-mwyn Fy nhad, y Parch. James Humphreys,
Edward a Mary Humphreys. 1902-1980

Gyda fy mrawd, Gwilym, a'm chwiorydd, Ann Hooson *(chwith)* a Ceinwen
Catrin *(i'r dde)* yn yr ardd yn Arwel, Rhos, 1947.

Teulu mam ar fin symud i Blasymhenllech, Llŷn (gweler t.19) yn 1904 (mam sydd ar lin fy nain).

Fy mam, Rachel Humphreys (oedd yn weddw), a minnau yn 1982.

Llun a dynnwyd o'r teulu wrth i ni symud o'r Bala i Gwmafan yn 1962.

Gyda'r chwaer Emily Roberts (gweler t.203)

Y teulu yng Nglanyfferi yn y chwedegau. *(O'r chwith):* Emyr Afan, Rhiain Mair, Gwen Catrin, Alun Meirion, Sian Eleri a Hywel Meredydd.

Ar wyliau yn Ne Ffrainc gyda'r wyresau Naomi Ann ac Alaw Fflur *(yn sefyll)* yn 1992.

Y briodas yng Nghapel Mawr, Rhosllannerchrugog, Mawrth 26, 1951.
Dathlu ein Priodas Aur yng Nghaerfyrddin, Mawrth 2001.

gyfarwydd i nifer sylweddol heddiw yw pregethu o'r fath, i ni yng Ngogledd Cymru bryd hynny roedd y cyfan yn syfrdanol o newydd a'i oblygiadau i ni fel personau yn chwyldroadol tu hwnt. Bu brwydro ffyrnig yng nghalonnau nifer ohonom, ond cyn diwedd yr encil gallai nifer ohonom ddweud gyda'r emynydd, 'Ond mi rois fy holl ryfeloedd/I'r un godidoca'i rym'.

Bellach rydym mewn canrif newydd, ond mae'r 'bywyd newydd' a gychwynnodd bryd hynny adeg y fendith ym Mhlas-y-nant yn dal i fod y trysor pennaf a feddwn.

Wedi dychwelyd i'r Coleg daeth yr hyn a ddigwyddodd i gnewyllyn ohonom a oedd yn digwydd bod yng nghanol llif bywyd Cymraeg y Coleg (gyda'r Ddrama Gymraeg, er enghraifft: roeddem yn paratoi i lwyfannu drama newydd sbon, *Lle Mynno 'r Gwynt* gan John Gwilym Jones, am y tro cyntaf a'r awdur a'i gyfaill, yr Athro Thomas Parry, yn cyfarwyddo) yn destun trafod a chwilfrydedd mawr ymhlith ein cyd-fyfyrwyr, a daeth trafod crefydd—ac yn fwy na hynny dystiolaethu'n agored—yn un o brif nodweddion y misoedd canlynol yn y Coleg. Bûm yn ailddarllen y dyddiadur a gedwais am y misoedd hynny, a synnais o'r newydd at y nifer o agoriadau naturiol a gaem i gyflwyno'r efengyl i'n ffrindiau ac at y nifer o gyrddau gweddi ffurfiol ac anffurfiol a gynhaliem, heb sôn am yr estyn allan twymgalon at bobl ifanc llai breintiedig na ni yn y YWCA ym Maesgeirchen.

Gan fod Elwyn wedi bod mewn cynhadledd ieuenctid fawr ryngwladol yn Oslo yn haf 1947, fel cynrychiolydd swyddogol o Gymru (un o bump neu chwech rwy'n credu) gofynnid iddo fynd i wahanol eglwysi i sôn am y gynhadledd, a chan mai thema'r gynhadledd oedd 'Jesus Christ is Lord' nid yw'n anodd sylweddoli sut y trodd nifer o'r cyfarfodydd hynny'n achlysuron pryd y daethpwyd i gysylltiad â Christnogion eraill neu pryd y daeth amryw i brofiad am y tro cyntaf. Dyma'r rhai a gasglodd ynghyd yn encil Dolgellau yn Ionawr 1948, a dyna sut yr ymunodd Mari Jones gyda ni yn yr encil ym Mhlas-y-nant wythnos yn ddiweddarach. Ni wyddem bryd hynny y byddai Mari'n datblygu'n awdures Gristnogol braff.

Yr oedd y gwaith i gyd dan gymaint o fendith fel y galwem ef 'yr hyn sy'n digwydd', a wyddem ni ddim pwy o'n cyd-fyfyrwyr a fyddai'n cael ei ddwysbigo nesaf. Adeg y Pasg 1948 cynhaliwyd ymgyrch fythgofiadwy yn y Bala a ninnau'n dod i gysylltiad nes fyth â rhai fel teulu Pantyneuadd, Emily a Wena Roberts, Alwena Roberts y delynores, Carys ac Eirlys o'r Bala, Herbert Evans a nifer o rai eraill.

Yn gyfochrog â'r fendith ym Mangor roedd bendith debyg yn

digwydd yn y De i rai fel Gareth Davies, John Thomas, Hugh Morgan, Gwyn Walters, Morwen Thomas, ac ymhellach ymlaen, Mair Jones ac eraill lawer. Daeth y ddwy garfan at ei gilydd gyntaf yn Nhy'n-y-coed, Dolgellau, yn haf 1949, yr wythnos y cynhaliwyd yr Eisteddfod Genedlaethol yn y dref honno. Erbyn hyn roedd ymgyrch gofiadwy wedi ei chynnal yn Nhrefor ac Emyr a Grace Roberts yn ymuno gyda ni (Emyr oedd wedi bod yn weinidog ac yn bregethwr mor ddylanwadol yn yr Hen Gorff ers rhai blynyddoedd yn ysgrifennu at Mari ac yn dweud iddo ddarganfod llyfr newydd sbon—sef y Beibl!)

Gallaf yn wir ategu fod y ffeithiau fel y'u hadroddir yn llyfr Geraint Fielder, '*Excuse me, Mr Davies—Hallelujah!*', a chyfrol Noel Gibbard, *Cofio Hanner Canrif: Hanes Mudiad Efengylaidd Cymru 1948-1998*, yn gwbl ddilys. Ond ni all unrhyw ddisgrifiad geiriol ddod â naws arbennig y dyddiau hynny yn ôl. Er hynny, 'y mae efe yn aros yn ffyddlon' a gall dyddiau tebyg ddigwydd mewn munud awr eto. Does gennym ddim amheuaeth ynghylch hynny.

Ceisiais gyfleu yr hyn a oedd yn digwydd yn ysbrydol ym Mangor pan oedd y ddau ohonom yno, ond rhaid sôn ychydig am y fraint a gefais o gael astudio Cymraeg pan oedd yr Athro Thomas Parry yn y gadair. Yn ystod fy mlwyddyn gyntaf, Syr Ifor Williams oedd yn y gadair a chaem rai darlithiau ganddo ef ar 'Fuchedd Dewi'. Wrth gyflwyno hanes Dewi o wythnos i wythnos, roedd yn arfer ganddo esbonio ystyron geiriau a godai yn y testun. Roedd yn ŵr annwyl dros ben ac yn wir ysgolhaig.

Dyma'r cyfnod pryd yr oedd yr Athro Thomas Parry yn astudio gwaith Dafydd ap Gwilym, a phrofiad i'w gofio oedd ei glywed yn darllen rhai o gywyddau Dafydd yn ei ddarlithoedd arno. Prin oedd cael darlith ganddo ar hanes llenyddiaeth Gymraeg nad oedd yn taro deuddeg i ni fel myfyrwyr. Bob yn awr ac yn y man cyfeiriai at 'fy llyfr i', sef ei waith canmoladwy, *Hanes Llenyddiaeth Gymraeg Hyd 1900*. Ond wedi iddo ein tywys drwy orffennol ein llenyddiaeth, pan ddeuai at gyfnod Syr John Morris-Jones, dringai'r darlithoedd i dir uchel iawn, ac maent yn fyw yn fy nghof hyd heddiw. Pan ddarllenai'n afaelgar gyfieithiad John Morris-Jones, 'Omar Khayyâm', gallech glywed pin yn disgyn yn yr ystafell ddarlithio, ac roedd llun mawr olew o Syr John Morris-Jones yn edrych i lawr arnom yn urddasol, a byddem ninnau'n dyfynnu o'r penillion wrth ein gilydd wedyn. Roedd R. Williams Parry yn gefnder i Thomas Parry, a golygai hynny fod dyfnder arbennig yn ei ddealltwriaeth o ddeithi meddwl 'Bardd yr Haf' a'r modd yr ysgydwyd ef i'r eithaf gan garchariad Saunders Lewis, a chyfeiriai ni at ei sonedau, megis 'Cymru 1937', a'i gerddi , megis 'Y Dychweledig', gan eu darllen gydag angerdd.

Yr oedd yn weithiwr mor ddisgybledig ei hun, disgwyliai safon uchel debyg gan ei fyfyrwyr ond, ysywaeth, braidd yn hirymarhous a fyddwn i gydag ambell draethawd. Pan fyddwn wedi gorffen traethawd a'i gyflwyno iddo, byddai'n dweud yn reit swta, 'Wel, rydych chi wedi arbed eich croen unwaith eto!' Ond, er yn deg ei gerydd, roedd yn deg hefyd yn ei air o galondid yn ei sylwadau ar ddiwedd ein traethodau, ac roeddem yn barchus ac edmygol ohono. Gwnaeth i ni barchu a charu'r Gymraeg wrth iddo ef ei hun ei thrafod mor urddasol a phendefigaidd, a mawr yw dyled pob un o'i fyfyrwyr iddo am hynny.

Cyfle i ddysgu

Ar wahân i'r tymor o ddysgu yn Ysgol Ramadeg y Merched, Rhiwabon, aeth blynyddoedd heibio cyn i mi fy hun ymroi i fod yn athrawes lawn-amser a cheisio ennyn brwdfrydedd a diddordeb disgyblion Ysgol Gyfun Sandfields, Port Talbot, yn y Gymraeg fel athrawes ail iaith. Digwyddodd hynny ym mis Medi 1967 pan aeth Emyr Afan, ein chweched plentyn, i ysgol Pont-rhyd-y-fen. Bûm yno hyd Orffennaf 1978, cyfnod o un mlynedd ar ddeg. Codwyd yr ysgol ar gyrion ystad fawr o dai Sandfields, ac fe godwyd yr ystad yn sgîl y mewnlifiad mawr i Bort Talbot o ddynion i weithio yn y gwaith dur enfawr ym Margam.

Yr oedd oddeutu 1700 o ddisgyblion yn yr ysgol a thros 90 o athrawon. Rhennid yr adeilad (a godwyd ddeng mlynedd cyn i mi fynd yno) yn Ysgol Isaf, Ysgol Ganol ac Ysgol Uchaf, i gyd ar yr un lleoliad. Roedd digon o broblemau cymdeithasol yng nghefndir y plant ond teimlais hi'n fraint cael gweithio yno gan fod yr athrawon i gyd yn cyd-dynnu'n effeithiol. Wedi imi fod yno am rai blynyddoedd, ffurfiwyd system fugeiliol i warchod a deall mwy ar anghenion emosiynol y plant, a chefais fy mhenodi'n diwtor ar ferched y flwyddyn gyntaf. Gan fy nghyd-diwtor dros y bechgyn a minnau roedd y cyfrifoldeb o geisio gofalu bod y disgyblion yn setlo i mewn i fywyd prysur ysgol gyfun wedi dod o'u gwahanol ysgolion cynradd—ysgolion a oedd yn dwyn enwau mor Gymreig â Glan-y-môr, Tir Morfa a Thraeth Melyn.

Felly, yn ystod fy mlynyddoedd fel athrawes, roeddwn yn fy nghael fy hun yn ymddiddori fwyfwy yn y gwaith o ddysgu Cymraeg fel ail iaith, gan ddilyn llyfrau Dan Lyn James, megis *Hwyl gyda'r Gymraeg*, a pharatoi fy hun i geisio ennyn cariad yn y disgyblion at ein hetifeddiaeth fel Cymry. Dyma'r cyfnod yn y saithdegau pryd y cipiai

51

tîm rygbi Cymru y llawryfon pennaf, felly roedd hynny'n fan cychwyn da, yn enwedig gyda'r bechgyn. Wedyn byddai'r ochr fugeiliol yn peri fy mod i'n ceisio deall teithi meddwl plant yn well, a gwelais fod gennyf lawer iawn i'w ddysgu er bod gennyf chwe phlentyn fy hun. Byddai ymwneud ag ambell blentyn difreintiedig yn ddi-ffael yn gwneud imi deimlo fod fy llinynnau i fy hun wedi disgyn mewn lleoedd hyfryd, chwedl y Salmydd.

Yr oedd ffrind imi, athrawes Ffrangeg a Saesneg, Eunice Conibear (a addolai gyda'r Brodyr yn Abertawe), a minnau yn cynnal Undeb Cristnogol bob amser cinio dydd Iau. Deuai cnewyllyn ynghyd, ond pan ddeuai'r annwyl John Price a'i ffilm 'Mission to Lepers' neu Pastor Taylor a'i ffilmiau 'Fact and Faith', byddai'r gynulleidfa'n gref, yn enwedig os byddai'n bwrw glaw! Roedd un o eglwysi lleol Sandfields wedi ffurfio grŵp bach i ganu caneuon Cristnogol syml. Gwahoddid y grŵp i ganu yng ngwasanaethau boreol y tair ysgol, a chofiaf i'r prifathro, R. J. Williams, wahodd y grŵp draw i'w ystafell i ganu i rywun a ddaeth i ymweld â'r ysgol.

Meddyliais lawer wedyn am Dr Martyn Lloyd-Jones yn gweinidogaethu mor ffyddlon yn Aberafan am gynifer o flynyddoedd, a bod yr ymagweddu cyffredinol yma o barch at y dystiolaeth efengylaidd o bosibl yn rhan o'r gynhysgaeth a adawodd ar ei ôl. Mae effaith gweinidogaeth gref yn para ymlaen yn hir mewn cymdeithas werinol a fu dan ei dylanwad. Wrth edrych yn ôl, blynyddoedd hapus i mi oedd dysgu yn Sandfields.

Yn ystod haf 1999, cefais ddathlu fy mhen-blwydd yn 70 oed, a daeth nifer o'r teulu ynghyd i Barc Gelli Aur am bicnic. Petawn i'n cael ail-fyw fy mywyd eto, ailbriodi yr un cymar, cael yr un plant a meibion-yng-nghyfraith a merched-yng-nghyfraith, a'r un wyrion ac wyresau, beth garwn i fod wedi ei wneud yn well yn fy ymddygiad tuag atynt? Ar wahân i weddïo mwy drostynt, ar y lefel ddynol credaf mai'r peth y carwn i fod wedi ei wneud yn well yw gwrando mwy ar yr hyn y maent yn ei ddweud a siarad llai fy hun. Drwy wrando'n well, gallwn wir gario beichiau ein gilydd, gwneud pethau'n esmwythach i'n gilydd yn lle gwneud pethau'n anoddach drwy farnu'n rhy hastus. Cefais wir achos i synnu a rhyfeddu lawer tro fel y bu ceisio meithrin y ddisgyblaeth o wrando o'r cymorth mwyaf i wybod beth i'w ddweud nesaf mewn sgwrs. Ond gyda fy natur braidd yn hastus, mae gennyf le pell i fynd eto: 'Araf iawn wyf fi i ddysgu,/Amyneddgar iawn wyt ti.'

Cerddi

Castell Carreg Cennen

Yr awel

Echdoe deffrois a chaddug ymhobman,
   Mwrllwch a niwloedd am bopeth yn troi;
Trymaidd yr awyr heb awel yn unman
   A thrist oedd fy nghalon a'm cân wedi ffoi.

Heddiw deffrois a'r wybren yn eglur,
   Glesni digwmwl dros ffriddoedd a dôl;
Dygai yr awel adfywiol â'i ffresni
   Hoen ac ysgafnder i'm henaid yn ôl.

'Fory ymlwybrwn i ddathlu ein Sulgwyn:
   Cysglyd yw Seion yng nghyntun ei ffydd!
O na ddôi'r awel a'i creodd hi gyntaf
   I'w deffro'n garuaidd i doriad y dydd.

Mi garwn

Mi garwn fod yn blentyn
  Heb gur o dan fy mron,
Yn gweld â llygaid newydd
  Y greadigaeth hon.

Mi garwn fod yn llencyn
  Yn llamu tua'r oed,
A gwrthrych hardd ei gariad
  Yn oedi dan y coed.

Mi garwn fod yn henwr
  Sy'n ddiddig, fodlon fyw,
Â'i ddwylo cam, crynedig
  Yng nghadarn law ei Dduw.

Mi garwn fod yn rhywbeth
  Ond anghredadun cas
Na thorrwyd cwys i'w galon
  Gan rym efengyl gras.

Gorchest

Gwelaf
Y pen melyn wythmlwydd
Yn sleifio'n sydyn
Fel gwiwer gyntefig
I fyny canghennau
Gwyrddlas ond bregus
Y goeden gerllaw.
Yn sydyn
Daw'r gri o fuddugoliaeth
O'r brig, 'Mam!'

Yno mae hyder a hoen
Yn serennu arnaf
A'm byd innau'n wyn.
Beth yw'r ias a ddaw drosof
Yn eigion fy mod:
'Arglwydd pa hyd y bydd hyn?'

Byd y fam

Cyfannu, cynganeddu,
  Cyfanheddu, gwau;
Cadw trefn ar ei theulu,
  Breuddwydio, dyheu.

Dwyn y boen sy'n anesgor
  Pan fo'i nerth yn gwanhau;
Gweld y patrwm mewn bywyd,
  Gweld y cyfiawn a'r brau.

Estyn llaw i gardotyn
  Ar riniog y drws;
Cofleidio ei phlentyn,
  Gweld ei osgo yn dlws.

A gwybod, er duo
  Ffurfafen ein byd,
Y bydd bywyd fel fflam
  Yn cyniwair o hyd—

Tra bydd tyndra anniwall
  Rhwng benyw a dyn
A'r ddeuddyn yn gwarchod
  Eu castell eu hun.

Lleisiau

Trydar y fwyalch ar foncyff crin
  A deunod y gog dros y bryn,
Chwiban direidus glaslanciau'r cwm
  A'u byd yn ddibryder wyn.

Lleisiau cyfeillion ar hwyrnos haf
  Ym mhelydrau olaf y dydd,
Islais fy mhriod yn nhrymder nos
  A'n cariad yn gyfrin a chudd.

Trysoraf y cyfan trwy orig fy myw
  A phletiaf hwy'n gynnes mewn cist;
Ond daw amser ymadael i minnau cyn hir
  Pan ddaw llais pendefigaidd y Crist.

Y rhwyg

(*wedi darllen* Pollution and the Death of Man:
The Christian View of Ecology *gan Francis A. Schaeffer.*)

Un bore hudolus fe grewyd dyn
 A'i osod ar gynfas hardd
O flodau cynhyrfus a deiliog goed
 A dyfai ar batrwm gardd.

Mwyn oedd ei lais wrth greadur mud
 A'i gariad at gymar mor llwyr;
A delw ddigwmwl y dwyfol Un
 Ymddiddanai ag ef yn yr hwyr

Gwae a chydochain ddilynodd y rhwyg
 A wnaed yn y cynfas gynt;
A daw cri cenedlaethau eto i ddod
 Fel crinddail o flaen y gwynt.

Brig y morwydd

A weli di'r fendith
Yn dechrau crynhoi
Fel adar disgwylgar
Ar bennau'r toi?

Cyn hir daw yr awel
I'w codi'n gyhyrog
Pob un ar ei aden
O'r ddaear dymhestlog.

Mae rhyddid y nef
I'r adar a'u cywion
Yn well na chaethiwed
Y strydoedd culion.

Mân friwsion a gawsant
Rhwng gorchwyl a hepian—
Mae'r wledd yn eu haros
A'r byrddau'n gwegian.

(Cyfansoddwyd wedi Cynhadledd Flynyddol Mudiad Efengylaidd Cymru yn 1973—cynhadledd arbennig o fendithiol.)

I gofio cyfaill

(a'i hiraeth am adfywiad)

Taer fu'r cwmni cynnar
Yn braenaru'r Gwir
Drwy Gymru glaear.

Diwyd y gweithwyr iraidd
Fu'n plannu'r had
Yn y gwanwyn peraidd.

Llwm fu'r gaeafau
Dros fae Aberafan
Ddilynodd hydrefau.

Prin fu'r cawodydd
Ar lawr y cymoedd —
Ond y mân law ddiwetydd.

Gwyrth fydd y sydyn ymwthio
Drwy wyneb y tir—
Gorfoledd o gofio'r llafurio.

*(Y 'cyfaill' yw'r Parch. John Thomas, gweinidog Bethlehem,
Sandfields, Aberafan, ac un o arweinwyr amlycaf
Mudiad Efengylaidd Cymru o'i gychwyniadau.
Bu farw'n sydyn, yn 41 oed, yn Ebrill 1969.)*

Gweddi

(ar ddechrau blwyddyn)

O'th flaen, O Arglwydd,
Tywalltaf falchderau fy nghalon,
Eilunod llipa
Y cnawd sy mor fyw;
Eiddunaf am faddeuant
Mewn byd dicllon diarbed
Heb neb yn hitio am frawd
Mwy na chleren mewn baw.
Ti yn unig all—fel y fflam
Sy'n puro—drwy'r tywyllwch
Pardduaidd dall,
Greu yn eigion fy mod
Ddelw dy Fab
Bendigaid.

I'm merch

(ar gychwyn i goleg gwyddor cartref)

A daeth yr awr
I gamu'n dalog dros y ffin
Sy rhwng plentyndod ac anwybod pêr
Y maboed. Sibrwd wnaf
Fy nymuniadau yn dy glust, a'm
Gweddi drosot.

Boed i ti
Dderbyn o ddeuparth ysbryd Martha —
Rhoi o'r gwasanaeth prin
Sy'n dwyn diddosrwydd trefn
I sefyllfaoedd bywyd. Hulio bwrdd
I henoed, neu bletio gwisg
I blentyn, fel bo'r gofyn.

Ond boed i ti hefyd
Brofi gorfoledd ysbryd Mair
Na welodd uwch gwasanaeth iddi'n bod
Na gwrando gair ein Harglwydd mwyn
A'i garu.

Hi a dderbyniodd glod na wybu'r byd,
Hon drodd y brethyn llwm yn lliwiau drud.

Castell

(I'm priod)

Gwelais di
Yng ngwyll ein bore bach.
Fel castell unig
Ar benrhyn pell y ffin
Rhwng deufyd.

Mentrais
Gloddio hyd gelloedd
Tanddaearol dy berson —
Neu orffwyso dro
Yn neuaddau ysblennydd
Dy gariad.

Profais ias
Rhyferthwy Mawrth
O fewn dy byrth.
A chyn hir
Daw tymhestlwynt Tachwedd
I'n hanesmwytho.
Ond nis ofnaf
Canys adeiladwyd di
Ar y graig.

I Dafydd a Rhiannon

(ar eu priodas, Calan Mai 1976)

Hardd ym Mai yw'r blagur cynnar,
Hardd yw mantell lliwiau'r ddaear,
Ond mil harddach na'r cyfanfyd
Yw gweld dau ar drothwy gwynfyd.

Gair ein Duw a gaiff eich tywys
Drwy y byd a'i lwybrau dyrys;
Eang fydd eich gweledigaeth
Os derbyniwch Ei ddarpariaeth.

Rhodd yw bywyd, rhodd yw cariad,
Rhodd yw cymar llawn ymroddiad,
Ond yn goron ar eich uno—
Rhodd yr Ysbryd i'ch sancteiddio.

(Y llenorion Dafydd a Rhiannon Ifans, Penrhyn-coch.)

Galw heibio

Hen wreigan a safai yn unig
  Fel corsen ysig a brau,
'Dim ond galw heibio am funud,'
  Pwy oedd un fel myfi i'w nacáu?

Gwyddwn fyrdwn ei sgwrs heb glustfeinio—
  Ei phriod a'u dyddiau cytûn.
A minnau'n astudio'r llinellau cain
  Gerfiodd amser â'i forthwyl a'i gŷn.

Ei dwylo fu'n gweithio mor ddiwyd
  Mewn ystum segurdod llwm,
A'r llygaid fu'n dawnsio i dannau serch
  Erbyn heddiw dan gaddug trwm.

Amgylchynu â chariad, cwpanaid o de,
  Cydocheneidio a chydlawenhau.
'Dim ond galw heibio am funud,'
  Pwy fydd un fel myfi i'w nacáu?

Gofal

*(wedi darllen llythyr, dyddiedig 19 Chwefror 1919, o law
Evan Roberts, y Diwygiwr, at aelodau'r 'Lower Mission')*

Dogfen guddiedig a lithrodd i'n meddiant,
A'r gŵr a'i 'sgrifennodd yng ngwlad gogoniant.

Ym mhlygion ei ddiolch am rodd ariannol
Ceir baich eneidiol y bugail rhinweddol.

Roedd am i'r praidd bychan ar lannau'r Ogwr
Gadw'r tân a gyneuwyd ym mro Casllwchwr;

Ac am iddynt brofi ei wres puredigol
Yn nannedd haerllugrwydd y Gelyn ysbrydol;

Heb sôn am y dryswch a'r aml drybini
A ddaw i ran pawb o fewn hoedl ei eni.

Adnoddau'r ne' oedd ple ei ddirnadaeth
I Dafydd Evans ar drothwy cenhadaeth.

. . . . . .

Marwydos sydd heddiw o'r tân a fu gynt
Hyd nes daw yr Ysbryd ar ddeifiol hynt.

I'r baban yn y siôl

Wrth i ti swatio'n grwn o fewn ei phlygion
  Clyw hwiangerdd a ganwyd i ti
Cyn i olau sydyn dydd
  Gwrdd â'th amrannau llonydd;
A chyn i drybestod ein byw
  Chwalu dy freuddwydion cyfrin
    Gwybydd hyn, fy mherl,
  A chred hyn, fy nhrysor,
    Fod cariad Teulu cyfan
Yn haenau amdanat—ac yn talu
  Gwrogaeth i ti,
    Deyrn bach y siôl,
  Ac i'r Un a'th greodd.

(Cyfansoddwyd ar enedigaeth ein hwyres fach, Ann Meleri Davies.)

Yn Aber 1986

Roedd y machlud yn gryf dros y bae,
A'th gwch bregus yn hwylio'n bendefigaidd
I'r gorwel tragwyddol.
Hwythau'r awelon yn llenwi'r hwyliau
Treuliedig gan ofid a phoen.
Ac ar y dec lle bu'r storm yn bwrw
Llid ei chynddaredd
Tasgai pelydrau cynnes yr haul
 meddyginiaeth yn ei esgyll.
Ninnau ar y lan yn ochneidio
Heb allu cynnig eglurhad
Dros y fordaith annhymig.
Ond wrth i'r haul ein cynnwys ninnau
O fewn cwmpas ei danbeidrwydd
Grasol,
Teimlem dynfa'r gorwel
A gobaith yn gwefreiddio ein bod.

*(Wedi clywed am genhades ifanc 27 mlwydd oed yn marw'n
fuddugoliaethus ac wedi gwrando pregeth ar gariad Crist.)*

Y hen gapel

Haliwch i fyny'r sgaffaldiau
  A bwriwch y nenfwd i lawr,
Does neb yng nghylch yr ofalaeth
  Yn deisyf am doriad gwawr.

Trwmlwythwch y seti pinwydd
  I'r farchnad ar gyrion y dre',
Does neb o'r teuluoedd heddiw
  Yn daer am glustnodi lle.

Iawn brisiwch yr addurniadau,
  Mae coffrau'r cyfundeb yn llwm;
Does neb am adfer prydferthwch
  Y 'sgerbwd glaswelltog hwn.

Ond peidiwch â meddwl eiliad,
  A'r llechi'n bentyrrau ar lawr,
Fod Duw am atal gogonedd
  Ei Eglwys fyd-eang fawr.

Emaus

Parlyswyd eu calon gan ofn, ac yn ddi-ben-draw
Siaradent am angau, tywyllwch a braw—
Y ddau ar ffordd i Emaus.

Anobaith a'u daliodd, a'i grafanc ddur
A wasgai hiraeth ac a gleisiai gur
Y ddau ar ffordd i Emaus.

'Gwaredydd yr Israel ddarostyngwyd mewn bedd,
Oni chlywaist yr awron, ddieithryn?' medd
Y ddau ar ffordd i Emaus.

Ond ar dir Palesteina, caregog, ddi-goed,
Dehongliad o'r cynllun tragwyddol a roed
I'r ddau ar ffordd i Emaus.

'Paid teithio ymhellach, tyrd atom i'r tŷ,
Ddieithryn bonheddig, galluog cry',
Meddai'r ddau ar gyrion Emaus.

Cyn disgyn o friwsion y bara o'r dafell,
Daeth grym adnabyddiaeth i lenwi ystafell
Ddilewyrch y ddau o Emaus.

Â'u calon ar dân, yn llawen cerddasant
Yn ôl i'r brifddinas, a'u bywyd yn foliant
I'r trydydd ar ffordd i Emaus.

*(Ysgrifennwyd wedi darllen llyfr J. I. Packer, Laid Back Religion,
a'm hoffter neilltuol o'r hanes hwn erioed: gw. Luc 24:13-35.)*

Rhagfyr 31, 1989

Drwy wyll y nos daeth gwawch y baban,
I'n synnu a'n gwefreiddio.
Oni fu'r degawd mor gaeth amdanom
â chyfyngiadau'r bru iddi hithau,
y fechan?
Ac oni fu'r wŷs i ymddangos
mor apocalyptaidd sydyn
â gweriniaethau Ewrop yn camu'n llygadrwth
o'u tywyllwch,
gan dorri'r iau
a'i thaflu i ebargofiant hanes?
A thithau Alaw Fflur, yn sgîl y rhengoedd,
yn mentro hefyd.
Clywch deulu bach,
mae'r clychau'n bylchu'r ffin
a gobaith yn eu her.

*(Geni merch fach Emyr Afan ac yntau'n cael
galwad i Berlin i ffilmio rhaglen deledu oherwydd fod
Mur Berlin newydd gael ei ddymchwel.)*

Ecsodus

Roedd rhaid i'r dydd wawrio—
y dydd i'th ddad-fachu'n swyddogol
o siafftiau'r fen y buost ynghlwm wrthi
gyhyd:
Y fen y ceisiaist ei harddu a'i thrwsio
i ddwyn arch yr efengyl
drwy grastir Cymru.
Ond am i'r dydd hwn wawrio,
na fydd drwm dy galon,
cans eraill ddaw i lafurio'n weddigar
yn y tresi parod,
eraill ddaw i ddwyn yr iau
a gwisgo nod ufudd-dod.
Ac wrth ymddihatru a phwyllo,
gwyn fyd na chaiff dy ysbryd dithau,
(wrth lygadu'r cyfan yn effro),
lamu mewn gorfoledd
wrth weld y Seceina ddwyfol
yn ei hamgylchynu—
y fen
y buost
ynghlwm wrthi (ddydd, gŵyl a gwaith)
gyhyd.
Bydd hwnnw'n ddydd i'w gofio.

(Ar ymddeoliad y Parch. J. Elwyn Davies, priod yr awdures, o'i waith fel Ysgrifennydd Cyffredinol Mudiad Efengylaidd Cymru, mis Mai 1990.)

74

Drws y nef

(I Beth Humphreys)

Pan ddaw galar i guro
Ar seintwar y galon
A chof am bob eiddilwch
Wrth wasgar golud yr efengyl
Drwy dlodi haerllug ein gwlad,
Daw un wyneb yn fythol
Llawn sêl i serennu arnom—
Beth, a'i cham sydyn
A'i hosgo croesawgar
A disgleirdeb byd arall yn ei llygaid,
Goleuni a darddai'n ffrwd
O wawr ailenedigaeth
Y dyddiau cynnar.
Grymusodd, dyfnhaodd
Hyd nes ei syfrdan gymylu
Un min nos yn Ardudwy
Wrth gyrraedd
Pinacl ei anterth
Rhwng dorau paradwys.

*(Priod y Parch. Gwilym Ll. Humphreys oedd Beth
a fu farw'n sydyn Gorffennaf 17, 1990.)*

O'm ffenest

(Chwefror 1991)

Drwy oriau'r nos
Daeth prydferthwch gwyn
I harddu pob cilfach
Yn y broydd hyn.

Dwy fronfraith farus
Wedi crychu eu plu
Yn gwledda ar aeron
O lwyn ger y tŷ.

Beth wedyn a welaf
Wrth odre'r bryn
Ond dynion o eira
Fel pileri gwyn.

A theulu cyfan
Yn dringo'r llethr
A'u sglefrio buan
Yn glod i'w medr.

Dacw grwtyn eiddil
Yn gwyro'n sydyn
I blannu pêl eira
Ar war ei elyn.

Gwyn fyd na bai pawb
Drwy'r byd yn grwn
Heb arf ond eira
Y dwthwn hwn.

*(Y cefndir i'r penillion uchod oedd y newyddio
am y cyrchoedd bomio yn erbyn Iraq.)*

76

Y gelfyddyd o briodi

Wrth fynd i fyd y fodrwy
Ar ddiwrnod mawr cofiadwy,
Y gamp fydd gwneud y pethau bach
Hawddgarach a dyladwy.

Mae dwedyd 'Rwy'n dy garu'
Yn ddyddiol heb wamalu
Yn werthfawr iawn i fab a merch
I gadw'u serch rhag pylu.

Gofalwch gydio dwylo
Heb feddwl ymddiheuro,
Cans arfer bythol wyrdd yw hyn
Nas myn gwallt gwyn fyw hebddo.

Os bydd anghydfod weithiau
Yn dod ar draws eich llwybrau,
Cyn mynd o'r haul i'r gorwel draw
Rhowch daw ar bob ymddadlau.

Rhannwch yr un ymdeimlad
O werthoedd, ac o fwriad;
Does wiw cael un yn tynnu'n groes —
Gall ddrysu oes dau gariad.

Wynebwch fyd dig'wilydd
Yn gadarn gyda'ch gilydd;
Daw'r undod hwn dan wenau Duw
Â bendith wiw i'ch beunydd.

Cofiwch gwmpasu'r teulu
Â chariad fydd yn denu,
Cans atgas beth yw rhwyg a sen
Sy'n mwydro pen a nychu.

Mae gair o werthfawrogiad
Yn siŵr o hybu cariad,
A chofio diolch yn ei bryd
Yn euro'ch byd heb eithriad.

Rhaid meddu'r mawrfrydigrwydd
I faddau'n llwyr i'ch gilydd,
Gan wir anghofio pob dim cas
All 'mestyn mas euogrwydd.

Ar aelwyd boed yn hyfryd
Hedd dwfn, a'r weddi hefyd,
I weld y naill a'r llall yn cael
Eu cyfle hael mewn bywyd.

Ynghanol byd o dristwch
Chwiliwch am bob hyfrydwch
All ddwyn goludoedd gwell i'ch rhan
Na lledrith gwan trythyllwch.

Yn goron ar eich priodas
Cofiwch y rheol eirias:
Nid cwrdd â'r person iawn yw'r nod
Ond *bod* y person addas.

*(Addasiad mydryddol o eiriau a welir yn Eglwys Gadeiriol Exeter.
Gweler Atodiad 1, 'The art of marriage', t.215)*

Dafydd Elwyn

(Cân ar dôn hwiangerdd)

Dafydd Elwyn,
Marchog hardd y dyffryn,
Macs a ddôi i'th ganlyn,
Nis anghofiwn di.

Dafydd Elwyn,
Cawr y blodau melyn,
Ffrind i bob aderyn,
Nis anghofiwn di.

Dafydd Elwyn,
Chwim fel sionc griciedyn,
Llawn o hwyl a chwerthin,
Nis anghofiwn di.

Dafydd Elwyn,
Hoff o lun a chynllun,
Ffraeth dy dafod sydyn,
Nis anghofiwn di.

Dafydd Elwyn,
Yn y nef heb ddeigryn,
Ninnau ddown i'th ganlyn,
Hiraeth mwy ni bydd.

(Ar ei ben-blwydd, Awst 27, 1995.)

Costrel ein dagrau

(Cofio Dafydd Elwyn, Pasg 1996)

Aeth blwyddyn heibio,
Blwyddyn gron o gofio
Ing a rhwyg dy golli:
Blwyddyn hir o dro'r tymhorau
A phob un yn canu cnul
Ein hiraeth dwys amdanat.

Dy enw di yn atsain yn ein clyw a'n cof,
Heb laesu byth drwy'r dyddiau a'r wythnosau
A'r nosweithiau blin.
Dy le yn wag,
A gwag y bydd i ni,
Fel dyffryn Baca.

Ond trwy ein dagrau
Cawsom y ffynhonnau'n hynod felys—
Ambell orig ddethol,
Cysur câr a chyfaill yn eu hartaith trosom
Ac addewidion llinyn aur y Gair tragwyddol
Yn tanlinellu grym y Breichiau 'tanom.

Drachtiwn eto o'r ffynhonnau, Dafydd,
I felysu costrel ein dagrau
Trwy droad cythryblus ein rhod.

Ond byth nis anghofiwn di.

Arthur ein cyfaill puraf

Cu iawn fuost ti gennym ni,
Pobl y Ffordd fel tithau,
Pererinion — weithiau'n heini,
weithiau'n llesg,
yn simsanu yn ein rhodiad.
Derbyniasom bob un
rywbeth drudfawr gennyt,
o'th ddoethineb,
o'th gwmnïaeth,
ond yn bennaf oll
o'th deyrngarwch
i'r Un a weli'n awr heb gysgod angau,
yn ddisglair,
wyneb yn wyneb.

(Y Parch. T. Arthur Pritchard (1918–1997): gweinidog
gyda'r Methodistiaid ac un o arloeswyr Mudiad Efengylaidd Cymru.)

Disgyblion Crist, Mab Duw

(Mathew 5:2-11)
Wedi darllen llyfr John Blanchard,
The Beatitudes for Today

Tlawd o ysbryd fel cardotwyr,
  Etifeddion Teyrnas Nef;
Gwir alarwyr am eu pechod
  Gaiff bob cysur ganddo Ef;
Addfwyn rai sy'n meddu daear,
  Ef ddywedodd, sicr yw:
Rhyfedd, rhyfedd y portread
  O ddisgyblion Crist, Mab Duw.

Beth am rai sy'n dra sychedig
  A newynog, ar eu taith,
Am gyfiawnder pur, dihalog
  Er eu methiant lawer gwaith?
Rhoddir iddynt fwy na digon
  I'w diwallu, sicr yw:
Rhyfedd, rhyfedd y portread
  O ddisgyblion Crist, Mab Duw.

Welsoch chwi y trugarogion
  Llawn graslonrwydd er pob loes?
Dyma'r rhai sy'n plygu'n isel
  Beunydd, beunos wrth y Groes.
Ynddynt hwy mae'r Mab yn dangos
  Nerth ei gariad, sicr yw:
Rhyfedd, rhyfedd y portread
  O ddisgyblion Crist, Mab Duw.

Dywed im beth yw'r addewid
  I'r rhai pur o galon?—clyw:
Iddynt hwy daw'r fraint aruchel
  O gael gweled wyneb Duw.

Nos o dristwch a ddiflannodd,
  Gwawr y nefoedd, sicr yw:
Rhyfedd, rhyfedd y portread
  O ddisgyblion Crist, Mab Duw.

Meibion Duw yw'r tangnefeddwyr,
  Dyna'i nod, ni charant lid
Na'r ymgiprys cras, aflafar
  Am flaenoriaeth sy'n y byd.
Bydd yr arwydd ar eu talcen,
  Clir fel grisial, sicr yw:
Rhyfedd, rhyfedd y portread
  O ddisgyblion Crist, Mab Duw.

Croes i feddwl dyn a'i anian,
  Croes i'w falchder a'i berswâd:
Dyna pam y carant wawdio
  Pererinion tŷ ein Tad.
'Byddwch lawen,' medd ein Ceidwad,
  Testun diolch sicr yw:
Rhyfedd, rhyfedd fydd y croeso
  I ddisgyblion Crist, Mab Duw.

Myfyrdod mewn ysbyty

(Mai 2000)

O'm blaen mae un o ryfeddodau prin
Y flwyddyn dwy fil:
Testun papurau newydd,
Pwnc trafod y gwleidydd,
Hunllef yr ystadegydd,
Sylfaenol hollol i'r claf –
Gwely.

Pythefnos dethol o'i werthfawrogi,
Byw o'i amgylch, cysgu a chyfranogi
O ddewrder a hwyl rhai fu'n dihoeni
Ers blwyddyn neu ddwy, weithiau fwy,
Heb atebion rhwydd na chyffuriau
I danio'u cyrff gyda nwyd ac egni;
Ond eto 'yma o hyd' yn gwireddu gwyrth—
Gobaith.

Yn y gwely nesaf, hen wraig sionclyd
A'r blynyddoedd powld wedi ei goddiweddyd
A hithau'n ddyddiol wedi mynd â'i chi am dro
Drwy bob tywydd, bob yn ail ag arlunio
Blodau mewn dyfrliw, ond caiff hithau ysbeidiau
O gyfranogi yn y sgwrsio gydag ambell em o sylwebaeth.

Y tywyllwch sydd gas ganddi fwyaf,
Mae'r gefnlen yn eglur heb angen craffter,
Wedi ei geni yn Llundain yn 1914
A'r llen yn codi ar y Rhyfel Byd Cyntaf;
Ei rhieni wedi magu saith plentyn yn dyner
Ond pedwar brawd yn syrthio yn yr Ail Ryfel Byd
Pan gaeodd tywyllwch o'n cwmpas yn heldrin
Ewrop a'r ynysoedd hyn. Felly rhaid i Kathleen
Gael golau uwchben ei gwely

Nes i'r wawr dorri dros Dreforys.
Mae'n ddealladwy.

Trof innau i ganolbwyntio ar Oleuni'r Byd;
I ganol y tywyllwch llethol y daeth yntau
Gan ddwyn llewyrch bro nas deallwn yn iawn
Ond ar funudau cyfrin pan ddaw'r Ysbryd
I gynhyrfu caledi'n calon neu i oleuo
Gwirioneddau'r Gair gan roi maeth i wythiennau'r
Enaid.

Diolch am bopeth: am deulu a cheraint,
Am feddygon ymroddedig y cotiau gwynion,
Y nyrsys a'u gofal tirion;
Capel yr ysbyty a'r moddion,
Eraill yn cyflawni'r hanfodion yn brysur a rhadlon –
Yn rhan o'r tîm.

Ond rhof fy niolch pennaf, Arglwydd, i Ti
A'th gariad hael.
Yn Dy lwybrau cyfarwydda fy nghamre,
Yn Dy drugaredd paid byth â diffodd
Y golau, na, ddim am genedlaethau
Ac yn Dy gynteddau
Ymddisgleiria.

Sonedau

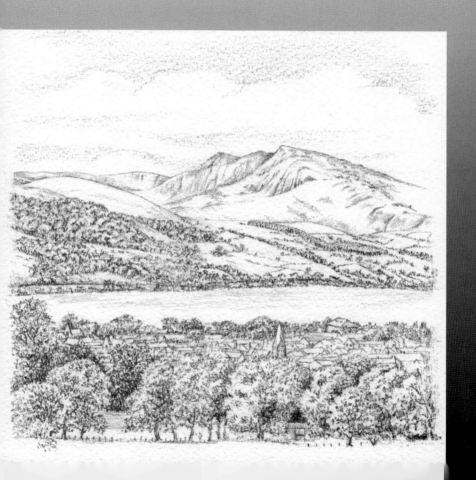

Y Sul Cymreig

Diflas dy wedd ers tro, yn 'sgerbwd llwm,
A'th gochl frau o nodded cyfraith gwlad;
Dy ragrith sychlyd ar ein 'sgwyddau'n bwn,
Hen wrthrych strancio'r ifanc a'u sarhad.
Mân siarad uchel sy'n ein Hysgol Sul,
Eneiniad hwyr-a-bore'n ddim ond coel,
Rhown lan-y-môr i'n plant a reid ar ful
Neu bacio'r bŵt am bicnic ar y Foel.
Ond beth pe deuai'r Ysbryd oddi fry
A deffro hiraeth ingol am y cwrdd
A dod o'r sanctaidd dân i ysu'r Tŷ
Pan blygwn lin crediniol wrth y Bwrdd?
Ar amrant fe'th wahoddem di_yn ôl
Gan fegio'th bardwn am ein crwydro ffôl.

Pentecost

Dwed dy gyfrinach, Pedr, modd y daeth
Yr Ysbryd Glân i aflonyddu'r tŷ,
A'ch troi o fod yn ddynion carcus, caeth,
Yn apostolion eneiniedig hy
Fu'n troedio parthau'r Ymerodraeth gref
Gan ddioddef enllib, malais, llid a gwg,
Pan deimlai dynion fod eich gwŷs o'r nef
Yn danchwa ddwyfol dan eu bywyd drwg.
'Melys yw'r cofio,—yr Addewid fawr
A gododd gwmni cloff i lechwedd ffydd,
A'u hawlio taer cytûn yn tynnu i lawr
Y pêr Ddiddanydd, ernes toriad dydd.'
Agorwyd bollt y drws wynebai'r stryd,
A hyrddiwyd neges Duw drwy wyrgam fyd.

Esmor

(I 'nhad ar gael ei dderbyn i'r Orsedd yn Aberteifi)

Is llechwedd y Foel Gaer yng nghôl y gwynt
Fe drig y derwydd newydd, sef fy nhad:
Hen 'daid' i un ar bymtheg sydd â'u hynt
Fel hylif arian byw ar hyd y wlad.
Ei sbardun diogel-agos yw fy mam
Sy'n hulio i'w gyfreidiau ddydd a nos,
Ac am bob cam o'i eiddo rhydd ddwy gam
Wrth sionc fugeilio'i cheraint ar y Rhos.
Hen Sir y Fflint a'i safle ar y ffin
A fagodd ynddo'r dyheadau dwys
Am weled Cymru'n drachtio dros ei min
Y dyfroedd bywiol gwerthfawroca'u pwys.
Gwyn fyd na ddôi 'argyfwng cred' i ben
A'r ffydd fel fflam Olympaidd is y nen.

*(Argyfwng Cred yw teitl y llyfr y llafuriodd fy nhad
i'w gwblhau a'i gyhoeddi.)*

I Rhiain

(ar ei phen-blwydd yn ddeunaw oed ym mis Rhagfyr)

Gwyn yw y barrug dan y lleuad lom,
A chwipio'i fysedd milain a wna'r gwynt,
Cuchiog yw'r tonnau dan ei ffrewyll ffrom
A phrin yw cwmni'r teithwyr ar eu hynt.
Fel ysgerbydau duon saif y coed
Yn llawn o hiraeth syfrdan am yr haf;
Nis cân aderyn, ac ni ddaw i'r oed
Holl gwmni llawen cerddgar tywydd braf.
Ond yn niddanwch aelwyd Blaen-y-wawr
Daw sŵn cyfarchion o'r diddosrwydd clyd,
Cans Rhiain Mair, ein hartist, ddaeth yn awr
I gyflawn oed deunawmlwydd yn y byd.
Ein cariad atat, Rhiain, fydd mor llwyr
Na theimli ias o gryndod fore na hwyr.

Camu 'Mlaen

(I Mair Afan ar ei phen-blwydd yn un ar hugain oed, yn ystod
cynhadledd gyntaf 'Camu 'Mlaen', dydd Mercher,
Gorffennaf 16, 1986)

Pan dyr y wawr drwy'r coed ar lethrau'r llyn
Gan euro'r tonnau a rhodfeydd y gro,
A thrydar adar cerdd y broydd hyn
Yn llawn o gytgord islais cudd y co';
Pan weli'r Aran fel brenhines moes
Yn taro'i chipdrem dros y bryniau is,
A chwmni byw byrlymus Bryn-y-groes
Yn dwyn cyfarchion llon pen-blwydd y mis,
Cais funud fer i gofio'r gofal cudd
Fu'n amgylchynu'th lwybrau hyd yn awr
A chred mai'r Bugail tyner eto fydd
Yn trefnu'r daith yng ngrym ei gariad mawr;
Bydd camu 'mlaen yn brofiad llawn o aidd
Am dy fod dithau, Mair, yn un o'i braidd.

Gwrthryfel

(Wedi'r newydd am ladd barbaraidd dau lanc o filwr
yn Iwerddon, Mawrth 19, 1998)

I ganol sefydlogrwydd bas ein dydd
A'n glynu greddfol wrth betheuach brau,
Daw ambell gip ar greulonderau sydd
Yn ennyn deigryn, codi ael rhwng dau;
Ond gwnaethom angof yn gelfyddyd gain,
Gwag hysbysebion sy'n glafoeri'n dant,
Rhannwn drugaredd rhwng y cŵn a'r brain
Wrth foddio'r hunan a gorseddu chwant.
Gosteg pob rhyfyg fydd cynhyrfus lef
Ddaeth o'r anialwch a'r Iorddonen draw—
'Dwfn ddigaregwch ffordd unionsyth gref
I'r Brenin sydd â'i wyntyll yn ei law.'
Cans rhoddwyd marc difodiant ar y coed
A'r fwyell wrth y gwreiddiau crimp a roed.

Kate Roberts

Lladmerydd dyheadau yw dy lên,
Fu'n gogor-droi ym merddwr calon dyn
Yn ddifynegiant, dan ei wg a'i wên,
Fel tapestrïau brau o gyfnod hŷn.
Ti a'u cymeraist yn sypynnau cain
Gan drefnu'r lliwiau o fewn brodwaith iaith
Y clywaist ei llefaru'n ddwfn ei sain
Gan werin Arfon drennydd gŵyl a gwaith;
Mewn hinsawdd iasol oer ymroi a wnest
I bwytho'n gadarn ar y ffrâm o'th flaen,
A phan fydd cynnyrch iaith yn destun cwest
Bydd llewyrch ar dy straeon prudd eu straen.
Swta o flaen y cyhoedd oedd dy lais
Ond rhwng dy gloriau pery ing dy glais.

(Yn dilyn rhaglen deyrnged i'r awdures ar y teledu.)

I Gwilym ar ei ymddeoliad

(Awst 1994)

Ym meysydd dysg fe weithiaist gydag aidd
Yn trefnu'r criw medelwyr at eu cwys,
Ac os bu ambell gnwd yn ysgafn braidd,
Roedd cnydau lawer yn doreithiog ddwys.
Â holl frwdfrydedd un o fechgyn Rhos,
Fe fynnaist godi'r efrau gwyllt a hy
A sleifiai i mewn yn ystod oriau'r nos
I dagu'r had a rhwystro'i dyfiant fry.
Does neb yn gofyn faint a deithiaist ti,
Na beth oedd gwewyr meddwl ambell awr
Pan fyddai'n gyfyng-gyngor, goelia' i,
I gadw'r iaith a dal y gwerthoedd mawr.
Ond byddai Cymru heddiw'n dlotach, 'mrawd,
Pe bait ti heb ymroi bob dydd o'th rawd.

(Gwrthrych y soned hon yw brawd yr awdures,
Gwilym E. Humphreys: prifathro cyntaf
Ysgol Gyfun Rhydfelen (1962–1975)
a Chyfarwyddwr Addysg Gwynedd (1983–1994).

Cariad Tad

(Cyflwynedig i Parry a Rhiain)

Yn anterth y dydd blin safasoch chwi
A'r cwlwm rhyngoch yn rhyfeddol dynn,
A chwithau drwy yr oriau blinion fu
Dan artaith ingol cerrynt cryf y glyn.
Chwi oedd yn sefyll, ninnau'n dod o'ch ôl
Yn methu credu'r wyrth a welem ni:
Y Tad 'gymerodd Dafydd bach i'w gôl
Yn nerthu'i blant â'r gwin o Galfarî.
Pallu mae geiriau. Drwy'r blynyddoedd ddaw
Bydd profiad Pasg eleni'n fythol wyrdd,
A'r cof amdano yn ei ing a'i fraw
Fel cysgod heb ddiflannu ar eich ffyrdd.
Ond ynoch bydd y rhuddin gan eich Tad
A'ch gwnaeth yn dystion gloyw yn ein gwlad.

(Wedi'r gwasanaeth wrth lan y bedd, 20 Ebrill 1995.)

Angau

Sut gallai damwain ddu gefn trymedd nos
Fwrw ei chysgod parlys dros ein tir,
Nes peri i filoedd ar bob sgwâr a chlos
Wylo yn syfrdan drwy yr oriau hir?
Artaith dros fywyd ifanc ddaeth i ben
Ar awr annhymig cyn i henaint ddod
I wyro gwar a dwyn pob meinir wen
A glaslanc syber i bellafoedd bod?
Haws gennyf gredu bod anghenion cudd
Fu'n cronni ym mywydau tyrfa fawr
Yn dryllio'r argae yn nhanbeidrwydd dydd
Nes ffrwydro'n genlli yn y gyfyng awr.
Dad pob trugaredd, Bugail mawr yr ŵyn,
Gwna ni yn lladmeryddion er eu mwyn.

(Cyfansoddwyd yn dilyn marwolaeth sydyn Diana,
Tywysoges Cymru, ar 31 Awst 1997.)

I Gwynfor Evans

(wedi darllen ei gyfrol Seiri Cenedl*)*

Cloddiaist greigle anial Cymru glaear
Gan chwennych golud ei gwythiennau cudd
A guddiwyd dro yn niogelwch daear
Rhag llid cynddaredd gelyn ffals dy ddydd.
Gwawd gan wŷr gwybodus oedd dy afiaith,
Tân siafins oedd y tân yn Mhenrhyn Llŷn,
Llwm oedd Cymru'n darfod gyda'i bratiaith
A'i thranc fel 'sgrifen eglur i bob dyn;
Ond dyst i wlad yn deffro cefaist fyw
A'r iaith yn dod o'i chuddfan i'w hystad,
Cenhedlaeth newydd fentrus wrth y llyw
A'r tân yn goelcerth ar gopaon gwlad;
I'r gŵr o ruddin syber ein nawdd sant,
Talwn wrogaeth gwerin dros ein plant.

(Dydd Gŵyl Ddewi, 2000.)

99

Emynau

Blaen-y-wawr 1978

O Arglwydd, mae dy gariad

(Emyn o fawl. Tôn: Pen yr Yrfa)

O Arglwydd, mae dy gariad
  Yn un rhyfeddod mawr,
Nid oes a all ei ddirnad
  O eitha'r nef i lawr;
Mae'n rhoddi gwerth i fywyd
  Y gwaela' fu erioed,
Mae'n rhoddi urddas newydd
  I dlodion o bob oed.

Bu'n rhaid i mi gyfaddef
  Dy hawl i'm bywyd i
A gwelais y gwirionedd
  I Grist ein huno ni;
O diolch, Arglwydd, eto
  Am aberth mawr y Groes:
Yn ddiolch, fe gei'r gorau
  O'm gwaith ar hyd fy oes.

Fe'm digalonnir weithiau
  Gan flinder diffyg ffydd,
Ond golwg ar dy gariad
  Dry'r dywyll nos yn ddydd;
Goleuni yw dy gariad
  I'r enaid euog trist,
A gwelir ef yn ddisglair
  Yn wyneb Iesu Grist.

Gweddi o ymostyngiad

(Hen Alaw Werin Gymraeg)

Wele ni, Arglwydd, yn plygu yn drist
 Â phryder yn gwelwi ein gwedd,
Plygwn i dderbyn maddeuant drwy Grist—
 Plygwn i dderbyn dy hedd.

   Cytgan:
     Maddau, O Dad,
     Yn haeddiant dy Fab,
     Ein camwedd a'n crwydro,
     O maddau, O Dad.

Gwael a siomedig o falch fu ein byw
 A chefaist ni'n fodlon a chlyd,
Syrthiodd d'efengyl yn wag ar ein clyw,
 Glynodd ein serch wrth y byd.
 Cytgan: Maddau, O Dad

Gwyddom drwy rym dy Lân Ysbryd yn awr
 Fod pechod yn sen arnat Ti,
Cwympodd ein balchder yn garnedd i'r llawr,
 Cwympodd wrth groes Calfarî.
 Cytgan: Maddau, O Dad

O'r diwedd fe welsom, a'n calon yn llawn,
 I'th annwyl Fab farw'n ein lle,
Yno ar groesbren fe dalwyd yr Iawn
 A'n dug i drigfannau y ne.
 Cytgan: Maddau, O Dad

Diolch am deimlo cadernid y ffydd
 A'n cwyd uwchlaw ofnau ein hoes,
Defnyddia ni bellach, O Arglwydd, bob dydd
 Tystiwn i rinwedd dy Groes.

Cytgan:
Derbyn, O Dad,
Yn haeddiant dy Fab,
Ein bywyd byth bythoedd,
O derbyn, O Dad.

Yr enaid cudd

('Paham y gweriwch arian am yr hyn nid ydyw fara
a'ch llafur am yr hyn nid yw yn digoni?' Eseia 55:2)

(Alaw: 'Fel yr o'n i'n rhodio'r caeau')

Roedd e'n gwestiwn teg i'w ofyn
    I feidrolion fel ninnau,
Pam y gwariwn aur ac arian
    Yn ddiatal, nwyfus ffri,
Ar y corff a'i fynych chwantau,
    Tra bo'r enaid, sydd ynghudd,
Yn dihoeni ac edwino
    'Mhell o olwg golau dydd.

Roedd e'n gwestiwn teg i'w ofyn
    Gan y Gŵr a ddaeth yn dlawd,
Droediodd ddaear heb ei chwennych
    Er y dirmyg cras a'r gwawd;
Dysgodd Ef mai amhrisiadwy
    Yw dy enaid, sydd ynghudd,
Ac mai'r ymborth priod iddo
    Ydyw cariad, gras a ffydd.

Roedd e'n gwestiwn teg i'w ofyn
    Gan yr Un a greodd fyd,
Gyda mynd a dod tymhorau
    A'u prydferthwch oll i gyd;
Oni weli, oni chlywi,
    Byth ni ddaw i galon dyn
Wybod cyfrinachau'r Duwdod
    Os na chred ym Mab y Dyn.

Maddau in, O Arglwydd tirion,
    Am in beunydd dy dristáu
Drwy ymhél â phethau'r ddaear,
    Heb dy geisio na'th fwynhau.
Dychwel, Arglwydd, ein calonnau;
    Dwg ein hysbryd caeth yn rhydd:
Byd tragwyddol fydd i'n henaid
    Yn dy gwmni nos a dydd.

Gwrandewch yn awr gyfeillion

(Hen Alaw Gymreig: 'Os yw fy annwyl gariad')

Gwrandewch yn awr gyfeillion
 Yn astud ar fy nghân,
Anghofiwch eich pryderon,
 Boed 'rheini'n fawr neu fân,
Er gwaethaf rheg a llwon
 A drygau'r byd yn lli,
Mae enw Crist ein Ceidwad,
Mae enw Crist ein Ceidwad,
 Yn annwyl gennyf fi.

Os yw y byd yn gwawdio
 Â'i lais aflafar croch,
A chwmni'r dysgedigion
 Â'u tafod yn eu boch,
Mi fentraf f'enaid egwan
 Ar Brynwr mawr y byd,
Ni welwyd ei hawddgarach,
Ni welwyd ei hawddgarach
 Er chwilio'r ddaear i gyd.

Pan oedd ef ar ein daear
 Yn dysgu'r dorf a ddaeth
I wrando ar ei eiriau,
 Gorchmynnodd hwy yn gaeth:
Os bydd yr hedyn dirgel
 Yn gwreiddio ynoch chwi,
A fydd y tir yn ffrwythlon?
A fydd y tir yn ffrwythlon?
 Oedd byrdwn dwys ei gri.

Pan ddaw amheuaeth weithiau
 I lethu 'nghalon friw,

Pan deimlaf fy serchiadau
  Yn oeri at fy Nuw,
Mewn ffydd mi fentraf ato,
  Ni wrthyd neb a ddaw,
A'm calon yn ddrylliedig,
A'm calon yn ddrylliedig,
  Llochesaf yn ei law.

Emyn Dydd Ewyllys Da

(Ar y dôn 'Amazing Grace')

Yn rhwydwaith ein meddyliau ffôl
  Terfysglyd yw ein byd,
Ni welsom werth mewn caru brawd:
  Ar hunan fu ein bryd.

Er gweld y wawrddydd dros y bryn
  A'r haul yn ddisglair fry,
Ni welsom werth mewn moli Duw
  O fewn cynteddau'r Tŷ.

Pechasom, Iôr, O clyw ein cri,
  Gadawsom ddeddfau'r Nef;
Ni welsom werth yng nghroesbren Crist
  Na'i wenau hawddgar Ef.

O crea'r anniddigrwydd gwyn,
  Drwy rym dy Ysbryd Glân,
A wnaiff i'n henaid garu Duw
  A'n cyd-ddyn—fyth ar dân.

Nawr ar drothwy dy gynteddau

(Emyn ar dôn hen alaw Gymreig: 'Seren Syw')

Nawr ar drothwy dy gynteddau
Rho, O Arglwydd, wres dy wenau
Ac erglyw ein herfyniadau;
   Rasol Dad, clyw ein cri.

Ti yw Bugail ein heneidiau,
Ti yw gwrthrych ein serchiadau,
Atat Ti mae'n dymuniadau;
   Rasol Dad, clyw ein cri.

Gwarrau caled, ffals o dafod,
Ni bu diwedd ar ein pechod,
Yn lle'r gwin, profasom wermod;
   Rasol Dad, clyw ein cri.

Ti a'n gelwaist i'r adwyon
I wrth'nebu haid gelynion
A'u dichellion maith a chreulon;
   Rasol Dad, clyw ein cri.

Gweiniaid ydym heb dy Ysbryd,
Tlawd a thruan, carpiog hefyd:
O dillada ni'n ddisyfyd;
   Rasol Dad, clyw ein cri.

Marchog Iesu yn llwyddiannus
Trwy Forgannwg, Clwyd a Phowys,
Dyfed, Gwynedd, Gwent yn rymus;
   Rasol Dad, clyw ein cri.

Cymru gyfan yw ein byrdwn,
Dros ei chyflwr cydofidiwn;
Torred gwawr yn rhinwedd pardwn!
   Rasol Dad, clyw ein cri.

O Iesu, gwir Fab Duw

(Emyn ar y dôn 'Break Thou the Bread of Life')

O Iesu, gwir Fab Duw,
  Clyw'n hegwan gri;
Plant ydym heb ymroi
  I'th garu di.
Rho inni gryfder ffydd
  Bob awr o'n hoes
A'th anian dan ein bron
  I ddwyn dy groes.

Gad inni'th geisio di
  Mewn byd o boen,
A gweld yn nyfnder nos
  Rinweddau'r Oen.
Dilea bob rhyw ddrwg
  Rhag llenwi'n bron,
A dwg ni i rodio'n rhydd
  Drwy'r ddaear hon.

Melys yw rhodio, Iôr,
  Wrth weld dy wedd;
Grym angau ni ddwg fraw
  Cans porth yw'r bedd.
Gafaelaist ynom ni—
  Mawrhawn ein braint;
Cydgerdded gyda ni
  Mae tyrfa'r saint.

Mawl beunydd rown i ti
  Â chalon bur
Gan lynu wrth dy air
  Â gafael ddur.

Gwisg dy genhadon, Iôr,
 Â'r tafod tân,
Ac achub di ein gwlad
 Drwy'r Ysbryd Glân.

Anfeidrol Iôr

(Ar y dôn 'Plaisir d'amour')

Anfeidrol Iôr,
Mae'r cread crwn yn dy law,
Yr haul, lloer, sêr a'r planedau
A'r gwynt a'r glaw.

Dyneraf Iôr,
Bob dydd ein cynnal a gawn,
Bryd hau, a medi cynhaeaf
Yr aeddfed rawn.

Sancteiddiaf Iôr,
Dy ddelw roddaist ar ddyn
Ond trist fu'r golled yn Eden
Pan gwympodd un.

Drugarog Iôr,
Caed cymod in yn y gwaed,
A gobaith plant y goleuni
I'r gwaelaf gaed.

Moliannwn mwy,
Moliannwn beunydd ein Duw:
Anfeidrol gariad ein Harglwydd,
Mor rhyfedd yw!

Plant y goleuni

(Seiliedig ar Mathew 5:3-16)

(I Meirion a Ceri ar ddydd eu priodas, Mawrth 22, 1986)

Yn dlawd o Ysbryd deuwn Iôr
I dderbyn o'th ddiderfyn stôr,
Mewn galar am y gwynfyd sydd
Yn llawnder mawr dy ddoniau cudd.

Grasusau'r Ysbryd moes i ni—
Addfwynder, a'th drugaredd di,
Ac una ni tra fyddom byw
I garu lles dy blant, O Dduw.

Rho brofi'r syched ar ein taith
Am weld cyfiawnder Duw ar waith,
A gwna ein cri am galon lân
I losgi'n bur fel fflamau'r tân.

Yn dy dangnefedd cadw ni
Heb gwmwl rhyngom a thydi,
Ar waethaf heldrin croes y byd
Gwna ni yn llawen iawn ein bryd.

Gan wybod nad yw'r bywyd hwn
Waeth pa mor llawn, waeth pa mor llwm,
Yn ddim ond cysgod munud awr
Ar gefndir tragwyddoldeb mawr.

115

Henffych i'n byd

*(Seiliwyd ar emyn Isaac Watts, 'Joy to the world',
rhif 274 yn* Christian Hymns)

Henffych i'n byd, ein Harglwydd ddaeth,
O derbyn di dy Iôr,
Boed calon pawb yn gartref llon
A'r nef a'r ddaer fel côr.

Henffych i'n byd, teyrnasa Iôr,
A mawlgan gwyd i ti,
Sŵn adlais hon a ddaw fel ton
Dros fryniau, craig a lli.

Mewn cariad cyfiawn dros y byd,
Rhydd ben ar bechod cas
A gwêl pob enaid is y rhod
Holl ryfeddodau'i ras.

Torrwyd, gwasgarwyd

(Cyfieithiad o 'Broken and spilled out')

Un dydd daeth gwraig fach o'r pentre',
Heb sylwi ar ddychan na gwawd,
I dorri blwch ennaint drysorodd gyhyd
Dros ei Cheidwad a'i Brawd;
Yn syth, ca's ei dorri a'i wasgar
A llanwodd ei bersawr y lle,
Fel carcharor yn taflu'i gadwynau
Neu fel enaid yn dianc i'r ne.

> *Torrwyd, gwasgarwyd*
> *O wir serch at fy Ngheidwad*
> *Pob disglair drysorau*
> *Gyfrannwyd i mi;*
> *Torrwyd, gwasgarwyd*
> *Yn llwyr wrth dy draed:*
> *Clod a gorfoledd, cymer fi Arglwydd*
> *Fel ennaint i ti.*

Iôr, ti oedd trysor y Duwdod,
Ei gariad a'i Fab perffaith gwiw
Ddaeth yma i ddangos y cariad tragwyddol
Drwy dy farw a'th fyw;
Dy gorff, er yn sanctaidd, a ddrylliwyd
A thalwyd fy mhridwerth yn llawn,
Rhoist dy fywyd i lawr er fy mhardwn,
Heb gyfrif y gost, un prynhawn.

> *Torrwyd, gwasgarwyd*
> *O wir gariad fy Ngheidwad,*
> *Mab annwyl y Duwdod*
> *Gyfrannwyd i mi;*

Torrwyd, gwasgarwyd
Yn llwyr wrth fy nhraed,
Clod a gorfoledd, Crist a ddioddefodd
Fel Iawn trosof fi.

Y golomen wen

(Cân yn null yr hen benillion telyn ar y gân werin o Forgannwg:
'Ar lan y môr mae carreg wastad')

Y glomen wen un dydd a oedai
Uwch 'sgerbwd gwag ein hen addoldai,
Heb dorf yn dod i orfoleddu
A gwneud yn fawr o'n hannwyl Iesu.

Y glomen wen a wybu dristwch,
Y glomen wen aeth yn ddisymwth
A theimlais hiraeth mawr o'i cholli —
Gwag ac afluniaidd popeth hebddi.

Y glomen wen erfyniaf beunydd,
O tyrd drachefn i'r coed a'r gweunydd,
A gwna dy nyth yng nghraidd ein credo
A phaid byth mwy ymadael eto.

Y glomen wen sy'n dwyn llawenydd,
Y glomen wen yw'r gwir ddiddanydd,
Y glomen wen sy'n ennyn cariad
Gan wir fawrhau ein hannwyl Geidwad.

Emyn priodas

(Ar y dôn draddodiadol 'Bells are ringing')

Clywch y clychau, pêr eu seiniau:
Heddiw unwyd dau ynghyd;
   Arglwydd, rho dy wenau
   A'th drugareddau
Beunydd ar eu llwybrau yn eu taith drwy'r byd.

Pur awelon mynydd Seion
Brofwyd heddiw yn dy dŷ;
   Arglwydd, paid â chilio,
   Bydd yn raslon eto
Wrth dy blant sy'n pwyso ar dy gariad di.

Os yw'th eglwys heddiw'n griddfan
Ac yn disgwyl am y wawr,
   Galw mae i'w rhengoedd
   Ddeuoedd ar ôl deuoedd
Fydd yn camu'n lluoedd i'r goleuni mawr.

Gwêl ein gobaith, gwêl ein hiraeth
Dros ein gwlad mewn dyddiau blin;
   Arglwydd, anfon d'Ysbryd
   A'r awelon hyfryd
Fydd yn brawf o'r gwynfyd i deuluoedd byd.

Drwy antur bywyd

(Cyflwynedig i blant Cil-dwrn)

(Tôn: Monksgate, 'Who would true valour see')

O Geidwad cadarn cryf,
  O Iesu hyfryd,
Â'th ddwylo cynnal ni
  Drwy antur bywyd;
Pan fyddo'n heulwen glir,
Cân adar yn ein tir,
Neu pan ddaw'n storom hir,
  Ti yw'n tywysydd.

Ti gynt wahoddaist blant,
  O wir ryfeddod,
I ddod i'th gwmni Di,
  Mab gwiw y Drindod;
Rho i ni gân a fydd
Yn seinio clod drwy'r dydd
I'r Un i'n cynnal sydd
  Drwy antur bywyd.

Gwna ni'n drugarog iawn
  Wrth bawb mewn adfyd,
Cyfryngau glân fôm ni
  I warchod bywyd;
Am Gymru hardd fel hon
Rho ddiolch dan ein bron,
Pob bryn a churiad ton —
  Ti yw'r cynllunydd.

Pan ddaw gelynion hyf
  Fel pla i'n hymlid,
Rho gariad, gras a ffydd
  Dywysog bywyd;

Bydd gair o'th enau Di
Yn dangos fyth i ni
Fod Craig a'n cynnal ni
  Drwy antur bywyd.

Ar ddechrau'r dydd cyn i'r gwlith godi

(Emyn boreol i blant ar y dôn 'Troyte's Chant')

Ar ddechrau'r dydd cyn i'r gwlith godi,
O Dad o'r nef erglyw ein gweddi,
Ar hyd ein hoes ti a'n cynhaliodd;
Heb ofn na braw, tydi a nerthodd.

Ein diolch rown am rym dy gariad
Na wyddom ddyfnder mawr ei darddiad
Ond dysgwn fod dy Fab, Crist Iesu,
Yn llawn trugaredd, hawdd ei garu.

Ti sy'n darparu bwyd i'n cynnal
Pan ddug y ddaear gnwd tymhorol,
Tydi sy'n peri i'r glaw ddisgyn
A'r haul drwy'r cwmwl eiliad wedyn.

Yn dy dynerwch, ffrindiau roddaist
A'n gweithgareddau, ti a'u trefnaist;
O gwna ni'n eiddgar iawn i ddysgu
A thrwy ein gwaith dy ogoneddu.

O nertha ni i garu cyd-ddyn
Gan estyn llaw a maddau i elyn,
Wrth fyw i'th foli a'th was'naethu
Gad i ni gofio geiriau'r Iesu.

A phan fo'r dydd yn dod i'w derfyn,
Cysgodion nos dros wlad yn disgyn,
Mewn cwsg dibryder drwy'r holl oriau
Pâr i ni brofi nerth dy freichiau.

Fe ddaeth fel Mab y Dyn

(Emyn i blant)
(Tôn: 'Battle hymn of the Republic')

Fe'n dysgir ni yn gynnar, Dad, i blygu ger dy fron,
I ddwyn ein diolch beunydd tra bôm ar y ddaear hon;
Am Iesu Grist ein Ceidwad cwyd ein Haleliwia llon—
Fe ddaeth fel Mab y Dyn.

Cytgan
> *Clod a diolch am Waredwr,*
> *Clod a diolch am Waredwr,*
> *Clod a diolch am Waredwr*
> *A ddaeth fel Mab y Dyn.*

Gadawodd lu'r gogoniant, daeth i Fethlehem o'r nef,
Tyrfaoedd Galilea fu'n clustfeinio ar ei lef;
Pysgotwyr môr Tiberias oedd ei gwmni dethol ef
Pan ddaeth fel Mab y Dyn.
Cytgan

Fe'u dysgodd ac fe'u carodd, fe'u ceryddodd weithiau'n llym,
A thanbaid oedd ei eiriau ar y mynydd ger y llyn;
Gwyn fyd na allem ninnau ddwyn ei groes y dyddiau hyn
Gan ddilyn Mab y Dyn.
Cytgan

Trwy ei groes a'i atgyfodiad, trwy ymddiried yn ei ras,
Trwy ymbil am ei Ysbryd Glân i ymlid pechod cas,
Ac uno gyda'i bobl sydd trwy gyrrau'r ddaear las,
Fe folwn Fab y Dyn.
Cytgan

Yn dirion iawn fe'n dysga ni i rodio yn y byd,
A'i Air fel llusern sanctaidd yn ein tywys ni o hyd

I ddifa'r holl elynion, a'r tywyllwch dudew sydd
Heb goncro Mab y Dyn.
Cytgan

Pan ddaw ef mewn gogoniant ar gymylau gwyn y nen,
A lluoedd o angylion yn ei foli ef yn ben,
Fe gwyd ein lleisiau ninnau i eithafoedd nefoedd wen—
Fe ddaeth fel Mab y Dyn.
Cytgan

Câr dy gymydog

(Tôn: Rhuddlan 87.87.87)

Pan aeth Moses fry i'r mynydd
  I'th addoli, Arglwydd Dduw,
Rhoddaist iddo'r dengair sanctaidd
  Yn ganllawiau dynol-ryw;
Caru Duw a charu cyd-ddyn,
  Dwedodd Crist mai'r cyfan yw.

Hiraeth, Arglwydd, ddaw i'n calon
  Am gael profi hyn yn llawn,
Profi grymusterau'r cariad
  Ddaeth o ddyfnder dwyfol Iawn;
Caru Duw a charu cyd-ddyn,
  Iachawdwriaeth gref a gawn.

Ond mae calon dyn mor gyndyn
  A'r gelynion sy'n crynhoi,
Dim ond gair gorchfygol Iesu
  All orchymyn iddynt ffoi;
Caru Duw a charu cyd-ddyn:
  Rhaid cael gras i lwyr ymroi.

Pan ddaw Crist i mewn i'r galon,
  Gwelwn ninnau faich ein brawd,
Cofiwn dramgwyddiadau cyfoeth
  A thrueni mud y tlawd;
Caru Duw a charu cyd-ddyn,
  Meddyginiaeth i ni gawd.

Cariad fydd y grym sy'n concro,
  Cariad eirias pur fy Nuw,
Ef yn unig all ddiwallu
  Dwfn anghenion dynol-ryw;
Caru Duw a charu cyd-ddyn,
  Pennaf nod credadun yw.

Llefais ar Dduw am weled twf

(Cyfieithiad o emyn John Newton, 'I asked the Lord that I might grow', Christian Hymns, *Rhif 698)*

Llefais ar Dduw am weled twf
  Mewn ffydd, a chariad, a phob gras,—
Iawn-brisio'r iachawdwriaeth fawr
  A cheisio'i wyneb fore glas.

Ef roddodd faich y weddi im
  Ac ef, mi wn, atebodd hi;
Yna, mewn modd dirdynnol erch,
  I gors anobaith syrthiais i.

Gobeithiais mewn rhyw gyfrin awr
  Gael ateb llawn i'm hymchwil gref,
A byddai grym ei gariad pur
  Yn llorio 'mhechod, gan ddwyn nef.

Ond yn lle hyn gwnaeth i mi weld
  Ddyfnderoedd cudd fy nghalon ddu,
A theimlais ddychrynfeydd y fall
  Yn bwrw f'enaid ar bob tu.

Ymhellach, gyda'i law ei hun,
  Crino'r cicaion hardd oedd im,
Ffyrnigo briw fy nghalon wan
  A dwyn pob cynllun teg i ddim.

'Arglwydd, pam hyn?' erfyniais i,
  'A wyt am sarnu'th bryf i'r llawr?'
'I goncro'r hunan balch,' medd ef,
  'Mae'r frwydr yn un fawr o raid.

'Defnyddio wnaf dreialon cudd
I lwyr ryddhau'th hualau di,
Gan chwalu'n deilchion bleser byd:
Cei bob cyflawnder ynof Fi.'

Y Gair sydd â'r gair i'm llwyr iacháu

(Cyfieithiad o emyn W. J. Govan: 'The Word, whose word can make me whole'. Gweler Atodiad 2, t.216.)

Y Gair sydd â'r gair i'm llwyr iacháu
   Glustfeiniodd ar fy nghri;
Ym mhlas fy enaid bellach trig
   Fy Arglwydd Iôr a mi.

Mor sanctaidd rhaid i'r demel fod
   I Grist o'i mewn gael byw;
Y gwerthfawr waed dywalltodd ef
   Lanhaodd f'enaid gwyw.

Ac ef a ddaeth, prif wrthrych clod
   Y nefoedd oll achlân;
Â'm gwedd dan len a'm dwylo fry,
   Distawrwydd yw fy nghân.

A nawr i mi 'r hyfrytaf peth
   Yw gwneud ei 'wyllys bur;
Yn llaw fy Mrenin bodlon wyf
   Heb ofni croes na chur.

Ei gartref gododd ynof fi,
   Ca'dd f'enaid flas o'r nef;
Dan ei deyrnasiad diogel wyf,
   Yn gyflawn ynddo ef.

Carol Nadolig

Yn noethni'r gaeaf, gwisgo wneir
  Ein calon â llawenydd,
Wrth gofio Duw yn rhoi o'i fodd
  Ei Fab o linach Dafydd.

Dirgelwch pob dirgelwch yw
  I'r hunan balch, ymffrostgar,
Ond gyda'r bugail a'r gŵr doeth
  Penliniwn yn weddigar.

Cans rhaid ein geni ni drachefn
  A'n gwneud yn wylaidd, eiddgar,
Cyn byth y credwn wyrth ei ddod
  I barthau isa'r ddaear.

Ganwyd baban bach i'n byd

Ganwyd baban bach i'n byd,
  Gorfoleddwn:
Rhoddwyd ef mewn isel grud,
  Cydfoliannwn;
Gadael wnaeth ogoniant nef
  Mewn dibristod
I'n pwrcasu iddo'i hun
  Er ein nychdod.

Disgwyl wnaeth yr Israel gynt
  Drwy yr oesau,
Am yr Un osododd dyn
  Rhwng y croesau;
Wrth ei weld yn faban bach
  Plygodd doethion,
Canodd côr angylaidd lu
  I'r uchelion.

Clywsom ninnau yn ei air:
  Daw fel Brenin,
Nid fel baban bach i Mair—
  Tlawd gynefin;
Rhoes y Tad awdurdod llawn
  Iddo drosom;
Rhaid cofleidio'r Mab fel Iawn,
  Dowch yn brydlon.

Ysgrifau

Ysgythriad o ardd gefn Blaen-y-wawr

Tystiolaeth

Sicrwydd yng nghanol ansicrwydd bywyd—dyna a ddug yr efengyl imi. Cofiaf yn dda ddarllen y nofel ryfedd honno, *Dr Jekyll and Mr Hyde,* a synnu y pryd hwnnw fod posibilrwydd i un bersonoliaeth fod wedi ymrannu mor bendant. Yn ddiweddarach, daeth y peth yn ofnadwy o wir yn fy mywyd. Ar un llaw, yr oeddwn yn llawen ac yn llawn afiaith, yn hoff o ddarllen ac o ddringo'r mynyddoedd, o ganu emynau ac o gystadlu mewn eisteddfodau. Ond oddi mewn yr oeddwn yn ferw o anfodlondeb a thristwch, ac fel miloedd o rai eraill methwn â deall 'y toriad calon sydd yn natur pethau'. Blinid fi gan y cyferbyniadau erchyll sydd mewn bywyd. Aeth yn straen ofnadwy i fyw y ddau fywyd yma. Mewn rhyw ffordd annelwig, gwyddwn mai yng Nghrist ac yn ei ddioddefaint ef y gorweddai'r allwedd i fywyd. Ambell dro, wrth fyfyrio ar grefyddolder arwynebol Cymru, tueddwn i gredu mai mater o dderbyn dogma yn unig oedd crefydd er mwyn cael rhyw fath o gefndir i fywyd. Yn y diwedd, ceisiais wneud cyfaddawd â mi fy hun, a cheisiais fyw am gyfnod 'heb fod yn frwd nac yn oer' gan gadw ar ryw ffordd ganol barchus, yn ddiddrwg-ddidda, heb golli fy niddordeb yn llwyr mewn crefydd, rhag ofn fod rhywbeth ynddi wedi'r cyfan. Cywilyddiaf wrth feddwl am y peth yn awr, ac eto bryd hynny fe wnâi pendantrwydd yr efengyl imi ryfeddu: 'Gwerth yr hyn oll a feddi . . .'; 'Nid oes iachawdwriaeth drwy neb arall . . .'; 'Deuwch ataf fi bawb . . .' Ond yr oeddwn, ys dywed Morgan Llwyd, 'heb y tyst oddi mewn i oleuo'r gwirioneddau mawr'. Yna deuthum i gyffyrddiad â rhyw hanner dwsin o fyfyrwyr o Golegau Bangor a allai ddweud:

> Yn dy waith y mae fy mywyd,
> Yn dy waith y mae fy hedd,

gyda rhyw argyhoeddiad grymus, ac a allai ganu, 'Iesu, Iesu, 'rwyt ti'n ddigon' gyda rhyw ddwyster anghyffredin. Ceisiais ymgysegru, ond ar yr un pryd yn anfodlon datod y rhwymau i gyd ac ildio'r cyfan.

Yna daeth tro mawr ar fyd. Aeth criw ohonom i fyny i Blas-y-nant, Betws Garmon, i gynnal yr encil arferol cyn dechrau'r tymor. Am unwaith yn ein bywydau, o leiaf, buom oll yn berffaith onest, ac ar ôl seiat y noson gyntaf bu'n rhaid inni oll, ac eithrio'r rhai a ddaethai i adnabyddiaeth bersonol o'r Arglwydd Iesu, gydnabod ein gwacter ysbrydol a diffrwythdra ein hymdrechion dros Grist.

Arweiniwyd ni gan y Cristnogion i weld ystyr y Groes yn nhrefn dragwyddol Duw i achub dyn, ac fel digwyddiad a allai fod yn ffaith ganolog yn ein bywydau ninnau pe baem heb ein dallu gan bechod. Nid oedd ein gweithredoedd da tybiedig yn ein cyfiawnhau yng ngolwg Duw. Cofiaf yn dda y gwingo a'r edrych draw drwy'r ffenestr ar yr olygfa hardd y tu allan pan soniwyd am y gair 'pechod'. 'Henffasiwn', meddai rhyw ddemon trystiog o'm mewn. 'Trychinebus o wir', meddai rhan arall ohonof. Aeth yn nos Sul cyn y daeth y fflach o weledigaeth nefol. Darllenid y bennod yn Ioan lle y gofyn y Crist atgyfodedig i Pedr, 'A wyt ti yn fy ngharu i?' a theimlwn fod y cwestiwn yn cael ei anelu fel saeth ataf i gan dreiddio at wraidd yr holl ddrwg—fy hunanoldeb cynhenid. Sylweddolais fod Crist wedi cysegru ei fywyd ieuanc er mwyn i rai di-werth fel fi gael bywyd helaethach, ac yn fwy na dim yr oedd y Crist byw atgyfodedig hwnnw yn estyn gwahoddiad i bob un ohonom yn bersonol i rodio gydag ef. Y foment honno fe brofais rywbeth yn debyg i'r bardd pan ganodd:

> And I was alone in the world—
> Alone with a Man on the Cross.

Ac yr oedd yn hawlio ein hymddiriedaeth a'n cariad. Teyrngarwch nid i gredo yn unig ond i Berson yr Arglwydd Iesu. Cefais gipdrem aruthrol ar fy holl fywyd—ei fychander a'i ddiffyg mentro dros Grist, a theimlwn fel 'mân lwch y cloriannau'. Ni allwn lai na chysegru fy mywyd iddo:

> Cymer, Iesu, fi fel 'rydwyf,
> Fyth ni allaf fod yn well.

Wedi gadael Plas-y-nant (a phrofiad dwys oedd dod i lawr o ben y mynydd), ymhen wythnosau wedyn y sylweddolais nad 'gadael y sylwedd a dilyn y llef' (dyma eiriau I. D. Hooson, Y Gwin, t.44) yw ymddiried yng Nghrist, ond gadael cysgodion i ddilyn yr unig beth real a sefydlog mewn bywyd. Trowyd fy mywyd wyneb i waered, ac er imi lithro'n ôl ac ildio i amgylchiadau, 'Mi wn fod fy Mhrynwr yn fyw', ac ni ddaw dim byd â mwy o lawenydd imi na gallu dweud gydag argyhoeddiad, 'God's will is my highest interest—always.'

Cyhoeddwyd 1949

Cri am drylwyredd

Myfyrdod ar neges emyn

Cydnabyddir bod emyn pellgyrhaeddgar Frances Ridley Havergal, 'Cymer, Arglwydd, f'einioes i', yn un o berlau disgleiriaf ein hemynyddiaeth Gristnogol, ac fe'i cenir yn ddwys ac ystyriol ar ddiwedd llawer cyfarfod. Ond ysgwn i faint ohonom a deimlodd i'r byw sialens geiriau'r emyn mewn perthynas â'n bywyd bob dydd? O graffu ar y cwpledi, deuwn i sylweddoli mai cri am drylwyredd sydd yma mewn cyferbyniad â rhyw ymgysegru llipa a di-asgwrn-cefn heb ronyn o rym ynddo.

Un o'r rhesymau a roddir amlaf gan anffyddwyr a'u tebyg dros beidio â dod yn Gristnogion yw bywyd gwael a hunanol rhai sy'n proffesu pethau mor fawr. Ar y llaw arall, darllenais yn ddiweddar am un gŵr o fri a haerai mai bywyd glân a siriol hen fodryb iddo oedd y dystiolaeth ymarferol orau y gwyddai ef amdani i wirionedd yr efengyl. Ni ddisgyn i ran llawer ohonom sy'n caru'r Arglwydd Iesu Grist fod yn dystion cyhoeddus iddo, ond fe all trylwyredd a llawenydd ein bywyd dyddiol (mewn amgylchiadau digon dyrys yn aml) fod yn dystiolaeth rymus, yn ddiarwybod i ni megis, ac yn foddion i ddwyn eneidiau newynog i mewn i'r Deyrnas.

Fe feddyliwn y byd fel cenedl o Ann Griffiths, ond faint ohonom sy'n cofio wrth ddotio at odidowgrwydd ei hemynau mai yng nghanol ei gwaith bob dydd ar y fferm yn Sir Drefaldwyn y byddai'n 'treiddio i'r adnabyddiaeth' ac yn 'codi'r groes a'i chyfri'n goron'? Codi'n uniongyrchol o'i chalon lawn a wnaeth ei holl emynau, a gwyddom fod hynny yr un mor wir am emynau Frances Ridley Havergal. Yn ei dyddiadur darllenwn amdani'n methu cysgu un noson gan lawenydd o sylweddoli bod yr efengyl yn wir, a'r cwpledi gorffenedig ynglŷn â chysegru ei bywyd yn 'dod' iddi y naill un ar ôl y llall: 'I was too happy to sleep, and passed most of the night in praise and renewal of my own consecration, and these little couplets formed themselves and chimed in my heart one after another, till they finished with, "Ever, only, ALL for Thee!"'

Yr ydym yn ddyledus i Syr John Morris-Jones am drosi'r emyn hwn i'r Gymraeg. Gadewch inni ystyried deisyfiadau'r emynydd.

137

'Cymer Di fy nwylaw 'n rhodd,/Fyth i wneuthur wrth dy fodd'

Dyna roi 'gwaith' yn gyntaf, a phan ystyriwn gynifer o oriau o'n hoes sy'n diflannu mewn gwaith onid yw'n holl-bwysig ein bod yn y cywair priodol wrth ei wneud? Y rheswm sylfaenol dros weithio 'ffwrdd-â-hi' diegwyddor ein hoes yw prinder y bobl hynny sy'n credu yn eu calon fod popeth a wnânt i fod er gogoniant i'r Un a'u creodd. Gwnewch bopeth 'megis i'r Arglwydd ac nid i ddynion' meddai Paul—ac fel arfer, yr oedd yn llygad ei le. Oherwydd gall pob un ohonom yn ei waith bob dydd (pa mor ddistadl bynnag fo'r gwaith hwnnw yng ngolwg y byd a'i safonau arwynebol) anelu at dalu teyrnged i Frenin y Brenhinoedd ac Arglwydd yr Arglwyddi.

Fe deimlwn i gyd ar brydiau fod brys yr oes bron â sigo ein nerfau. Onid i rai fel ni, pobl brysur a phryderus yr ugeinfed ganrif, yr estyn yr Arglwydd Iesu ei wahoddiad 'Deuwch ataf fi bawb sydd yn flinderog ac yn llwythog, a mi a esmwythâf arnoch'? A dim ond y bobl a atebodd ei wahoddiad yn ostyngedig a all ddangos gwir amynedd a chariad a graslonrwydd yn eu gwaith bob dydd, gan weithredu fel lefain yn y blawd ym mhob cylch o fywyd.

'Cymer, Iôr, fy neudroed i,/Gwna hwy 'n weddaidd erot Ti'

Mater personol iawn rhwng dyn a'i Dduw yw ateb cydwybod i ble yr arweinir ef i ddwyn tystiolaeth. Y mae gosod i lawr nifer o reolau negyddol yn lladd yr holl ymdeimlad o ryddid sydd yn yr efengyl. Awstin Sant a ddywedodd, onid e, 'Cerwch Dduw a gwnewch fel y mynnoch', a phan feddylir am y peth, nid yw'r Cristion sy'n ceisio o lwyrfryd calon ogoneddu Duw yn ei fywyd drwyddo draw ddim yn dymuno dwyn anfri ar yr Enw sydd agosaf at ei galon. Peidiwn ag ofni'r anghyfarwydd a'r dieithr, oherwydd fe all yr Ysbryd a arweiniodd Philip ar daith drwy'r anialwch arwain ein traed ninnau hefyd oddi ar y ffordd gynefin o wneud pethau. Ymweld â rhai annhebyg sy'n unig a diobaith, mynd ar neges sy'n gwbl groes i'r graen, neu ddyfalbarhau pan fydd pob synnwyr yn dweud wrthym am roi'r cyfan heibio. Pe gallem fyw o ddydd i ddydd gan gredu, ond i ni ein rhoi ein hunain yn llaw'r Ysbryd Glân, ei fod ef yn sicr o'n harwain, profem rai o wefrau a chyffroadau mwyaf bywyd y credadun. A hyn sy'n rhyfedd, er i lawer o Gristnogion gredu ei bod yn iawn iddynt fynd i ambell le heb ddatguddio beth ydynt, y mae'r 'byd', ie, y bobl hynny sy'n anghydweld yn llwyr â'n credo ac â'n holl safbwynt, yn disgwyl i ni fynd yno fel Cristnogion. Gofynnir i ni fynd i lawer o leoedd anodd o bryd i'w gilydd, ond os ydym yn weddol sicr cyn mynd ein bod mewn agwedd o ffydd yn Nuw, ni raid i ni ofni neb na dim. Onid am y Cristion y dywedir ei fod yn fwy na choncwerwr trwy'r hwn a'i carodd?

'Cymer Di fy llais yn lân,/Am fy Mrenin boed fy nghân'

Darllenais dro yn ôl mai un o nodweddion amlycaf hen gewri'r pulpud yng Nghymru oedd y defnydd a wnâi'r Ysbryd Glân o'u llais. Dywedir i Ebenezer Morris yn Sasiwn Caernarfon weiddi 'y gwaed hwn' gyda mwy o arddeliad bob tro nes i'r geiriau dreiddio fel saeth i galon y gynulleidfa fawr. Gwyddom hefyd i lawer gwympo dan argyhoeddiad dwfn yn Llangeitho pan ddarllenai y gŵr mawr hwnnw, Daniel Rowland, y rhan honno o'r Litani 'Trwy dy ddirfawr ing a'th chwys gwaedlyd . . .' Dyma enghreifftiau gwir o'r Ysbryd Glân yn meddiannu llais crediniwr, ac yn ei droi yn offeryn mynegiant iddo'i hun.

Pan gofiwn, gan wrido, am yr holl eiriau ofer a lefarasom a fu'n foddion i barddu neu i frifo ein cyd-ddyn, onid yw'n symbyliad i ni brysuro i fynd ar ein gliniau i erfyn am faddeuant, a deisyf mewn gwirionedd 'Cymer Di fy llais yn lân'? Yn aml, ni wna ein geirfa grefyddol, goeth a gorhyderus, ddim mwy na chuddio tlodi ein profiad. Gall ambell air toredig o galon gystuddiedig fynd ymhellach na geiriau caboledig hunanol eu hamcan. Dyma fan gwan y mwyafrif ohonom, a hynny'n unig oherwydd nad ydym yn barod i roi popeth o'r neilltu i gymuno â Duw mewn gweddi: hynny'n unig a rydd sêl ar ein geiriau a ddaw â gwir fendith yn y dyddiau anghrediniol hyn.

'Cymer f'aur a'r da sydd im,/Mi ni fynnwn atal dim'

Gofid i rai, mae'n debyg, fydd sôn gormod am y pennill hwn, fel yr hen gono cyfoethog hwnnw a addefai mai hymian y pennill hwn a wnâi ef bob amser. O leiaf, roedd e'n onest! Pa sawl un ohonom, a ninnau'n honni 'rhoi'r cyfan sydd gennym', sy'n ei chael yn anodd i ymgysegru'n galonnog yr ychydig arian a'r tipyn meddiannau sy'n eiddo inni? Pwysleisiodd yr Arglwydd Iesu Grist ei bod yn wironeddol anodd i'r goludog fynd i mewn i'r Deyrnas. A hawdd deall hynny. Gwêl y rhai ariannog bob drws yn agor o'u blaen yn hwylus ryfeddol, ond erys drws y Deyrnas ynghau am mai ffydd yn unig yw agoriad hwnnw. Ond, wedi credu, clywsom am lawer un cyfoethog a fu'n cyfrannu'n ddiarbed a llawen i waith y Deyrnas, a rhai ohonynt yn byw yn syml a dirodres eu hunain er mwyn cael iawn ddefnyddio'r arian a ymddiriedwyd i'w gofal. Mor hawdd yw hi i ni, y llai cyfoethog, haeru gydag arddeliad mai dyletswydd y cyfoethog yw

139

rhannu ac mai braint yr ariannog yw eu cyfrif eu hunain yn stiwardiaid yn unig ar eu heiddo. Mae'n gymaint dyletswydd ar bob Cristion â'i gilydd i'w gyfrif ei hun yn atebol i Dduw am y defnydd a wna o'i eiddo. Ac y mae ei eiddo yn golygu ei gartref, ei gyfalaf yn y banc, ei gyflog, ei gyfan. 'Mi ni fynnwn atal dim'—paham? Oherwydd mai mewn rhoi y gorwedd nid yn unig ddyletswydd eithr hefyd wir ddedwyddwch y Cristion.

'Cymer fy nghyneddfau'n llawn,/I'th wasanaeth tro bob dawn'

Meddai Paul ar ddoniau a chyneddfau anghyffredin, ond onid wedi iddo ddod yn Gristion y defnyddiwyd yn llawn y galluoedd hynny? Meddylier am ei sêl, ei allu meddyliol, ei huodledd a'i bersonoliaeth gref. Wedi dod yn Gristion y cafodd yr Apostol y genadwri a'r genhadaeth oedd yn rhoi cyfle, ie, oedd yn hawlio 'y cyfan' a feddai. Y peth lleiaf a allai Paul ei wneud i'r hwn a'i carodd ac a fu farw yn ei le ydoedd cysegru'n llwyr bob talent er gogoniant iddo.

Yn wir, darganfu llawer un, wedi dod yn Gristion, fod ganddynt rai doniau na wyddent am eu bodolaeth cyn hynny. Deilliodd ein hemynau godidocaf nid o ddiwylliant a dysg academaidd (er mor werthfawr yw'r rheini) ond o galon yn llawn o ryfeddod at ras Duw. Ymswilio a wnâi'r mwyafrif llethol ohonom wrth ganu'r pennill hwn gan ein hesgusodi ein hunain oherwydd nad oes gennym ddawn gyhoeddus neu ryw ddawn arbennig arall. Ond mewn difrif, onid yw meithrin ysbryd caredig, a'r awydd i wneud cymwynas yn ei iawn bryd, a'r gallu i wenu pan â pethau o chwith, yn ddoniau i'w cysegru a'u defnyddio i'r eithaf? Gall y ddawn i gadw cartref yn gartref fod yn un werthfawr dros ben yn y dyddiau hyn pan fo nerthoedd lawer yn ceisio tanseilio dylanwad yr aelwyd ar fywyd ei haelodau. Gellid ysgrifennu'n helaeth ar bosibiliadau gwir ildio doniau a chyneddfau i waith y Deyrnas. Ond pa les ysgrifennu a pha les canu oni wyddom rywbeth am hunanymchwil a hunanddisgyblaeth yn ein bywyd ein hunain o ddydd i ddydd—ie, o ddydd i ddydd?

'Cymer mwy f'ewyllys i,/Gwna hi'n un â'r eiddot Ti'

Onid yw'r geiriau hyn wedi eu gweddïo o ddifrif gennym, ofer yn y pen draw fydd pob ymgysegru arall. Y drychineb fawr yng Nghymru heddiw yw fod llaweroedd yn mwynhau ambell bregeth, ac yn teimlo ambell wefr ddymunol mewn cyfarfod gweddi, ond eto â'u hewyllys heb ei chyffwrdd na'i siglo dim i gyfeiriad gwir ymgysegriad i Grist. A'r drychineb fwy alaethus fyth yw fod pob gwrthod ildio yn arwain at galedu calon, a'r ewyllys yn mynd yn fwy diysgog bob tro. Fel y cyfaddefwn yn hwyr neu'n hwyrach, y gwir yw hyn: yr Ysbryd Glân yn unig a all ddwyn i fod y fath ddaeargrynfeydd yn yr enaid nes ysgogi'r ewyllys i ymbil am faddeuant a chymod drwy'r Gwaed. Ofer pob gweithgarwch efengylaidd (llwyddiannus neu beidio) onid yw hyn yn digwydd yng Nghymru heddiw, a dynion a merched yn gallu gweddïo'r geiriau hyn o waelod calon, a'u bywyd drwyddo draw yn gweddnewid o'r herwydd. Gwaeth na gwrthun, o'r ochr arall, yw bywyd y sawl a ŵyr am 'fan a lle' lle yr ildiodd ei hunan a'i ewyllys, ond a ildiodd ei ewyllys i'r hunan drachefn, ac a droes ei gefn ar Dduw. Holed pawb ef ei hun, a rhodded Duw ras i ni i weddïo'n ddiffuant:

'Cymer iti'r galon hon /Yn orseddfainc dan fy mron/
Cymer fy serchiadau, Iôr,/Wrth dy draed 'r wy'n bwrw eu stôr'
Dringo'n gyson a wna'r emyn i uchafbwynt gorfoleddus fel y mae Frances Ridley Havergal yn dymuno'n awr—wedi'r ildio trylwyr a fu—i'w holl bersonoliaeth fod wedi ei meddiannu gan yr Un sy'n alluog i'w chadw i dragwyddoldeb. A dyma brofiad y Cristion ymroddedig o amser y Pentecost hyd heddiw: llawenydd yn dygyfor yn y galon o gael caru'r Un a'n carodd ni yn ein haflendid ac a'i rhoddodd ei hun drosom: 'Cymer, Arglwydd, cymer fi,/Byth, yn unig, oll, i Ti.'

Cyhoeddwyd 1956

Y 'ddyletswydd deuluaidd'

Ynganwn yr ymadrodd uchod unwaith yn y pedwar amser a daw'r geiriau ag atgofion pell inni o Gymru fu—Cymru a ddiflannodd fel y diflannodd y goits fawr, y tyddynnod bychain, y seiat brofiad a chysegredigrwydd y Sabath. Heddiw, felly, beth sydd gennym? Hyn sy'n sicr, gwyddom fel rhieni ieuainc bod y canllawiau oedd mor allanol sicr inni pan oeddem yn ieuainc yn pydru ac yn gwegian wrth i'n plant geisio ymestyn atynt. Gwn am blentyn a deimlai i'r byw pan welai'r tyrfaoedd a ymgasglai o bob cyfeiriad i segura ac i fwyta hufen iâ ar y Sul, dafliad carreg oddi wrth ei gartref. Paham nad oeddynt hwy yn credu yn Nuw ac yn mynd i'r capel? oedd ei ofyniad. Ac am blentyn arall o ddydd i ddydd yn yr ysgol yn synhwyro fod y pethau a ddysgir iddo mewn Ysgol Sul, Gobeithlu a chartref am 'galon lân' a 'gwefus bur' yn gwbl groes i holl ffordd o feddwl y rhan fwyaf o'r plant. Fe ddwyseir ein hymdeimlad o gyfrifoldeb tuag at ein plant pan feddyliwn am y byd y tyfant i fyny ynddo—byd y grymusterau diddiwedd a'r sarhau drwy bob ryw ddull a modd ar y pethau a gyfrifir gennym ni yn sanctaidd a hanfodol i fywyd.

Ond nid yw'n rhy ddiweddar inni wneud adolygiad o'r hyn sydd gennym yn weddill a cheisio ei werthfawrogi o'r newydd a'i ailfeddiannu. Mwynhawn ryddid crefyddol mewn byd lle mae hynny'n prysur fynd yn beth prin iawn. Yn gwbl groes i sawl tuedd gyfoes, daliwn i feddwl am y teulu fel uned werthfawr mewn cymdeithas. Ac yn goron ar y cyfan mae gennym fel cenedl 'yr Ysgrythur Lân yn ein hiaith'. Edwinodd ein hiaith, dygir y tir oddi wrthym i'w goedwigo'n ddidrugaredd, boddir ein dyffrynnoedd tlysaf a Chymreicaf o un i un, ond diolchwn fod y Beibl gennym hyd yma yn drysor gwerthfawrocaf ein hiaith ac yn Air agored i'r sawl a fyn wneud cyfle i'w agor. Ailddarganfod a chyflwyno'r Beibl fel llyfr *byw*—lle y llefara'r tragwyddol Dduw ei air ef ei hunan wrth ei bobl, er maint eu gwendid a'u diffrwythdra, yw un o'r cymwynasau mwyaf y gall unrhyw rieni ei wneud i'w plant mewn dyddiau mor anfanteisiol a diweledigaeth. Nid yw blynyddoedd o wersi Ysgrythur yn yr ysgol yn mynd i gymryd lle'r agwedd ddefosiynol grediniol tuag at Air Duw y dylai pob rhieni Cristnogol ei meithrin yn eu plant.

142

Gwneud y cyfle

Ond waeth heb na phregethu na thwymo i'r testun heb daro yn gyntaf nodyn cwbl ymarferol, a dangos bod yr hyn a awgrymir yn bosibl ond i ni *wneud y cyfle*. Byddai'n rhaid byw fel meudwy cyn y gellid osgoi cael ein dal i ryw raddau o leiaf gan awyrgylch brysiog, ffwdanus ein hoes. Nid cynt nag yr â'r plentyn i'r ysgol bron nad oes ganddo ryw ymarfer, gwaith cartref, gwers biano, neu hoff raglen ar y teledu i gymryd ei fryd a'i amser. Mae'r plant bron cyn brysured â'u rhieni a'r amser a gawn gyda'n gilydd fel teulu yn beth prin ac amheuthun iawn. Ymbiliaf ar i rieni ifanc drostynt eu hunain ystyried y peth yn ofalus: *pa bryd y gallant wneud y cyfle?* Nid yr un amser yw'r amser gorau i bob aelwyd. Os nad yw'n gyfleus i aelodau'r teulu gael darllen gyda'i gilydd ar ôl brecwast, tybed a allant neilltuo tipyn o amser ar ôl swper buan neu de hwyr pan fo mymryn mwy o hamdden i'w gael? Does dim pen draw yn aml i'r gofal a gymerwn fel tadau a mamau i sicrhau bod gan ein plant ddigon i'w wisgo a'u bod yn cael bwyd blasus, maethlon i'w fwyta. Gwelir ni fel mamau yn bodio trwy lyfrau coginio i ffeindio ryw rysáit newydd yn lle'r 'un peth o hyd'. Sbeciwn yn eiddgar i weld a oes bargen bosibl yn y sêl! Pa sawl un o'r tadau hefyd na weithiodd oriau-dros-ben i gael tegan arbennig neu anrheg ychwanegol i lonni calon ei blentyn? A ellir mesur ein gofal dros iechyd y teulu dros fisoedd oerion y gaeaf? *Ond y mae gan ein plant eneidiau,* a gwae inni eu hesgeuluso gan lafurio'n unig am y 'bwyd a dderfydd' a'r 'dilledyn a heneiddia', a thrwy hynny roi'r argraff i'n plant ni ein hunain mai ail bethau yw'r efengyl, addoliad a gweddi. Ceisiwn, felly, wneud cyfle bob dydd i ddarllen ryw gymaint o'r Beibl a gweddïo gyda'n plant.

Y cychwyn ...

Peidiwn â bod yn rhy uchelgeisiol wrth benderfynu'r 'maes llafur'. Gellid cymryd braslun syml o fywyd yr Arglwydd Iesu Grist i ddechrau, neu gyda phlant hŷn ddechrau gyda rhannau o Lyfr yr Actau. Cymerer eto rai o gymeriadau'r Hen Destament—maent yn lliwgar dros ben ond eu cyflwyno gyda dychymyg. Yna, wedi pennu'r maes, darllen adnod neu ddwy a cheisio egluro'u hystyr mewn geiriau cyfarwydd i'r plant gan roi cyfle iddynt hwy ofyn eu cwestiynau. Os gor-wneir hynny, wrth gwrs, bydd yr amser wedi hedfan! Ar y llaw arall, yng nghwestiynau'r plant ceir cipdrem werthfawr iawn ar eu hymdrechion gwiw i ddygymod â sut a pham y daethant i fod, a beth sydd i'w gredu. Mae'n ddigon posibl ein bod ni fel rhieni yn fwy ymwybodol o'n diffygion fel Cristnogion pan geisiwn gymryd dyletswydd gyda'n plant nag ar unrhyw amser arall, a moddion gras i ni ein hunain yn aml yw ffydd uniongyrchol gadarn ein plant. 'Oddi eithr eich troi a'ch gwneuthur fel plant bychain . . .' O'r herwydd y mae'n holl-bwysig ein bod yn eu harwain gyda gras, hiwmor a gonestrwydd gwir yn ein calon. Ymhell y bo pob rhagrith a rhith-dduwioldeb pan gymerwn ddefosiwn gyda'n gilydd fel teulu. Mae'r plentyn bob amser yn arbenigo mewn gwahaniaethu rhwng gwir a ffalster yn union fel y gŵyr yn reddfol pwy sy'n ei garu'n wirioneddol a phwy sy'n gwneud sylw ohono er mwyn ymddangos yn gariadlon. Rheol euraid arall yw peidio â bod yn feichus. Rhaid i ffydd, gobaith a chariad fod yn amlwg yn ein hymdrechion *ym myd yr enaid*. (Gwyddom oll, ysywaeth, am blant wedi eu magu ar aelwydydd crefyddol a fygwyd gan yr ymdeimlad o rith-dduwioldeb ac a *wrthododd* o'r herwydd y gwirionedd y safai'r rhieni yn gadarn o'i blaid.) Tanlinellwn, felly, fod yn rhaid gwneud y 'ddyletswydd deuluaidd' yn beth mor bell i ymdeimlad o ddyletswydd fel bod y plant yn gofyn amdano pan ddaw rhywbeth i rwystro'r rhieni! Gwn am un ferch fach chwech oed yn dweud yn reit sobr un noson na wyddai hi yn iawn beth i weddïo 'heno' oherwydd nad oeddynt wedi cael y 'darllen'. Rhyfeddai'r fam yn ddistaw bach oherwydd gwelai fod arfer y teulu hwnnw—o wneud y gwahanol bwyntiau a godai o'r darlleniad yn sbardun i weddi—yn dwyn ffrwyth heb yn wybod megis.

O'r dechrau un fe ddylid annog y plentyn i dorri geiriau mewn gweddi fer. Fel hyn y gwawria'r ymdeimlad arno o fod yn siarad â'i Dad a hynny mor naturiol ag y buasai'n siarad â'i dad daearol. Wrth gofio am wahanol agweddau eu bywyd bob dydd mewn gweddi y deuant yn ymwybodol o'r unoliaeth sydd i redeg drwy fywyd y Cristion ymroddedig. Tra bydd un plentyn yn gweddïo, dylid hefyd ddysgu'r gweddill i gau eu llygaid ac i geisio cydweddïo hefo'r brawd neu'r chwaer, neu gyda'r rhieni pan fônt hwythau'n gweddïo. Gellir canu ambell emyn adnabyddus weithiau i fynegi'r mawl sydd yn ein calon am efengyl a Gwaredwr a bywyd tragwyddol.

. . . a'r dyfalbarhau

Wel, dyma dybio eich bod yn barod i roi cynnig arni—wedi eich ennill i'r syniad, efallai, ac wedi ymgyfamodi â'ch gilydd fel rhieni i wneud eich gorau i fentro arni. Eich profiad fydd rhywbeth yn debyg i hyn os nad wyf yn camsynied. Un noson yr oedd y plant yn flin ond fe lwyddoch: noson arall yr oeddech chwithau'n llesg a di-hwyl ond cawsoch adnewyddiad ysbryd o fynnu cadw at eich bwriad, er gwaethaf eich teimladau. Yna, fe dorrir ar rythm bywyd eich aelwyd gan salwch helyntus (fel y frech goch, dyweder) ymhlith y plant . . . a dyna brysurdeb digyffelyb—a chithau'n methu'n lân â dod i ben! Neu daw rhywun i edrych amdanoch fel yr oeddech yn bwriadu casglu at eich gilydd, ac yn fyr o fod yn anghwrtais iawn tuag atynt bu raid i chi beidio â chynnal dyletswydd am noson. Bywyd a'i amryfal alwadau annisgwyl, yn enwedig lle mae teulu ifanc bywiog! *Ond peidiwn â gwan-galonni*—dyma arf mwyaf dygn y diafol ers canrifoedd ymhlith plant Duw. Ailafael drannoeth yn y llinyn a dorrwyd a mynnu goruchafiaeth ar fethiant a gwendid yw'r gamp bob tro. 'Cymerwch fy iau arnoch a *dysgwch* gennyf' oedd geiriau'r Arglwydd, a dysgu a fyddwn ni hyd nes y'n perffeithir ni ryw ddydd ar ei lun a'i ddelw. Glynwn, felly, wrth ein bwriad; codwn i fyny y dwylo a laesodd; ac ailymgysegrwn ein hunain fel rhieni i'r dasg fawr o baratoi dinasyddion yng Nghymru ar gyfer y 'ddinas ac iddi sylfeini, saer ac adeiladydd yr hon yw Duw.'

Cyhoeddwyd 1963

Plant a phobl ifanc:
rhai ystyriaethau

'Gwae fi y'm ganed yn Gymro', meddai sawl un. Gallai ambell un ohonom aralleirio'r frawddeg a dweud, 'gwae ni y'n gwnaed yn rhieni' wrth wynebu'r problemau arteithiol sy'n cau amdanom y dyddiau hyn. Ai gormod yw dweud bod llawer o rieni cyfrifol heddiw yn arswydo hyd at anobaith wrth feddwl am gyflwr ysbrydol a moesol yr oes y genir eu plant iddi? Gwelant bechod yn uchel ei ben heb neb yn abl i'w ffrwyno. Gwelant hefyd y dylanwadau llechwraidd sydd ar feddyliau eu plant i beri iddynt gredu mai moethusrwydd a mwyniant yw craidd bywyd a bod nwyd penrhydd yn gyfystyr â'r cariad sy'n clymu deuddyn a'u gwneud yn un mewn gwirionedd. Oni ddaeth yn bryd o'r herwydd i'r Cristion heddiw godi ei ben o'r tywod lle bu'n cuddio fel estrys pellennig ac wynebu'n eofn y broblem y clywn amdani'n barhaus, sef problem yr arddegau?

Ai gorsymleiddio'r broblem yw dweud bod diffyg cariad ar yr aelwyd yn cyfrif llawer iawn am y pwyslais unochrog a roddir ar ryw ymhlith ieuenctid heddiw? Ymgysurant yng nghwmni'r naill a'r llall mewn gwynfyd pell, rhamantus. A phan sylweddolant iddynt genhedlu plentyn yn annhymig, wynebir hwy â phroblemau sy'n aml y tu hwnt i'w haeddfedrwydd fel cymeriadau. Try'r gwynfyd yn wae, a ffigur trist i'r eithaf yw'r fam ddibriod bymtheg oed. Mae'n rhaid inni ddod o hyd i ateb i'r broblem yma a fydd yn llawer mwy boddhaol a Christnogol na'u hannog i ymweld â chlinig atal cenhedlu, fel y gwelais yn cael ei argymell yn gryf mewn papur dyddiol yn ddiweddar.

Dechrau gartref
Felly, dechreuwn gartref, gan ailystyried ein cyfrifoldeb fel rhieni i'n plant. Yng nghanol ein brys, peidiwn ag anghofio rhoi'r cariad dyladwy i'n plant fydd yn angor ac yn sicrwydd iddynt pan ddaw eu tro i fentro allan i'r byd sydd ohoni heddiw. Ceisiwn fynd i mewn, orau y gallwn ni, i'w byd hwy fel y mae *heddiw*, ac nid fel y cofiwn ni ef pan oeddem ni'n blant. Er bod aelodau rhai grwpiau pop, yn ein barn ni, yn gymeriadau i ryfeddu atynt, cofiwn eu bod yn ddigon annwyl yng ngolwg ein plant! Yn aml, o wneud yr ymdrech i 'fynd i mewn i

fyd y plentyn', cawn y cyfle gorau i'w adnabod a'i werthfawrogi a'i iawn-gyfeirio. Mwynheir manteision mawr gan blant heddiw, felly cydlawenhawn â hwy ynddynt. Cofiwn hefyd, os gwêl y plentyn agendor mawr rhwng ein proffes a'n bywyd, fod hynny'n gadael argraff ddofn iawn arno ac yn esgor ar fath o wrthryfel ynddo ymhellach ymlaen yn ei fywyd. Pwy sydd ddigonol i'r pethau hyn? Er teimlo'n fethiant yn barhaus, daliwn ati i feithrin a cheryddu ein plant, gan eu *caru* yn ddidwyll ac anhunanol, fel na rwystrir hwy rhag caru'r Un a garwn ni.

Yr eglwys a'r ifanc
Oni ddylai ein heglwysi hefyd fod yn gynhesach ac yn fwy real eu hapêl at ieuenctid ein dydd? Ystyriwn faint o sylw a roddir i'r plant yn ein capeli a'n heglwysi, ac fel yr ydym yn anghofio, yn ôl pob argoel, y byddant hwythau ymhen ychydig iawn o flynyddoedd yn tyfu i'r arddegau ac yn gadael rhengoedd yr eglwys. Mor aml heddiw y saif aelodau mewn arswyd rhag dweud dim wrth yr ifanc fydd yn tanio dim arnynt, fel pe baent yn fodau rhyfedd o blaned arall a hwythau eu hunain ddim ond ychydig flynyddoedd ynghynt yn blant yr eglwys yn dweud eu hadnodau ar fore Sul. Ychydig mwy o ddychymyg, o gariad a gofal dros yr ifainc yn aml (ar gefndir pregethu'r efengyl sy'n cyfarfod angen hen ac ifanc) ac fe'u dysgid i garu Iesu Grist a charu'r cysegr. Teimlaf hefyd yn aml fod rhieni ifanc yn colli'r awydd i ddod i'r capel am nad oes neb o'r to hŷn yn fodlon mynd dipyn allan o'u ffordd i warchod iddynt er mwyn iddynt gael mynd i'r oedfa gyda'i gilydd. Y to hŷn yn cael llawn gormod o wasanaethau, a'r to ifanc yn colli blas o gael dim.

Gwerth protestio
Yna, fel aelod o gymdeithas, peided y Cristion ag ofni protestio yn erbyn pethau a wêl o'i gwmpas sy'n gwbl groes i'w argyhoeddiadau. Ie, fe synnai rhai, efallai, pe gwyddent y gallai consensws o farn Gristnogol droi'r fantol yn aml yn y dewis o raglenni ar y teledu a'r radio. Sothach a gyflwynir inni os na ofynnwn am ddim mwy sylweddol—y sothach hwnnw sy'n dylanwadu'n ddrwg ar fywyd ein plant. Mewn gwlad a thref, digwydd pethau'n fynych er drwg am nad oes neb yn caru daioni a phurdeb yn ddigon i brotestio a chynnig gwell ffordd. Os yw ein llais ni fel Cristnogion yn aneglur, pa ryfedd fod lleisiau anhyfryd yn atsain drwy ein gwlad?

Clywais achlust addawol iawn y dydd o'r blaen fod cyfarfod

cyhoeddus mawr i'w gynnal yn Llundain, dan nawdd cymdeithas Gristnogol y meddygon, i gynnig ateb i'r 'New Morality'. Gobeithir tynnu sylw'r wasg a'r teledu at y cyfarfod pwysig hwn. Ond er diolch am bob newydd da, gadewch inni ystyried o ddifrif a ydym ni yn ceisio wynebu'r broblem hon sy'n gofyn am gymaint cydymdeimlad a chariad, a ninnau'n gwybod pa mor arwynebol a simsan yw gwerthoedd cartrefi miloedd o ieuenctid ein gwlad. Gwae ni fod yn Phariseaidd yn hyn o beth, gan gerdded 'o'r tu arall heibio'. Fe ddylai gwir gariad at Iesu Grist lifo o'n calonnau at eraill o'n cwmpas, yn hen ac ieuanc, gan ffurfio'n gwestiwn dyddiol ar ein gwefusau, 'Arglwydd, pa beth a fynni di i mi ei wneuthur?'

Cyhoeddwyd 1964

Lletygarwch

Fe wnaethpwyd sylw beth amser yn ôl gan un o'n meddylwyr miniocaf fod Cymru 'yn marw ar ei thraed am fod y ffydd Gristnogol yn darfod o'r tir'. Cyfeirio ydoedd at ffydd fywydol yn yr Arglwydd Iesu Grist a'r profiad o sicrwydd cymod â Duw. Diau y dengys y dyrnaid pitw o aelodau'r eglwys a ddaw i gwrdd gweddi a seiat, ynghyd â diffyg awydd y mwyafrif ohonom i ymroi i wir astudiaeth o'r Gair a dyfalbarhad mewn gweddi, fod y gosodiad yma yn wir bob gair. Saif, felly, fel condemniad llym arnom un ac oll. Yn sgîl absenoldeb crefydd ysbrydol yn ein mysg, fe ddiflannodd hefyd lu o'r grasusau cymdeithasol hynny a ddeilliai mor naturiol o grefydd ddilys.

Lletygarwch yn prinhau

Un o'r grasusau a aeth yn egwan iawn y dyddiau hyn yw estyn lletygarwch. Yn sicr mae'r ffaith fod ein tai yn llai, a'r wraig yn aml yn gwneud gwaith arall yn ogystal â chadw'r cartref, wedi diorseddu yr hen gymdeithas hamddenol a ymhyfrydai mewn estyn croeso i gâr a dieithr-ddyn. Ond yr hyn a'u symbylodd hwy yng nghanol llu o anawsterau oedd eu hargyhoeddiadau crefyddol didwyll. Os ydym ni'n brysur heddiw, nac anghofiwn am y teuluoedd mawr a fagent hwy, am eu gweithio dyfal o fore gwyn tan nos, a'r tlodi, y cyni a'r afiechyd a wynebent heb lawer o gymorth allanol. Cof gennyf glywed fy modryb yn sôn wrthyf am hen wraig ddigon tlodaidd a adwaenai hi a fyddai bob amser yn gosod lle ychwanegol wrth y bwrdd bwyd, 'rhag ofn i rywun ddod dros y mynydd'!

Tuedd ein cenhedlaeth ni yw ystyried lletygarwch fel un o'r arferion cymdeithasol hynny na ellir disgwyl bellach i bobl eu gweithredu, gan anghofio ei fod yn ddyletswydd a gymhellir arnom trwy'r Ysgrythurau i gyd. Gellid meddwl, o ddarllen y cyfeiriadau gwahanol yn y Beibl, fod Duw yn gorchymyn lletygarwch fel gwrthwenwyn pwerus i'r gwenwyn sydd ym mêr esgyrn pob un ohonom, sef ein tuedd i grafangu am fyd esmwyth i ni ein hunain a'n tylwyth gan gau allan yn hwylus ryfeddol bob meddwl am arall. Golyga yr ymarfer o letygarwch ein bod yn gosod disgyblaeth arnom ein hunain i feddwl am anghenion a chysur eraill. A phwy a wad nad da o beth yw hynny yn ein hoes faterol ni gyda'i 'symbolau statws' di-alw-amdanynt.

Heddiw yn ein gwlad, er gwaethaf pob darpariaeth economaidd o eiddo'r llywodraeth, mae llaweroedd o ddieithriaid inni mewn dygn angen ymgeledd. Os daw cyfle i'n rhan, peidiwn â chaledu a throi clust fyddar i'r angen a welwn—gwell fyddai inni ddilyn esiampl y Samariad trugarog na'r crefyddwyr o broffes a aeth o'r tu arall heibio. Yr esgus parotaf (ar wahân i ddiffyg lle ac amser) dros ddal yn ôl lle y gellid cynorthwyo arall, yw mai ein siomi a gawn mewn pobl. Ni ddiolchant, efallai, am ein haelioni, neu cymerant ein cartref yn ganiataol. Ond faint ohonom ni, tybed, yng nghanol ein holl freintiau, sy'n peri siom feunyddiol i'n Tad nefol? Teimlodd Abraham yn yr anialwch gymhelliad i groesawu dieithriaid llwyr i'w babell a darganfod, er ei syndod, iddo letya 'angylion yn ddiarwybod'! Gallai hyn fod yn wir i ninnau o bryd i'w gilydd.

'Yn fy enw i'
Un o'r enghreifftiau gloywaf o gartref lletygar oedd cartref Mair a Martha ym Methania. Yma, o sŵn y dorf a chasineb yr awdurdodau crefyddol, yr enciliai yr Arglwydd Iesu am ychydig orffwys a chysur cartref. Tybed a fu inni sylweddoli, er na chawn y fraint a gafodd y teulu arbennig hwnnw, fod Iesu Grist yn cyfrif rhoi cwpanaid o ddŵr oer 'i un o'r rhai bychain hyn' a gredant ynddo ef yn gyfwerth yn ei olwg â phe bai wedi ei roi iddo ef ei hun? Heddiw mae cartrefi lawer, tebyg i'r cartref ym Methania (heb ofynion plant a thraul galwedigaethau prysur), a allai fod yn ddinas noddfa am ysbaid fer i laweroedd. Eto, ar y cyfan, cyndyn yw drysau'r cartrefi hyn heddiw i agor a chynnig y cysur a'r croeso sydd ganddynt i rai a fyddai'n fawr eu gwerthfawrogiad ohono. Bendith a lledu gorwelion yr aelwyd yw canlyniad croesawu o'r natur yma gan amlaf.

Yr angen a'r cyfle
Os mai dosbarth dethol yn unig heddiw a all gynnig lletygarwch dros ddyddiau lawer, mae yna ddigon o letygarwch 'dros nos' neu dros bryd o fwyd y gallem oll ei ymarfer yn llawnach. Cymdeithas baganaidd oedd yn amgylchynu'r Cristnogion cynnar, ac felly anogai Paul hwy i weini i'w gilydd trwy letygarwch, a bod yn help i'w gilydd. Heddiw hefyd, ysywaeth, paganaidd a di-Dduw yw llawer o'r cylchoedd lle try ein pobl ifanc mewn gwlad a thref. Peidiwn ag ofni, felly, wahodd am bryd o fwyd neu 'am y diwrnod' unigolion gwahanol y gwyddom amdanynt sy'n bell o'u cartrefi ac yn eithaf diymgeledd (er iddynt yn aml ymddangos mor hapus â'r gog). Myfyriwr ifanc, efallai, ar ei

flwyddyn gyntaf mewn coleg cyfagos (dyna ddieneiniad gan amlaf yw'r Sul mewn hostel!) neu'r myfyriwr croenddu yntau a dybiodd fod Cymru'n wlad Gristnogol ond sy'n debyg o dreulio'r Nadolig yn unigedd ei ystafell. Beth am newydd-ddyfodiaid i'ch ardal (proses boenus yn aml yw ailwreiddio mewn cymdeithas newydd) neu'r nyrs fach ifanc sydd ag oriau'n rhydd o'r ysbyty? 'Wn i ddim a yw'n hysbys i lawer hefyd fod y rhan fwyaf o gartrefi i blant amddifad, neu blant anodd, yn croesawu unrhyw osgo ar ran teuluoedd i wahodd un neu ddau o'r plant weithiau i'w cartrefi. Gwnewch yn fawr hefyd o'r plant sy'n ffrindiau gyda'ch plant chi; efallai fod rhai ohonynt yn ddigon amddifad o gariad yn eu cartrefi. Unigrwydd yr hen a drysni'r ifanc neu ddiflastod a blinder y canol oed—mae lle inni agor ein cartrefi o bryd i'w gilydd i gyfarfod eu hangen. Mae gwir alw am sancteiddio ein dychymyg y dyddiau hyn.

Os teimlasom fod yna ryw farweidd-dra yn gorffwys fel hugan drom ar ein bywyd fel crefyddwyr yng Nghymru heddiw, oni allwn ni ddechrau'r ymarfer hwn o dduwioldeb gan garu cymydog 'fel ni ein hunain'? Rhoddwr llawen a gerir gan Dduw, ac o roi yn llawen o'r pethau a roddodd ef inni yn ddi-nâg, odid na theimlwn ein bod yn wir gyfranogion o'i ras ef ac yn aelodau o deulu Duw.

Cyhoeddwyd 1964

Tro i'r Wladfa

Peth o hanes ein hymweliad â Phatagonia ddechrau 1975

Er ein bod yn byw yn oes yr awyrennau cyflym, ni feddyliasom erioed y byddem yn crwydro mor bell o'n cynefin yng Nghymru, a hynny i bellteroedd De America. Ond hynny, yn rhyfeddol iawn, fu ein hanes eleni—hedfan allan i ddathlu Dydd Calan yn haf y Wladfa, a dychwelyd i Gymru i sŵn paratoadau ar gyfer Dydd Gŵyl Dewi! Gadael glaw a niwl glannau Ogwr am heulwen ac wybren glir glannau Camwy. Cefnu dros dro ar ruthr bywyd yn yr ynysoedd bach poblog hyn am awyrgylch mwy rhadlon eangderau diderfyn yr Ariannin fawr. Yna, wedi'r teithio pell a'r dychwelyd, er ein llawenydd mawr o weld ein plant a'n ceraint unwaith eto, teimlo rhyw ias o hiraeth droeon am y cymeriadau a'r teuluoedd annwyl y cyfarfuasem â hwy yn Nyffryn Camwy ac yn Nhrefelin ac Esquel wrth odre'r Andes. Meddyliem weithiau mai breuddwyd oedd y cyfan, rhyw 'seren wib' o brofiad, ond gwyddem hefyd yn nwfn y galon i'r daith fod yn brofiad real, a bod yr atgofion yn annileadwy.

Yr ymfudo o Gymru

Yr hyn a wnâi'r daith yn ddiddorol oedd y gwahanol haenau oedd iddi, a'r cwbl yn plethu i'w gilydd yn batrwm rhyfeddol. O safbwynt hanesyddol, gallech ystyried yr ymfudo mawr a fu o Gymru yn ystod ail hanner y ganrif ddiwethaf, a'r rhesymau economaidd, diwylliannol a chrefyddol a'i hysgogodd. Nid rhywbeth anodd i rieni o Gymry Cymraeg oedd gwerthfawrogi breuddwydion yr arloeswyr cynnar fel Lewis Jones, Michael D. Jones ac eraill a welodd bosibilrwydd i'r Cymry gael aros gyda'i gilydd, a thrwy hynny warchod y patrwm Cymreig o fyw a'i drosglwyddo i blant eu plant.

Yn yr Amgueddfa

Cawsom gipolwg rhagorol ar gychwyniadau'r Wladfa trwy dreulio rhai oriau yn yr Amgueddfa Werin fach ym mhentref y Gaiman yng nghwmni Miss Tegai Roberts. Yno, fel yn amgueddfa Trefelin, ceir y casgliad mwyaf diddorol o greiriau a blas yr arloesi a'r dioddef mawr a fu yn y Dyffryn a'r Cwm yn drwm arnynt. Bu yma gymdeithas

Gymraeg—Cymdeithas Gydweithredol y Camwy—am flynyddoedd, gyda llongau o Lerpwl yn cludo pob math o nwyddau a bwydydd a oedd at chwaeth Gymreig yr ymfudwyr cynnar. Rhyfedd oedd gweld tuniau olew wedi eu stampio yn Gymraeg a'r olew yn cael ei fewnforio o'r Eidal! Gweld llyfrau ysgrifennu y plant wedyn yn yr ysgolion cynnar a chanfod problem mewn rhifyddeg ynghylch mesur tir wedi ei gosod allan mewn Cymraeg gloyw. Gwelsom hefyd lawlyfr i ddysgu Sbaeneg drwy gyfrwng y Gymraeg wedi ei gyfansoddi gan R. J. Berwyn, un o'r ysgolfeistri cynnar (gorhendaid i Mary Green sydd ar hyn o bryd ar ymweliad â Chymru fel myfyrwraig yng Ngholeg Harlech). Peth cyffredin arall yn yr Amgueddfa oedd gweld dogfennau swyddogol oes a fu mewn tair iaith, a'r Gymraeg, y Sbaeneg a'r Saesneg ochr yn ochr â'i gilydd. Gweld map wedyn yn dangos hynt y rheilffordd pan agorwyd hi gyntaf o Borth Madryn i mewn i'r Dyffryn. Dogfen arall ddiddorol dros ben oedd llyfr cofnodion Cwmni Morloi y Camwy, a deall oddi wrtho eu bod yn gwerthu'r olew a'r crwyn mewn porthladdoedd pell fel Montevideo.

Yr arloeswyr cynnar
Sôn sydd heddiw mai methiant fu'r arbrawf anturus hwn yn Ne America ac mai camgymeriad ydoedd o'i gychwyniad. Yr hyn a'n gwefreiddiodd ni oedd mor agos y bu'r arbrawf i lwyddo, ac mor ddygn a diwyd y bu'r arloeswyr cynnar yn eu hymdrechion a'u llafur. Dro ar ôl tro yn ystod ein hymweliad cwrddasom â llu o bersonau a'n cadarnhaodd yn y dybiaeth hon. 'Roedd yr hen bobl yn ddynion, cofiwch', meddai un ohonynt wrthym. 'Os oedd ganddynt unrhyw fater neu gŵyn i'w drafod ynghylch y tir, i fyny a hwy at y llywodraethwr ei hun yn Rawson, heibio i'r mân swyddogion i gyd!' Wrth fynd o le i le gwelsom lu o gofebau bach swyddogol a ddangosai fod llywodraeth Ariannin bellach yn ystyried o ddifri ddyled drom y wlad i'r minteioedd cynnar o'r Hen Wlad a hwyliodd yno. Ym Mhorth Madryn ceir cerflun trawiadol i'r Ferch Gymraeg (o waith cerflunydd Eidalaidd) a osodwyd yno adeg y Canmlwyddiant fel teyrnged y wlad i'r gwragedd a ddioddefodd cymaint caledi yn y cyfnod arloesol. O boptu gwaelod y cerflun gwelir lluniau sy'n portreadu'r fintai gyntaf yn glanio yn 1865 ac yn penlinio mewn diolchgarwch yng nghwmni'r gweinidogion Abraham Matthews a'r brodyr Humphreys o ardal Dolgellau.

Suliau cofiadwy
Cawsom Suliau neilltuol o gofiadwy yn y Wladfa, a'r croeso a'r gwrandawiad yr un mor ddiffuant yn eglwysi bach Bryn Crwn a Bryn

Gwyn gyda'u cefndir gwledig ag yn eglwys fwy Bethel, Gaiman ac eglwys Tabernacl, Tre-lew. Cafwyd croeso hefyd yn eglwys newydd y Methodistiaid yn Nolafon (a'r gwres y bore Sul hwnnw rhywle yn y nawdegau!) a hefyd yn Nhrefelin ac Esquel ar y Sul cyntaf o Chwefror. Syml a diaddurn yw patrwm allanol y capeli, ond yn y symlrwydd y mae eu cymeriad. Oddi mewn maent yn ysgafn a dymunol. Soniodd un o feirdd y Wladfa, Mrs Irma Hughes de Jones, am 'Y Capel Unig', a gwelsom un neu ddau felly ymhell o bobman, a hawdd oedd gwerthfawrogi grym ei llinell olaf:

A synnais mor bell y daw'r Arglwydd
I gwrdd â dyn.

Tyred drosodd i Batagonia
Am flynyddoedd lawer bellach llesteiriwyd bywyd crefyddol y Wladfa gan absenoldeb gweinidog yn yr eglwysi Cymraeg, ac mae'r golled hon yn ystyriaeth ddwys iawn ymysg yr aelodau a chan Undeb Eglwysi Cymraeg y Dyffryn. Ar un adeg lewyrchus, bu nifer o weinidogion yma, ond bellach, oni bai am weinidogaeth Miss Mair Davies, y Parch. Maldwyn Roberts, Major a Mrs Watkins o Fyddin yr Iachawdwriaeth, Pastor Lescese (yn Sbaeneg) a Mr Henry Roberts o blith y Brodyr, fe fyddai'r pulpudau o Sul i Sul yn yr eglwysi Cymraeg yn hollol wag. Adlewyrchwyd tlodi alaethus Cymru mewn gweinidogion yn y prinder hwn ers blynyddoedd yn y Wladfa. Ni fyddai'r geiriau o lyfr y proffwyd Eseia yn hollol anaddas, 'Pwy a â drosom ni?' (Eseia 6:8).

Siop Mair
Treuliasom y rhan fwyaf o'n hamser yn y Dyffryn yng nghartref Miss Mair Davies, a mawr fu ei chroeso i ni. Profiad hapus dros ben oedd ymweld â'r Siop Lyfrau a agorwyd ganddi yn un o ystafelloedd Neuadd Dewi Sant yn Nhrelew, a dotio braidd wrth weld llyfrau Cymraeg yr arferem eu gweld yng Nghymru, fel *Y Ffydd a Roddwyd, Trwy Lygad y Bugail, Y Dyn o Drefeca Fach* a chopïau cyfredol o'r *Cylchgrawn Efengylaidd* a *Trobwynt* ochr yn ochr â llyfrau Sbaenaidd i blant a phobl mewn oed. Hawdd oedd gweld bod Mair ei hun yn annwyl iawn ymhlith pobl y Wladfa a'u bod yn gwerthfawrogi'n fawr ei hysbryd a'i llafur diflino yn eu plith yn ystod y deng mlynedd a aeth heibio.

Un nos Sul ar ôl oedfa hwyrol yn y Gaiman dringasom ill tri i fyny'r allt sy'n arwain i'r fynwent lle claddwyd Eluned Morgan, awdur *Dringo'r Andes, Plant yr Haul* a llyfrau eraill am y Wladfa. O'u cymharu â beddau gorwych y Sbaenwyr, roedd beddau'r Cymry gyda'r llechen las o chwareli Dinorwig neu Gorris uwch eu pen yn hynod syml a diffwdan.

Llithrai enwau trefi a phentrefi Cymru dros ein gwefusau wrth inni symud o un bedd i'r llall, a theimlem mor wir ydoedd y dywediad hwnnw gan hanesydd o fri fod gan bron bob teulu yng Nghymru rywun a ymfudodd o'u plith yn ystod ail hanner y ganrif ddiwethaf neu ddechrau'r ganrif hon.

Erys atgofion cynnes am groeso a boneddigeiddrwydd ein cydgenedl dros fôr Iwerydd. Roedd y gair 'croeso' yn aml iawn yn eu sgwrs, a'r anogaeth Sbaenaidd 'Pasiwch' wrth ein gwahodd i'r tŷ yn ein difyrru'n fawr. Yn ystod y chwe wythnos crwydrasom lawer o un fferm i'r llall gan dderbyn croeso tywysogaidd.

Y Dyffryn a Chwm Hyfryd
Er inni weld darluniau o'r Dyffryn a Chwm Hyfryd cyn ein hymweliad, roedd gweld y wlad drosom ein hunain yn wledd i'r llygaid. Mae i'r Dyffryn, er ei fod yn wastad a sych braidd, ei swyn arbennig ei hun—swyn yr anghyfarwydd. Ymestyn am oddeutu chwe deg o filltiroedd, ac o boptu iddo, heibio i'r bryniau bach crynion (lle ceir cregyn a cherrig llyfn i'n hatgoffa i'r môr unwaith fod drosto), edrychir draw i'r peithdir am filltiroedd bwygilydd. Plannodd y Cymry cyntaf goed poplys ar hyd ac ar led llawr y dyffryn, a rhwng y rheini a'r helyg wylofus uwchben afon Camwy ceir gwyrddlesni dymunol ar hyd yr heolydd unionsyth llychlyd.

Pan aethom i fyny i Gwm Hyfryd, taith a gymerodd dri chwarter awr mewn awyren ond a olygodd rhwng tri a phedwar mis o deithio mewn wagenni i'r Cymry cyntaf, cyfodai mawredd mynyddoedd yr Andes yn olygfa ysblennydd ger ein bron. Teimlem fel y Salmydd pan ddywedodd, 'Dyrchafaf fy llygaid i'r mynyddoedd', wrth edrych arnynt yn werthfawrogol. Dwysawyd y profiad hwnnw wrth orfod ffarwelio â'r wlad a'i phobl a dychwelyd i'n cynefin. 'Hasta luego' Gymry'r Wladfa, a llawer o ddiolch am amser bythgofiadwy i ddau ddieithryn o Gymru fach.

Cyhoeddwyd 1975

Cyfrifoldeb y gwrandawr

Pam y mae cynifer o bregethau da yn cael cyn lleied o wir effaith ar y gynulleidfa? Dyma gwestiwn syml a gonest iawn ar yr wyneb ond sydd mewn gwirionedd yn codi cyfrolau o ystyriaethau ynghylch natur a swydd pregethu yn ogystal â chyfrifoldeb arbennig gwrandawyr y Gair. Nid er dim y disgrifiwyd swydd y pregethwr fel 'y barchus arswydus swydd'. Gall ambell bregethwr swyno ei gynulleidfa drwy ei arabedd a'i huodledd geiriol; gall un arall greu ymdeimlad o edifeirwch ffug yn ei gynulleidfa. Nid anaml hefyd y gwelir pregethwr yn bodloni teithi meddyliol ei wrandawyr heb ddylanwadu dim ar eu heneidiau na'u hewyllys. Ymwybod â'r peryglon hyn a gorfod cyfaddef mai i ddiddymdra ysbrydol y mae'r math yma o bwyslais yn arwain a barodd fod mwy nag un yn y dyddiau hyn yn gofyn y cwestiwn uchod. Ac, yn ddi-os, syniadau llac a thlawd ynghylch natur a swyddogaeth pregethu sy'n gyfrifol yn fwy nag odid ddim arall am y tlodi mawr ysbrydol a welir o'n cwmpas heddiw.

Cyfrifoldeb y gynulleidfa
Ond gadewch inni am y tro roi o'r neilltu gyfrifoldeb unigryw y cennad o flaen ei Dduw a chanolbwyntio ein sylw ar gyfrifoldeb y gwrandawr a'r gynulleidfa. Hawdd iawn yw beio'r pregethwyr. Faint ohonom ni wrandawyr sy'n ymwybodol o'r cyfrifoldeb mawr sy'n gorwedd ar ein hysgwyddau ni am 'lwyddiant' oedfa a phregethu? Adroddir am Daniel Rowland yn datgan yn hyderus wrth iddo glywed y Methodistiaid cynnar yn agosáu at Langeitho dan ganu, 'Maen nhw'n dod ac maen nhw'n dod â'r nefoedd gyda nhw.' Digon tebyg mai felly yr oedd hi yn hanes yr hen Iddewon pan agosaent at Jerwsalem a dod i olwg ei thyrrau gwynion yn disgleirio'n odidog yn yr haul, 'O byrth, dyrchefwch eich pennau . . . a Brenin y gogoniant a ddaw i mewn.' Hoff emyn Dafydd Jones, Llan-gan, pan ddechreuai'r oedfa gymundeb fore Sul cyntaf y mis yn eglwys Gyfylchi, nid nepell o Don-mawr, Pont-rhyd-y-fen, oedd y pennill hwnnw o waith Thomas Williams, Bethesda'r Fro:

> Chwythed yr awel denau, lem,
> Dros fryn Caersalem newydd;
> Fel byddo'n hysbryd ni mewn hwyl
> Yn cadw gŵyl i'r Arglwydd.

Digon am y gorffennol. Sut tybed y daw y mwyafrif mawr ohonom ni i foddion gras heddiw? Ai ar frys gwyllt a'n meddyliau yn un gybolfa flêr o ystyriaethau pell iawn o fyd yr Ysgrythur ac addoliad? Fe'n hanogir i wylio ar ein traed fel y deuwn i dŷ Dduw. Oni ddylem wylio ar gyflwr ein meddyliau a'n hysbrydoedd hefyd? 'The world is too much with us', meddai un bardd o Sais, a hyn a deimlir mor aml am gynulleidfaoedd ein heglwysi. Nid yw eu hysbryd o bell ffordd yn aeddfed i wir addoliad na'u meddwl yn awyddus nac yn agored i ddylanwadau grasusol yr Ysbryd Glân.

Wrth esgyn i'r pulpud fe ŵyr pregethwr yn aml p'run a oes gwir awyrgylch addoli yn yr oedfa ai peidio ac a fydd gan y gynulleidfa glust i wrando ar y genadwri. Tlodi brawychus yw tlodi ysbrydol, boed hwnnw mewn unigolyn neu gynulleidfa. Ond gwaeth o lawer na hynny yw'r tlodi ysbrydol hwnnw mewn credinwyr nas cyfaddefir ac sy'n troi yn y diwedd yn galongaledwch haearnaidd a hunanddibynnol. Does ryfedd i'r emynydd erfyn am gael 'cloddio drwy'r parwydydd tewion/ Drwodd atat Ti fy Nuw'. Mor wahanol yn wir fyddai ein hoedfaon, ein seiadau, ein cynadleddau a'n hencilion petai pawb a ddaw iddynt yn gofyn y cwestiwn ymlaen llaw, 'Beth y mae Duw am i mi ei weddïo dros yr oedfa neu'r oedfaon arbennig hyn?' A'i ofyn a'i ail ofyn gerbron Duw mewn gweddi nes cael yr ateb a'r tangnefedd meddwl sy'n dilyn.

Gwneuthurwyr y gair

Yn dilyn hyn, dichon y caem ein hunain yn gwbl naturiol yn gweddïo dros y pregethwr ac yn gofyn yn arbennig am iddo gael ei warchod rhag y drwg a'i dywys gan yr Ysbryd Glân. Yn y gorffennol, bu cynulleidfaoedd Cymru mor barod i bwyso ar eu gweinidog gan ddisgwyl iddo ef frwydro'n galed am oleuni ac eglurder a nerth heb fawr ddim eiriolaeth ar ei ran. Druan ohonom! Nid ydym yn brin o geffylau blaen yn eglwysi Cymru ond rydym yn druenus o brin o eiriolwyr yr ystafell ddirgel. Gwesgir arnom o bob tu gan syniadau a gwerthoedd y byd hwn. Gwyn ein byd na ddeuai gwerthoedd a rhagorfreintiau'r byd a ddaw yn bwysig eto yn ein golwg.

Dywed yr Apostol fod daioni Duw yn tywys y pechadur i edifeirwch. Felly hefyd y dylai oedfa a fu'n gynorthwyol ein harwain i fyfyrdod pellach arni ac i well buchedd a rhodiad. Dyma ein cyfrifoldeb a'n dyletswydd amlwg ni fel gwrandawyr. Er enghraifft, os cawsom ein dwysbigo ynghylch ein diffyg cariad tuag at Dduw a'n cyd-ddyn, dylem ymbil am drugaredd gan ymroi'n ddiwyd i ddiwygio'n ffyrdd. Os gwelsom fod llwybrau gweddi a myfyrdod yn llwybrau anghyfarwydd i ni, dylem eu ceisio heb oedi mwy. Heddiw, heddiw, heddiw ydyw amser Duw.

O ddyddiau'r anialwch a'r tabernacl yn yr Hen Destament hyd 'nef newydd a daear newydd' llyfr y Datguddiad, anogir y credadun drwy'r Ysgrythur i fod yn 'berffaith'. Ymdraffertha Paul yn barhaus i annog y saint tuag at berffeithrwydd y dyn newydd yng Nghrist. Gwêl y gweinidogion, yn ei lythyr at yr Effesiaid, fel y rhai hynny a alwyd i berffeithio'r saint (Effesiaid 4:12). Mae'n alwad fawr, yn alwad gref, ac mae'n alwad i ni heddiw.

Os oes cwyn gan wrandawyr Cymru yn erbyn ei phregethwyr, tybed a oes cwyn gan Dduw yn ein herbyn ninnau i gyd nad ydym yn ei geisio na'i garu Ef â'n holl galon, â'n holl enaid ac â'n holl nerth fel y dylem? 'Ei bobl ef ydym, a defaid ei borfa.' 'O blant bychain, ymgedwch oddi wrth eilunod.'

Cyhoeddwyd 1976

Ymweld ag Awstralia

Taith bregethu fy mhriod yn Awstralia, am saith wythnos, ar
wahoddiad eglwysi efengylaidd ger Melbourne a
Chymdeithas Eglwysi Efengylaidd Awstralia
11 Medi –30 Hydref 1979

Profiad hynod ym maes awyr Heathrow yw gwrando ar ru pwerus yr awyrennau sy'n codi'n gyson i'r awyr a theimlo awyrgylch y mynd a'r dod ymhlith pobloedd sydd mor nodweddiadol o'n cyfnod ni. Profi hefyd y dwyster hwnnw sy'n perthyn i groesawu a ffarwelio, boed hynny yn oes y llongau hwylio neu'r jet.

Hedfan

Gyda theimladau cymysg, felly, y byrddiasom ill dau y jymbo-jet enfawr oedd i'n dwyn i Awstralia am saith wythnos. Hedfanasom mewn byr dro dros Ewrop, a chyn bo hir gwelem ein bod yn teithio dros anialwch tywodlyd Saudi Arabia, a hynny am filltiroedd meithion. Yna glanio yn Bombay a gweld cytiau tlawd y brodorion, a weithiai yn y caeau reis, yn edrych yn fwy cyntefig fyth o'u cymharu â pheirianwaith uchel-ael yr awyren. Croesi wedyn ar draws India i gyfeiriad Madras, ac yna dros y cefnfor i Indonesia, a'r peilot yn llawn disgrifiadau byw o'r modd yr oedd yr awyren yn dringo i'r entrychion i osgoi croeswyntoedd islaw. Dod i lawr wedyn yn Brunei lle gweithiai gŵr y wraig o Gernyw, a eisteddai wrth ein hochr, fel peiriannydd yn y meysydd olew yno. Ni chaem ganiatâd y wlad i adael yr awyren oherwydd helyntion diweddar gyda chwmni o herwgipwyr. Roedd yn nos erbyn i ni gyrraedd yno a'r gwres trofannol yn dod yn chwaon cynnes i mewn atom, ac acenion y staff brodorol tywyll a wibiai i mewn i lanhau'r awyren yn ein hatgoffa'n fyw ein bod mewn dim o dro ymhell iawn o Gymru fach.

Anodd dros ben oedd ceisio cysgu ar yr awyren, a'r adnod a ddeuai amlaf i'r cof oedd honno sy'n dweud mor gysurlon fod 'y breichiau tragwyddol' oddi tanom.

Glanio yn Sydney

Fodd bynnag, ni pharhaodd y nos yn hir, ac fe lanwyd yr awyren â phelydrau tanbaid yr haul yn codi yn ei ogoniant y tu draw i'r Mynyddoedd Gleision sydd union y tu cefn i Sydney. Glaniasom yno'n ddiogel am saith o'r gloch y bore, a'r peilot yn ymddiheuro ein bod bum munud yn hwyr! Yna codi drachefn, ond nid cyn i ni gael golwg glir ar y porthladd enwog hwn a godwyd gyntaf pan hwyliodd y Capten Arthur Phillip gyda'i un cwch ar ddeg yn 1788 i mewn i Fae Botany. Yn y cychod hyn roedd 1,024 o Brydeinwyr, 770 ohonynt yn garcharorion. A'r glaniad hwn, wrth gwrs, oedd cychwyn gwladoli'r wlad gynhyrchiol hon. Cawsom gipolwg o'r awyr hefyd ar y bont fyd-enwog a godwyd yn 1932 ac ar y Tŷ Opera ar ffurf gyfansawdd hwyl flaen llong, a agorwyd yn 1973.

Hedfanasom ymlaen wedyn i Melbourne yn nhalaith Victoria i gael ein croesawu'n gynnes gan y Parch. John Carmichael, gweinidog Eglwys Efengylaidd Dingley—yr eglwys a oedd yn bennaf cyfrifol am wahodd Elwyn i bregethu mewn cenhadaeth athrawiaethol am wythnos cyn iddo fynd rhagddo i annerch mewn gwahanol ganolfannau ar y thema 'Cadw Undeb yr Ysbryd', sef anerchiadau a phregethau a fyddai'n canolbwyntio'n arbennig ar y pwysigrwydd o sicrhau gwir unoliaeth ysbryd ymhlith Cristnogion.

Pythefnos ym Melbourne

Profiad cofiadwy oedd gweld fel y gall agor y Gair un noson ar ôl y llall, dan nawdd eglwysi efengylaidd byw, gynhesu calonnau'r credinwyr sy'n dod ynghyd, cryfhau eu gafael ar y gwirionedd a'u clymu mewn cariad at yr Un a'u carodd ac at ei gilydd. Defnyddid y cyfarfodydd i efengylu hefyd, a gwelid amryw yn gwahodd perthnasau neu gymdogion i ddod gyda hwy i'r cyfarfodydd.

Drwy'r wythnos gychwynnol hon yn Awstralia caem gyfle, nid yn unig i gwrdd â gwahanol rai, ond hefyd i werthfawrogi tipyn ar ehangder y wlad ac i geisio ein haddasu ein hunain ar gyfer gwanwyn cynnar. Rhyfedd iawn un prynhawn oedd cerdded i mewn i barc ym mynyddoedd y Dandenongs, yn union y tu cefn i Melbourne, a chael ein croesawu'n wylaidd gan lu o gennin Pedr, a ninnau'n credu i ni eu gweld eisoes eleni ym mis Mawrth! Dim ond elyrch duon mewn llyn cyfagos a'n hatgoffai am y cyfandir newydd yr oeddem arno bellach.

Yr wythnos ganlynol cynhaliwyd y rhan fwyaf o'r cyfarfodydd yng Ngholeg Beiblaidd Carlton yng nghanol dinas brysur Melbourne, pryd y gwyntyllwyd gwahanol agweddau ar bwnc diogelu undeb ymhlith y gwir gredinwyr. Traddododd Elwyn gyfres o anerchiadau ar 'Sut y dylid delio â gwyriad yn yr eglwys', a gwerthfawrogwyd y pwyslais deublyg, sef sut y dylid delio â brodyr sy'n gwahaniaethu â ni mewn materion athrawiaethol, a sut y dylid delio â gau athrawon. Pwysleisiwyd bod byd o wahaniaeth rhwng y ddau wyriad ac yn yr hyn a ddylai nodweddu ein hagwedd tuag atynt. Gyda'r hwyr, cynhaliwyd oedfaon mwy cyffredinol eu hapêl ar yr un thema yn Eglwys Fedyddiedig Lygon Street lle roedd y Parch. Brian Harper (cyfaill coleg i'n cydweinidog ym Mhen-y-bont) yn gweinidogaethu'n ffyddlon ers rhai blynyddoedd.

Ymlyniad dwfn enwadaeth

Hawdd oedd canfod wrth sgwrsio a thrafod fod y carfanau efengylaidd yn fwy ar wahân lawer yn Awstralia nag ym Mhrydain a bod amryw o'r gweinidogion yn gwylio gyda diddordeb y cydweithio sy'n digwydd yn y Cyngor Efengylaidd Prydeinig a hefyd ym Mudiad Efengylaidd Cymru. Roedd yn hawdd deall yr ymlyniad dwfn wrth enwadaeth o gofio mai gwlad gymharol ifanc yw Awstralia a bod yr enwadau gwahanol yn cynrychioli cortynnau eu hymlyniad â'u gwreiddiau. Teimlai eraill y dylai eu hymlyniad wrth y gwirionedd fod uwchlaw enwadaeth ac y dylid cael mesur o gyd-ddealltwriaeth ac o gymdeithasu, yn enwedig ar wastad y gweinidogion a'r arweinwyr. Gwelid tueddiadau Americanaidd yn gryf ar bob llaw, a'r efelychiadau ym myd crefydd yn llwyddo i ddiraddio yn hytrach na dyrchafu'r efengyl.

Ar wahân i gynadleddau o'r natur a ddisgrifiwyd uchod, cynhwysai'r rhaglen osodedig gyhoeddiadau i bregethu mewn gwahanol eglwysi. Wrth edrych ar y rhaglen am un Sul gwelwn fod Elwyn i bregethu mewn dwy eglwys wahanol ym Melbourne. Yr hyn na wnaethom sylweddoli oedd y byddai'r daith i'r ddau gyhoeddiad, yng ngwahanol begynau'r ddinas, yn ôl ac ymlaen yn tynnu am gant ac ugain o filltiroedd!

Taith hirfaith

Wedi pythefnos hapus a phrysur ym Melbourne, rhaid oedd ffarwelio dros dro a mynd ar daith hirfaith yn y car i Dde Cymru Newydd a gweithio mwy yng nghyffiniau Sydney. Dyma un hanesyn diddorol sy'n gysylltiedig â chychwyn y daith. Benthyciwyd car ar gyfer y tair wythnos o deithio gan wraig ganol oed, wreiddiol iawn ei chymeriad a llwyr ryfeddol ei hymgysegriad fel Cristion, o eglwys John Carmichael, trefnydd yr ymweliad. Wrth drosglwyddo'r car, dywedodd yn garedig wrth ei gweinidog am beidio â blino ei hun yn ormodol yn

161

gyrru. 'O peidiwch â gofidio', meddai yntau wrthi, 'mae'r car yma'n digwydd bod yr un model yn union ag sy gan Mr Davies at ei wasanaeth gartref, ac fe fydd ef yn gallu gyrru bob yn ail â mi.' Ateb rhyfeddol o sydyn y gymwynaswraig oedd, 'Dyna un clyfar yw'r Arglwydd!' Wrth fynd ar y daith dair wythnos yn y Datsun a chwmpasu dros dair mil a hanner o filltiroedd (a hyn yn dod â ni yn gyson i gysylltiad â Christnogion o wahanol gefndiroedd), ac wrth weld y cydblethu rhyfeddol a ddigwyddai o ddydd i ddydd, cawsom achos lawer gwaith i adleisio geiriau'r wraig radlon o Dingley—heb anghofio yr un pryd y cyfeillion a'r caredigion a oedd yn gweddïo drosom yng Nghymru.

Buom am yn agos i bythefnos yn ardal Sydney gan deithio oddi yno i wahanol oedfaon, ac am ddeuddydd aethom gan milltir i fyny'r arfordir i borthladd Newcastle. Yno ceid gweithfeydd glo a haearn, ac ardal ydyw y bu llawer o gyrchu o Gymru iddi yn y gorffennol. Yn Victoria ceid dinas Ballarat, ardal a fu'n enwog dros ben am ei mwynfeydd aur. Ar un adeg roedd wyth capel Cymraeg yn yr ardal honno. Heddiw ceir un (o ran enw) a chwrddasom â'r gweinidog yn un o'r cynadleddau—gŵr a hanai o'r Alban ond a oedd yn llawn ei sêl a'i ddiddordeb yn nhraddodiadau Cymru.

Coleg Hudson Taylor

Cynhelid amryw o'r cyfarfodydd yn Sydney yng Ngholeg Beiblaidd Croydon, a diddorol i ni oedd clywed i'r coleg gael ei sefydlu gan y cenhadwr enwog Hudson Taylor, a hynny yn bennaf ar gyfer ymgeiswyr am y meysydd cenhadol. Ychwanegwyd at yr adeilad gwreiddiol ac roedd oddeutu 70 o fyfyrwyr yno. Yr hyn y sylwem ni arno oedd fod llawer o Gristnogion ifanc yn cyrchu i'r colegau beiblaidd i ddyfnhau eu gafael ar yr athrawiaethau Cristnogol, ac nid yn bennaf i baratoi ar gyfer y weinidogaeth na'r maes cenhadol fel ym Mhrydain.

Oedfa gofiadwy

Fel y gellid disgwyl, amrywiai'r cyfarfodydd yn fawr o ran nifer ac ansawdd, o oedfaon lluosog yn Eglwys Efengylaidd Gymea i oedfa fechan ar aelwyd gŵr a gwraig a hanai o Ddyfnaint yn ardal fynyddig Katoomba. I'r cyfarfod hwn deuai oddeutu wyth o bobl ifanc yn eu hugeiniau cynnar. Cyfarfyddent â'i gilydd yn wythnosol i astudio'r Beibl a gweddïo (yn arbennig am ddiwygiad). Ac eithrio mab yr arweinydd, roedd pob un ohonynt wedi cael tröedigaeth syfrdanol o leoedd pell, a phob un ohonynt bellach yn dilyn eu Gwaredwr gyda'r un afiaith ag a roesant yn flaenorol i bethau'r byd. Ar waethaf y storm o fellt a tharanau y tu allan roedd y cyfarfod hwn yn un o'r rhai mwyaf cofiadwy.

Cynhaliwyd un cyfarfod yn ystod yr awr ginio yn y Tŷ Beiblau yn Sydney, adeilad hardd pum llawr yng nghanol y ddinas. Roedd yn braf i Gymry o wlad Mary Jones a Thomas Charles gael dweud gair yno. Dyna pryd y cwrddasom â Graeme Smith, a weithiai bellach yn y Tŷ Beiblau ond a fu allan gyda'i briod am flynyddoedd ym Madagascar, ac roedd yn gydnabyddus iawn â chenhadon o Gymru yno. Yn ddiweddarach, cawsom y fraint o aros ar ei aelwyd pryd y cwrddasom â nifer o weinidogion o garfan efengylaidd yr Annibynwyr a wrthododd ymuno â'r Eglwys Unedig fodernaidd ei naws.

Hyfryd iawn hefyd tra yn Sydney oedd cael aros yng nghartref y Parch. Barry Blake-Lobb a'i wraig—gweinidog gyda'r Bedyddwyr sy'n briod â merch o Ben-y-cae ger Wrecsam, a braf oedd cael sgwrsio yn Gymraeg mor bell oddi cartref.

Gyda chalon drom y ffarweliasom â Sydney i wynebu'r daith ddeuddydd i lawr i Adelaide, prifddinas talaith De Awstralia. Wedi'r cyfan, pan gofir am hinsawdd gynnes a chlir Sydney, prydferthwch digymar ei harbwr a'i glannau (a atgoffodd Capten Cook o arfordir De Cymru a'i enwi felly), amrywiaeth di-ben-draw ei choed a'i phlanhigion a'i hadar lliwgar, ac yn goron ar y cyfan yr ymdeimlad o wir gymdeithas a geir â Christnogion ym mhob rhan o'r byd, efallai nad anodd fyddai deall ein hamharodrwydd i ganu'n iach!

Y berfeddwlad
Dringo wedyn i'r mynyddoedd hynny sydd â gwawl las arbennig arnynt oherwydd sudd y coed ewcalyptws sydd mor nodweddiadol o'r ardal. Wrth ddisgyn i'r gwastatir islaw, deall oddi wrth ein llyfr teithio mai goresgyniad y bryniau uchel a chribog hyn gan Blaxland, Wentworth a Lawson yn 1813 oedd y cam pwysicaf yn hanes agor allan y fewnwlad i'r ymfudwyr cyntaf. Yr hyn a welem, felly, am filltiroedd meithion, oedd ffrwyth agor allan y wlad gan yr ymfudwyr o'r gwahanol wledydd. Ar bob llaw i'r ffyrdd unionsyth gwelem gaeau o faintioli anferth yn llawn o ddefaid gwlanog neu dda byw eraill. Dro arall gwelem gaeau yn llawn o'r cnydau cynnar fel ein mis Ebrill ni yng Nghymru.

Wrth barhau i deithio y diwrnod canlynol, wedi bwrw'r noson yn nhref wledig Hay, daethom i wlad y gwinwydd a'r ffrwythau a gwelsom berllannau lliwgar o orenau a lemonau am filltiroedd lawer. I dorri tipyn ar feithder y daith, aethom i weld y Pioneer Settlement yn Swanhill, amgueddfa debyg iawn i Sain Ffagan. Yno fe geid popeth perthynol i fywyd yr ymfudwyr cyntaf ar lannau'r Murray, a hynny o fewn tafliad carreg i'w gilydd. Roedd llawer o blant ysgol yno yn cael profi, dan ofal craff eu hathrawon, beth o swyn a rhamant y dyddiau arloesol cynnar—ond yn bell iawn yn amseryddol o gael profi'r caledi a'r gwae.

Adelaide a De Awstralia

Dinas wedi ei chynllunio'n ddestlus o'i chychwyniadau cynnar yw Adelaide, a'i strydoedd hir cymesur a choediog yn ddeniadol dros ben, ac yn ei gwneud yn anodd i neb fynd ar goll ynddynt. Profiad cofiadwy oedd gyrru drwy'r ddinas gyda'r hwyr i'r oedfaon a gynhelid yno, a gweld y goleuadau'n llewyrchu o gwmpas y ffynhonnau addurnedig yn y gwahanol barciau.

Unwaith eto daethom i gysylltiad â Christnogion gloyw, ac yn eu plith fab i gyfnither i mi, myfyriwr ym Mhrifysgol Adelaide, a'n hysbysodd yn gadarn, yng nghysgod gofid am waeledd ei dad, 'Deuthum yn Gristion dair blynedd yn ôl.' Un prynhawn trefnodd y Parch. Norman Porter, cyfaill i Elwyn er dyddiau cynnar y Cyngor Efengylaidd Prydeinig, i ni ymweld â Thŷ'r Cyffredin yn Adelaide i wrando ar y gweithrediadau. Yr wythnos flaenorol roedd llywodraeth newydd ryddfrydol wedi dod i rym, ac ymysg ei rhengoedd roedd cryn hanner dwsin o Gristnogion. Mae'n debyg i'r Llywodraeth Lafur a oedd mewn bri ynghynt gael ei dymchwel yn hynod annisgwyl, ac roedd amryw a ymboenai ynghylch cyflwr moesol y wlad yn argyhoeddedig fod hynny wedi digwydd mewn ateb i weddi. Gwlad yr ymfudwyr rhydd fu De Awstralia o'i chychwyn, a'i deddfau yn hynod Gristnogol hyd ddyfodiad dylanwadau mwy di-Dduw y blynyddoedd diwethaf.

Gyda'r Cymry

Erbyn teithio gwaith diwrnod o Adelaide i Melbourne, roedd diwedd yr ymweliad i'w weld ar y gorwel, er i Elwyn ddiwedd yr wythnos honno hedfan i Perth a chwblhau ei raglen drwy annerch saith o gyfarfodydd o fore Gwener hyd nos Sul, gan gynnwys, am dri o'r gloch brynhawn Sul, arwain oedfa Gymraeg. O gofio bod y daith o Sydney i Perth cyn belled ag o Lundain i Moscow, nid yw'n anodd deall fy mhenderfyniad tawel i ddefnyddio'r penwythnos i ganolbwyntio'n hytrach at hel ein pac i gael dychwelyd nôl i Gymru.

Llawenydd arbennig yr wythnos olaf hon ym Melbourne, wedi'r pregethu a'r cysylltu a fu, oedd gweld cryn bymtheg o weinidogion (a gynrychiolai wahanol enwadau a safbwyntiau efengylaidd) yn dod ynghyd am ddeuddydd i'r coleg yno i drafod y posibilrwydd o gychwyn Cyngor Efengylaidd yn Awstralasia, ynghyd â rhwydwaith o gymdeithasau gweinidogion efengylaidd ar batrwm yr hyn a ddigwyddodd yng Nghymru ers blynyddoedd, ac sydd bellach ar gynnydd yn Lloegr.

Ffarwelio

Ar y nos Lun, cyn inni ddychwelyd adref drannoeth, trefnwyd cwrdd ffarwél yng Ngholeg Beiblaidd Melbourne, a hir y pery'r atgofion cysegredig amdano. Er bod Elwyn wedi teithio drwy'r nos i gyrraedd Melbourne o Perth erbyn chwech o'r gloch y bore hwnnw, ac er mân drafferthion gofalu bod popeth yn barod ar gyfer y daith yn ôl i Gymru drannoeth, codwyd ni i dir uchel gan frwdfrydedd y cwmni hwn o ffrindiau a ddaeth ynghyd i ddiolch ac i ddymuno'n dda. Cydnabyddid yn ddiolchgar garedigrwydd y Mudiad yn rhyddhau Elwyn o'i ymrwymiadau yng Nghymru dros y saith wythnos yn Awstralia.

Bellach dychwelsom i Gymru at deulu a cheraint, ac ymddengys yr ymweliad ag Awstralia fel seren wib o freuddwyd. Daethom yn ôl gan werthfawrogi fwyfwy yr hyn sydd gennym yng Nghymru, nid yn unig ein hetifeddiaeth Gristnogol goeth, ond hefyd yr ymwybyddiaeth gyfoes fod corff o bobl, hen ac ifanc, yn cyd-ddyheu ac yn cydweithio i godi'r dystiolaeth efengylaidd eto ar dir ein gwlad.

Cyhoeddwyd 1980

Y wraig rinweddol

Pe baem yn cribinio drwy lenyddiaeth gain y byd, ni chaem ddarlun harddach a mwy cynhwysfawr o'r wraig rinweddol na'r un a geir yn Llyfr y Diarhebion 31:10-31. Portread ydyw sy'n ymdebygu i'r disgrifiad grymus o gariad a geir yn 1 Corinthiaid 13. Ni ellir ychwanegu ato, a phob tro y myfyriwn amdano daw rhyw oleuni newydd i ni'n barhaus. Mae'n wir mai gwraig o uchel dras a ddisgrifir yma, un â morynion i weini arni a thiroedd i'w trafod, ond gellir dweud yn ddiogel, os gall rhinwedd a moes a gofal dros eraill flodeuo mewn hinsawdd mor faterol, y gallant yn sicr fod yr un mor wir am ferched sydd â llai o freintiau materol. 'Mor anodd,' medd yr Arglwydd Iesu, 'yr â'r rhai y mae golud ganddynt i deyrnas Dduw!'

Cefnogi'r gŵr

Y peth cyntaf a ddywedir am y wraig rinweddol yw fod 'calon ei gŵr' yn 'ymddiried ynddi'. Mor aml, pan ddarllenwn gofiannau gwŷr blaenllaw megis Luther, Thomas Charles, John Elias neu Hudson Taylor, y gwerthfawrogwn le eu gwragedd yn y cynnal a'r gefnogaeth a fu iddynt yn eu llafur diflino. Gallai'r gwŷr hyn ymroi'n frwdfrydig i genhadu, pregethu a chynghori am fod ganddynt gymar a oedd yn un â hwy yng ngwaith mawr eu bywyd, gan beri bod y gwaith hwnnw'n effeithiol a sylweddol. Prif nod y gŵr a'r wraig yw gogoneddu Duw yn eu bywyd ond bod un ohonynt, gan amlaf, yn fwy cyhoeddus a'r llall yn cynnal ei freichiau, fel y cynhaliodd Aaron freichiau Moses gynt. Pan fo gwraig wedi ymrwymo i'w gŵr yn y bwriad o wneud iddo 'les, ac nid drwg, holl ddyddiau ei bywyd', gwelir gogoniant y stad briodasol yn ei llawnder.

Does dim arlliw o ysbryd diraddiol o safbwynt y wraig yn perthyn i'r trefniant hwn gan mai felly y bwriadodd Duw i bethau fod. Nid oes modd rhagori ar ddoethineb ei ffyrdd ef. Fel y dywed Wurmbrand mor glir a chryno yn un o'i weithiau: 'Man and woman together comprise the fullness of humanity.' Wrth adeiladu ar y sylfaen hon, sylweddolwn fod holl weithgarwch y wraig yn digwydd mewn cyd-destun ysbrydol a thragwyddol. Hyn sy'n rhoi sglein ac urddas ar ei bywyd o ddydd i ddydd, a hynny'n aml yn wyneb anawsterau, caledi a siom.

166

Er ei bod yn wraig ysbrydol, nid duwioldeb person wedi cefnu ar gyfrifoldebau bywyd a geir yma ond ymroddiad gwraig â chyfrifoldeb teulu o faint ar ei hysgwyddau. Pwysleisir ei diwydrwydd a'i medrusrwydd ymarferol, ac yn sicr mae gallu trefnu cartref yn ddawn y mae'n rhaid gweithio'n galed iawn i'w pherffeithio.

Sonnir yn ddiraddiol heddiw am 'y wraig tŷ', ond nid dyma'r safbwynt beiblaidd. Sylwn ar y wraig hon: er ei bod yn wraig o dras yn 'gweithio â'i dwylo yn ewyllysgar', iddi gymryd ei gŵr, ei phlant a'i chartref fel sialens feunyddiol, a does dim yn ormod o drafferth ganddi i sicrhau bod cytgord a chariad a threfn yn ffynnu rhwng muriau ei theyrnas. I'r diben hwn mae hi'n 'feddwl i gyd' a'i holl gyneddfau ar waith i wneud ei chartref yn fan lle bydd ei phriod a'i phlant yn falch o gael dychwelyd iddo, waeth beth fu problemau a phrysurdeb y dydd.

Rai blynyddoedd yn ôl, sylwais yn arbennig ar gynnwys rhaglen ddogfen ar y teledu a oedd yn trafod rhwygiadau a thristwch y sefyllfa yng Ngogledd Iwerddon, gan dalu teyrnged i'r ffaith fod llawer o'r ysgolion o'r ddwy garfan yn glynu wrth safonau uchel o ofal dros eu disgyblion. Meddai un brifathrawes wrth gael ei holi, 'We've tried to make them into havens of peace and tranquility in a troubled world.' Dyna'n union y dylai'r cartref Cristnogol anelu ato. Ac ni all fod yn noddfa felly oni bai fod y wraig â phob gewyn ar waith yn cadw'r cyfan i redeg yn esmwyth. Ac y mae hyn yn golygu trefniadaeth fanwl a meddwl praff a miniog.

Yn sicr, mae'r darlun o'r wraig rinweddol yn llyfr y Diarhebion yn pwysleisio'r gradd o ymroddiad sydd ei angen ar wraig i lawn gyflawni ei galwedigaeth uchel. Er bod ganddi forynion i wneud y gwaith, hi sy'n gosod y safon o ddycnwch ac ymroddiad. Gall weithio'n fedrus waith nodwydd gyda'i dwylo neu droi'r droell i nyddu, heb deimlo bod dim yn israddol mewn gwneud y gorchwylion ymarferol hyn. Dro arall gall droi ei meddwl at gyfnewid ei nwyddau'n fasnachol a dwyn ei 'hymborth o bell', heb deimlo mai cyfrifoldeb i rywun arall israddol ydyw. Mae ei chalon yn ei gwaith o godiad haul hyd fachlud. Does dim asgwrn diog yn perthyn iddi. Yn achlysurol gall droi ei golygon at faes a'i brynu gan blannu gwinllan ynddo a throi'r cyfan yn fantais i'w gŵr a'i theulu.

Diddorol yn y cyswllt hwn yw darllen hanes gwraig Luther, Catrin, oedd mor egnïol a chyfrifol bob tipyn â'r wraig rinweddol a bortreadir yma. A beth am wraig Thomas Charles neu wraig John Elias yn cadw siop er mwyn i'w gwŷr gael bod yn rhydd o ofal ariannol? Da hefyd yw cofio bod llu o ffermydd a thyddynnod bach yng Nghymru yn cael eu rhedeg yn effeithiol tra marchogai'r gŵr filltiroedd lawer i weinid-ogaethu mewn dyddiau o fendith.

Gwisgo'n ddeniadol

Sonnir hefyd fod y wraig rinweddol yn gwisgo mewn 'sidan a phorffor', arwydd sicr o'i huchel dras, ond awgrym yr un pryd y dylai gwraig wisgo'n ddeniadol a dymunol i'r llygad. Mae'n bosibl methu drwy dalu rhy ychydig yn ogystal â gormod o sylw i'r wedd yma ar ein bywyd. Fel roedd y ferch cyn priodi yn awyddus i fod ar ei gorau yn cwrdd â'i darpar ŵr, felly hefyd y dylai wneud ymdrech fwriadol i wisgo mor ddeniadol ag y bo modd i lonni ei galon yn y blynyddoedd priodasol. Wedi'r cyfan, mae athrawon, meddygon a phobl o bob proffesiwn, yn ogystal â staff pob cwmni, siop neu sefydliad, yn gwisgo mor addas a dymunol â phosibl i godi statws y gwaith a wneir ganddynt. Paham felly na ddylai'r fam bob amser ofalu am y wedd yma i'w bywyd, gan wisgo lliwiau sy'n gweddu iddi ac yn ei gwneud yn ddeniadol? Gall olygu mwy nag y mae neb yn ei feddwl i briod a phlant.

Sylwn ymhellach ar ei hymddygiad fel meistres y tŷ yn cadw llygad manwl ar bob aelod o'r teulu gan osod tasgau iddynt sy'n gweddu i'w galluoedd. Mae gosod y bwrdd i blentyn bach yn gymaint o orchwyl â golchi a chadw'r llestri i blentyn hŷn. Gall un plentyn fwynhau gweithio yn yr ardd tra bydd helpu'r fam i siopa neu baratoi pryd o fwyd yn gweddu'n well i un arall. Wrth fagu plant mae'n hynod o bwysig ein bod fel mamau yn sensitif i bersonoliaeth pob un o'n plant ar ei ben ei hun, heb ei gymharu â neb arall. Pan fydd plentyn yn anufudd neu'n anodd, gall cerydd llym ddod ag ambell un i weld drygioni ei ffyrdd pryd y byddai gair yn ei bryd mewn dull mwy pwyllog yn gweddu'n well i un arall. Un o ddirgeledigaethau mawr bywyd yw cysegredigrwydd y bersonoliaeth unigol, a'n braint fel rhieni yw cael rhan allweddol yn natblygiad y creadigaethau unigryw hyn. Ac mae'n gyfrifoldeb mawr.

Gwedd arall ar ei bywyd yw ei gofal dros y tlawd a'r anghenus. 'Hi a egyr ei llaw i'r tlawd, ac a estyn ei dwylo i'r anghenus' (adnod 20). Gallech feddwl bod ganddi ddigon i ofalu amdano heb gynnwys y dosbarth niferus hwn mewn cymdeithas, ond na, hyn sy'n dod â dimensiwn 'cariad at gymydog' i mewn i'r darlun. Caf fy nghyffwrdd bob tro y cofiaf am fam i dri o blant yn un o eglwysi'r De. Gadawodd ei gŵr hi flynyddoedd yn ôl, ac yn awr ei hangen dechreuodd anfon ei phlant i'r ysgol Sul. Yna fe ddechreuodd hithau ddod i'r gwasanaethau.

Bob Nadolig caiff focs o nwyddau gan yr eglwys ond clywais hefyd gan un sy'n ei hadnabod ei bod hithau yng nghanol ei phrinder yn paratoi anrhegion bach i blant a theuluoedd llai breintiedig na hi sy'n byw yn y tai cyngor o'i chwmpas. Cofiaf hefyd mai un o'm hatgofion hyfrytaf am y Wladfa pan oeddem yno ar ymweliad rai blynyddoedd yn ôl oedd clywed fel y byddai teuluoedd o Gymru yn mabwysiadu plant amddifad gan eu magu fel rhan o'r teulu. Tebyg yn ein dyddiau ni yw'r ddolen gyswllt a geir rhwng teuluoedd a phlant yn y Trydydd Byd gyda'r pwyslais ar gyfrannu ariannol yn troi yn gonsýrn gwirioneddol dros y plentyn dan sylw.

Dylai ein cartrefi Cristnogol fod nid yn unig yn hafan ddiogel i aelodau'r teulu ond dylai rhai eraill llai breintiedig ddod i mewn i'w gysgod hefyd. Does dim modd mesur y dylanwad er daioni y gall ymwneud â theulu Cristnogol olygu ym mywyd person ifanc llai breintiedig, neu berson hŷn y bu stormydd bywyd yn chwythu'n galed arno. Rhoddir pwyslais mawr yn y Beibl ar 'osod yr unig mewn teuluoedd' ac am ofal dros y gweddwon a'r rhai di-gefn. Mae'r posibiliadau i'r cyfeiriad hwn yn ddiderfyn ac yn hawlio dychymyg byw ac effro yn ogystal â haelioni dwfn.

Yn rhy aml o lawer, prif wendid pobl sy'n drefnyddion da ac effeithiol yw eu bod yn alaethus o brin o'r grasusau addfwynaf. Gallant fod yn finiog eu tafod neu'n ddrwg eu tymer. Nid felly, sylwer, y mae'r wraig rinweddol. Er iddi garu trefn a destlusrwydd gan drefnu ei chartref yn llyfn a deinamig, 'Hi a egyr ei genau yn ddoeth: a chyfraith trugaredd sydd ar ei thafod hi' (adnod 26). Rhodd uniongyrchol yw hyn oddi wrth Dduw—y 'ddoethineb sydd oddi uchod' fel y disgrifir hi gan Iago yn ei Epistol: 'Eithr y ddoethineb sydd oddi uchod, yn gyntaf pur ydyw, wedi hynny heddychlon, boneddigaidd, hawdd ei thrin, llawn trugaredd a ffrwythau da, diduedd, a diragrith' (Iago 3:17).

Y wedd ysbrydol

Ni all y wraig rinweddol geisio'r ddoethineb amhrisiadwy hon heb fod ganddi fywyd ysbrydol cryf a chyson. Nid gwiw iddi esgeuluso darllen y Gair sy'n faeth i'r enaid nac ymatal rhag myfyrio'n ystyriol arno gan ofyn am eglurhad pan fo rhai gwirioneddau'n ddryswch iddi. Wiw iddi chwaith ddiystyru troi at ei Thad nefol mewn gweddi, gan ymbil yn daer arno am y doniau a'r gwerthoedd ysbrydol a all godi ei bywyd o afael materoliaeth i ddimensiwn y deyrnas ei hun. All hi ddim 'agor ei genau yn ddoeth' na gwybod pryd i dewi heb gerdded y llwybr hwn.

Wrth i'r wraig rinweddol geisio'r doniau hyn, daw'n gymeriad dewr

169

ac unplyg, a hynny'n aml yn wyneb anawsterau anhygoel. Ac fe bery hyn yn rhan iddi drwy holl ddyddiau ei bywyd ar y ddaear. Drwy ei bywyd glân daw yn esiampl i'r genhedlaeth nesaf: 'Ei phlant a godant, ac a'i galwant yn ddedwydd' (adnod 28), ac fe wêl ei gŵr yn gliriach nag erioed nad am ei phrydferthwch allanol yn unig y priododd hi ond am ei bod yn un sy'n ofni Duw. Fel y dywed Charles Bridges yn ei esboniad ar y bennod hon, 'She is therefore in his eyes to the end, the stay of his declining years, the soother of his cares, the counsellor of his perplexities, the comforter of his sorrows, the sunshine of his earthly joys.'

Mae'r holl rasusau a welir ynddi yn deillio o'r dduwiol anian. Mae'r ffrwyth yn dda am fod y pren yn dda (Math. 7:17).

Cyhoeddwyd 1989

Y rhodd annisgwyl

Sylwadau ar Pain: The Gift Nobody Wants.
A Surgeon's Journey of Discovery, *Paul Brand a Philip Yancey,*
Gwasg Marshall Pickering, 1994

Fel y mae'r teitl yn awgrymu, dyma olygwedd ar boen na fyddai'r rhan fwyaf ohonom yn barod iawn i'w derbyn ar yr olwg gyntaf. Ond, pan ystyrir mai llawfeddyg Cristnogol a ysgrifennodd y gyfrol, mae'n werth dilyn y trywydd rhyfeddol a'i dygodd i'r fath gasgliad. O fewn y gyfrol plethir yn gymen iawn dair gwythïen sy'n gwneud darllen y llyfr yn brofiad unigryw. Yn gyntaf, mae'n datblygu fel cofiant i Dr Paul Brand ei hun—gŵr sydd bellach yn ei wythdegau ond a weithiodd yn ei dro ar dri chyfandir. Yn ail, mae'n ddadleniad diddorol tu hwnt o'r modd y daeth y llawfeddyg ymroddedig i'r casgliad fod poen yn un o roddion pennaf Duw i'r corff dynol, ac o'r herwydd yn werth rhoi sylw deallus iddo. Yn drydydd, mae'r llyfr yn datblygu o dipyn i beth yn fath o lawlyfr cynorthwyol i alluogi pob un ohonom i ddeall dirgeledigaethau ein cyrff yn well a hefyd i wybod sut y gallwn fod o wir gymorth i rai o'n cwmpas sy'n dioddef. Mewn gair, mae'n gyfrol hynod o werthfawr sy'n ein herio a'n procio i ystyried yn fanwl yr hyn sydd gan yr awdur i'w ddweud wrthym.

Yn ei ragymadrodd i'r llyfr mae'r meddyg enwog C. Everett Koop yn tystio'n gynnes iawn i gymeriad tyner a charedig Dr Brand a fu'n gweithio iddo am rai blynyddoedd yn yr Unol Daleithiau. Dywed ymhellach ei fod yn ŵr gwir ostyngedig pryd y gallasai fod yn falch iawn o'i yrfa feddygol ddisglair. Yn ei ymwneud â'r cleifion a oedd dan ei ofal, cydredai caredigrwydd eithriadol ochr yn ochr â medrusrwydd galluog dros ben.

Treuliodd Paul Brand ei fachgendod cynnar yn yr India, yn fab i genhadon hunanaberthol ac ymarferol iawn eu hosgo, ac weithiau ym mynyddoedd uchel y Kolli Malai ymhlith y llwythau anghenus yno. Ymhen amser anfonwyd ef i aros at berthnasau yn Llundain i gael ei addysg, a dyna pryd y daeth y newydd syfrdanol am farwolaeth annhymig ei dad yn ei bedwardegau cynnar. Penderfynodd ei fam, fodd bynnag, ddal ati gyda'r gwaith arloesol, a cheir teyrnged uchel yn y llyfr i'r hyn a gyflawnodd er gwaethaf yr anawsterau i gyd, a hynny hyd ei marw yn 95 oed. Cyflwynwyd y llyfr i 'Granny Brand' (fel y galwai pawb hi gydag anwyldeb mawr), a hawdd gweld fel yr elwodd y mab yn fawr dan ddylanwad ysbryd ei fam (a'i dad cyn hynny). Mae'n rhoi teyrnged uchel iawn i'r ddau yn y gyfrol, a byddai darllen y llyfr yn galondid mawr i rieni ifainc sy'n brwydro i fagu eu plant yn y dyddiau anodd hyn.

Wedi astudio i fod yn feddyg yn Llundain, a hynny yn ystod yr Ail Ryfel Byd pan oedd y ddinas yn cael ei bomio'n ddidrugaredd, aeth i weithio fel llawfeddyg yn yr India. O dipyn i beth dechreuodd drin cleifion yn dioddef o'r gwahanglwyf, a dyna pryd y daeth i weld mai absenoldeb y gallu i deimlo poen (ac o'r herwydd i'w gwarchod eu hunain) oedd yn gyfrifol am y briwiau agored, y dallineb a'r ffenomen o golli bysedd eu dwylo a'u traed a oedd yn brofiad mor ddifrifol iddynt. Gweithiodd yn ddiflino, nid yn unig yn rhoi llawdriniaethau i gynorthwyo'r gwahangleifion hyn, ond hefyd yn profi i'r byd meddygol mai anallu i deimlo poen oedd yn bennaf cyfrifol am barhad eu cyflwr echrydus. Wedi blynyddoedd yn yr India (gyda'i briod, Margaret, yn cydweithio â'r gwahangleifion fel arbenigwraig llygaid), symudodd y ddau gyda'u teulu i'r Unol Daleithiau lle y cymerodd ei werthfawrogiad o allu rhyfeddol y corff i deimlo poen gam ymhellach wrth iddo gynorthwyo cleifion oedd yn dioddef o glefyd y siwgr. Yn ddiweddarach, addasodd ei ddarganfyddiadau unigryw ynghylch swyddogaeth allweddol poen i gylch ehangach afiechydon yn gyffredinol. Yn y gwareiddiad gorllewinol, sy'n ymroi'n wyllt i foddhau pleser (waeth beth fyddo canlyniadau andwyol hynny i iechyd y corff), gwasgodd y neges gartref y gall poen fod fel cyfaill ond i ni ddysgu gwrando arno, ei ddehongli a'i reoli. Rhodd ydyw yn hytrach na gelyn.

Gwerthfawrogais yn fawr bwyslais yr awdur ar bwysigrwydd gwir gydymdeimlad â'r person sy'n dioddef, pwyslais a welir mor amlwg yn llythyrau'r Apostol Paul. Yr hanesyn sy'n parhau yn fy nghof yw hwnnw a gofnodir ganddo i brofi nad gallu llawfeddygol yw'r cymorth pennaf yn aml i deulu, ond gwir gydymdeimlad Cristnogol. Edrydd yr hanes am ei fethiant yn yr ysbyty yn Vellore i roi triniaeth lawfeddygol i arbed bywyd baban bach cyntaf dau o genhadon ifainc. Cofiai fel y bu iddo fethu cadw ei bellter proffesiynol rhyngddo a'r teulu bach; wylodd yn ddwys yn y gwasanaeth angladdol, fel petai wedi colli un o'i chwe phlentyn ei hun. Am fwy na deng mlynedd ar hugain ni allai feddwl am y baban a fu farw heb ymdeimlad o fethiant, er iddo wybod

bod ei chyflwr yn gyfryw nas gallai neb arall chwaith fod wedi estyn ei heinioes. Yna, ac yntau'n byw bellach yn yr Unol Daleithiau, cafodd wahoddiad i siarad mewn eglwys yn Kentucky lle roedd y cenhadwr bellach yn weinidog. Pan aeth wedyn i'r cartref i gael cinio ar ôl y gwasanaeth, croesawyd ef yn gynnes gan y gweinidog a'i wraig, y plant a gawsant wedyn, a'r ail genhedlaeth o'u plant hwythau. Dyna pryd y sylweddolodd nad fel llawfeddyg a fethodd y meddyliai'r teulu amdano drwy'r blynyddoedd ond fel 'y meddyg a wylodd yn angladd Anne'.

Dyna'r math o gyweirnod pellgyrhaeddol sydd i'r gyfrol ac sy'n gwneud ei darllen yn wir agoriad llygad ac yn brofiad unigryw. Rwy'n meddwl eisoes am ei hail-ddarllen yn y dyfodol agos.

Cyhoeddwyd 1994

Magu plant

Pan ofynnwyd imi ysgrifennu ar bwnc allweddol magu plant, roeddwn rhwng dau feddwl a allwn osod ar bapur unrhyw feddyliau gwerth eu mynegi gan fod fy mhriod a minnau, ers rhai blynyddoedd bellach, wedi ymbellhau oddi wrth faes y frwydr arbennig hon. Prysuraf, serch hynny, i ychwanegu ein bod yn llawn diddordeb byw yn y maes. Ac mae'n debyg ein bod yn weddol gyfarwydd â'r dylanwadau sydd ar led y dyddiau hyn wrth i'r drydedd genhedlaeth ymweld â ni yn eu tro, gan osod nain a thaid yn ddiogel yng nghanol y darlun unwaith eto!

Llwybr y tir uwch

Wrth fyfyrio ar y pwnc, ni allaf lai na dwyn i gof y llwybrau cerdded ar hyd yr arfordir sydd mor boblogaidd yma yn ne Cymru, yn enwedig ym Mro Morgannwg, Bro Gŵyr a Phenfro. Gellir cerdded am filltiroedd ar hyd llawer o'r llwybrau hyn gan fwynhau golygfeydd ysgytiol o greigiau, môr ac awyr. Ond ambell dro deuir i fan ar y llwybr lle mae'r môr oddi tano wedi bwyta i'r tir ac wedi treulio'r graig yn beryglus o agos i'r llwybr, a'r cerddwyr o'r herwydd yn cael eu cyfeirio i ailddechrau cerdded ar dir uwch. Felly y gwelaf hen sefydliad oesol y teulu yn ein dyddiau ni. Bu cenedlaethau bwygilydd yn troedio'r llwybr hwn hefyd yn ddiogel iawn. Ond heddiw mae'r llwybr mewn mwy nag un man dan fygythiad, a hynny oherwydd fod pwerau arswydus o ddifaol yn hyrddio eu tonnau hy yn erbyn ei seiliau, fel ymchwydd didrugaredd y môr ar ochrau'r llwybr cerdded. Fel Cristnogion sy'n dal i drysori cyfarwyddiadau Duw yn ei Air, ni allwn ninnau lai na galw ar bobl Dduw i droedio ar dir uwch eto, a cheisio'r gwastad lle mae'r graig yn gadarnach a'r llwybr yn fwy diogel fyth a mwy diffiniedig. Wrth feddwl am enbydrwydd safle'r teulu, rwy'n fwy argyhoeddedig nag erioed mai dyma'r alwad i ni heddiw. Nid digalonni nac anobeithio ond, fel y canodd Pantycelyn mor wych, herio'r elfennau:

> O! distewch, gynddeiriog donnau,
> Tra fwy'n gwrando llais y nef.

Yn yr ysbryd hwnnw y carwn rannu rhai argyhoeddiadau ynghylch y pwnc sensitif o fagu plant ar aelwyd Gristnogol, gan brysuro i

174

ddweud yr un pryd nad oes maes arall ym mywyd neb ohonom lle y gallwn fod mor euog o fethu yn y pethau pwysicaf oll, ac yn aml iawn heb sylweddoli hynny, nes ei bod yn rhy hwyr. Mae gennyf gof byw amdanom fel teulu ar wyliau yn Llanymawddwy a minnau'n eistedd un prynhawn heulog ar lan afonig fechan yn darllen llyfr gan awdures Gristnogol ar y Teulu. Erbyn hynny roedd y plant yn eu harddegau a'u hugeiniau cynnar, ond wrth ddarllen y bennod ar fagu plant roeddwn mor ymwybodol o'r holl gamgymeriadau a wnaethom wrth eu magu nes teimlwn y dagrau yn cronni, a thon ar ôl ton o ymwybyddiaeth o fethiant yn dod trosof. A'r hyn a roddodd obaith ac afiaith newydd ynof i ailafael yn y gwaith oedd y cyfeiriad penodol yn niwedd y bennod at yr addewid odidog yn ail bennod llyfr Joel, adnod 25: 'A mi a dalaf i chwi y blynyddoedd a ddifaodd y ceiliog rhedyn'. Wnes i byth anghofio cysur graslon y geiriau hyn, a'r llawenydd dwfn a ddaeth yn eu sgîl. A dyna paham nad gorthrwm na baich i'w osgoi i rieni Cristnogol yw sylweddoli nad ydynt byth i roi heibio'r gwaith o fod yn rhieni. Mae'r fraint i barhau ymhell y tu hwnt i'r dyddiau pan fo'r plant yn mynd dros y nyth. Gwaith oes ydyw, a diolch am bob ail-gyfle.

Felly, yn syml iawn, rhag ofn y gall fod o gymorth i eraill, carwn gyfeirio at rai gwirioneddau sylfaenol sy'n dod yn gliriach i'r ddau ohonom wrth i'r blynyddoedd fynd heibio. Wrth wneud hynny rwy'n ymwybodol dros ben y bydd lleisiau fil mewn cylchgronau seciwlar a rhaglenni radio a theledu yn cynnig patrwm cwbl groes i'r darlun o'r teulu a geir lle y barnem ni y dylid ei gael, yn yr Ysgrythurau Sanctaidd. Boed hynny fel y bo, mae'n ddigon teg i minnau erbyn hyn nodi'r ffaith ddiymwad, 'wrth eu ffrwythau yr adnabyddir hwy.' Yn bendifaddau mae'r ystadegau brawychus o dor-briodasau, torcyfraith, drwgweithredu a chreulondeb tuag at blant yn ddigon i godi gwallt pen unrhyw rai sydd â gronyn o ras yn eu calon, gan wneud iddynt ddyheu am lwybr y 'tir uwch' y soniais amdano. Beth felly yw rhai o'r pethau y mae gwir angen i rieni o Gristnogion ddal gafael dynnach ynddynt nag erioed y dyddiau hyn yn y gwaith anodd ond gwir bleserus o fagu plant?

Dylanwad y tad

Carwn bwysleisio yn gyntaf bwysigrwydd safle a dylanwad y tad ym mywyd y teulu. Yn y blynyddoedd a fu, dichon ein bod ni yng Nghymru wedi rhoi cymaint o bwyslais ar y ffaith ein bod yn gwerthfawrogi'r fam Gymreig (ac nid wyf am fychanu'r gwerthfawrogiad hwnnw yn sicr ddigon), nes ein bod yn euog braidd o beidio â disgwyl cyfraniad allweddol tebyg gan y tad.

175

Yng nghynhadledd flynyddol Cymdeithas Seicolegol Prydain a gyfarfu yn Scarborough yn ddiweddar, eglurodd Dr Margaret O'Brien fod plant 'teuluoedd un rhiant' yn rhoi'r tad yn gyntaf, a hynny hyd yn oed pan na fydd y tad ond yn ymweld yn achlysurol â'r aelwyd. Tueddai'r plant, meddai, i siarad am eu tad cyn sôn am eu mam, a thynnu llun o'r tad cyn tynnu llun o'r fam. Nid yw hynny'n syndod o gwbl i'r Cristion. Duw a ordeiniodd y teulu, ac Ef hefyd a blannodd ynom y greddfau sy'n cyfateb i'r hyn a ordeiniodd.

Gan fod y tad yn nhrefn creadigaeth Duw yn ffigwr o awdurdod mewn teulu, y perygl pan bwysleisir hyn yn ormodol yw ei wneud yn ffigwr pell a bygythiol i'r plentyn, ac i'r tad yntau ymddihatru i raddau oddi wrth ymwneud agos â'i blant yn holl ddiddordebau eu bywyd. Fel y dywedodd un awdur yn fachog, 'Authority must not be confused with austerity.' Dylai'r tad fod yn ffigwr annwyl iawn yng ngolwg ei blant, ac yn berson y gallant rannu eu cyfrinachau mwyaf cysegredig ag ef.

Yn ystod y blynyddoedd pan fo'r plant yn fach, tuedd y tad ifanc yw bod mor brysur ac afieithus gyda'i waith bob dydd nes methu'n llwyr â chael amser boddhaol yn eu cwmni. Yn y byd 'cystadleuol' y perthynwn ni iddo, mae'n hawdd derbyn y darlun anochel ohono yn gweithio'n galed ym maes ei alwedigaeth, a'r dyddiau, y misoedd a'r blynyddoedd yn llithro heibio heb iddo gael gwir fwynhau ei blant yn fach o gwbl. Cyn iddo gael cyfle i'w gwerthfawrogi'n iawn maent ar fin gadael y nyth. Ac y mae'n ffaith hysbys iawn fod tadau yn fwy dwys a thoredig ynghylch derbyn bod hyn yn anorfod na'r fam sydd wedi rhagweld y digwyddiad ac wedi ei pharatoi ei hun i raddau ar gyfer y gwahaniad.

Petai'r tad o'r cychwyn cyntaf yn gosod nod iddo'i hun ei fod yn mynd i fynnu treulio amser, yn gwbl gyfreithlon, yng nghwmni ei blant, ni fyddai ganddo broblem chwaith ynglŷn â chyfathrebu gyda'i fab neu ei ferch ym mlynyddoedd pwysig yr arddegau ac wedi iddynt dyfu'n oedolion. Wrth i chi lenwi eich dyddiaduron â'ch ymrwym-iadau, a gaf fi apelio atoch, dadau ifainc, i nodi hefyd yn eich dyddiad-uron rai o'r gweithgareddau y mae eich plant ynglŷn â nhw (megis cyngerdd cerddorfa'r ysgol, mabolgampau neu drip ysgol Sul) a rhoi cymaint o flaenoriaeth, o fewn rheswm wrth gwrs, i hynny ag i bethau eraill ymddangosiadol bwysicach. Rydych i fod yn ddylanwad allweddol ar eich plentyn (gweler hanes rhai o dadau'r Beibl megis Josua a Job), ac yn gefn hynaws a dibynnol i'ch priod yn y gwaith pwysig o'i feithrin a'i fagu. Does dim yn fy nghyffwrdd yn fwy na gweld tad ifanc yn trafod ei blentyn bach yn dyner ac eto'n gadarn, ac o dro i dro yn ei godi i'w freichiau cryfion. Mae'n fater dwys i'w gofnodi, ond mewn llawer o achosion efengylaidd llewyrchus ledled y byd heddiw fe gollir yr ail genhedlaeth o'r rhengoedd, yn rhannol am i'r tad fethu â rhoi'r amser dyladwy i'w blant yng nghanol holl brysurdeb yr eglwys. Pan fydd tad yn ysgwyddo ei gyfrifoldeb yn weddigar a doeth ac yn dangos gwir gonsýrn dros ymddygiad ei blant, bydd hynny'n tyneru calon ei wraig tuag ato ac yn dod â'r ddau i gytgord gwell â'i gilydd. A pha well sail ellid ei gosod i unrhyw aelwyd?

Y fam

Wedi trafod ychydig ar bwysigrwydd allweddol cyfraniad y tad, deuwn at gyfraniad amhrisiadwy y fam i'r cartref. Mewn erthygl flaen ar y teulu mewn rhifyn diweddar o'r *Banner of Truth* mae gan Maurice Roberts un frawddeg bellgyrhaeddol iawn, 'We are most of us made or marred by our mother.' Meddyliwch yn ôl am funud at eich magwraeth eich hun ac fe welwch mor wir yw hyn. Gan fod y fam yn treulio cymaint o amser yng nghwmni'r plentyn, mae ei dylanwad arno er gwell neu er gwaeth yn aruthrol. Gallwch fynd fel teulu yn selog i'r capel ond os nad ydych fel rhieni (a'r fam yn neilltuol felly) yn dwyn ffrwythau grasusol yng nghyd-destun bywyd beunyddiol y cartref, mae'r plentyn yn synhwyro'n fuan iawn nad yw'r ffydd a goleddwch yn gyhoeddus yn ffactor real a bywydol yn eich bywyd bob dydd.

Meddyliwch am funud am ddwy addewid werthfawr yr Arglwydd Iesu i'w ddisgyblion yn yr oruwchystafell ychydig oriau cyn ei groeshoeliad. Mae am iddynt brofi ei dangnefedd: 'Fy nhangnefedd yr wyf yn ei roddi i chwi.' Yna mae'n dymuno drostynt y bydd 'eu llawenydd yn gyflawn'. Mae'n wir mai wrth y disgyblion cyntaf y llefarwyd yr addewidion hyn, a hwythau cyn bo hir yn mynd allan i fyd gelyniaethus i bregethu'r efengyl. Ond yr ydym ninnau, ei ddisgyblion yn yr oes hon, yn yr un olyniaeth ac i dderbyn yr un grasusau. Ac mae cylch ein cartrefi yn rhan bwysig o'r bywyd hwnnw ac o'n tystiolaeth. Yng nghyd-destun y cartref, famau ifainc annwyl Cymru, does dim yn bwysicach na'ch bod yn bersonau tangnefeddus gyda gwir lawenydd nefol yn byrlymu ynoch. Fel y dywedodd Saunders Lewis yn un o'i ddramâu, 'Rhodd enbyd yw bywyd i bawb', ac y mae hyd yn oed y plentyn ieuengaf sy'n mynd i'r Ysgol Feithrin hyd at y myfyriwr ifanc sy'n wynebu sialens bywyd coleg, neu berson ifanc yn cychwyn ar ei alwedigaeth, yn profi croeswyntoedd creulon iawn sy'n aflonyddu ar eu heddwch meddwl. Felly, mae'n eithriadol o bwysig fod y fam yn trefnu ac yn llywio bywyd bob dydd y cartref fel bod y nodyn llywodraethol o dangnefedd ac o lawenydd yn bresennol o hyd.

Yr hyn rwy'n ceisio ei bwysleisio, heb ymhelaethu ymhellach, yw fod cyfle euraid gan y fam yn y cartref i ddylanwadu ar ei phlant, gan gyfrannu'n sylweddol yr un pryd at gysur ei gŵr. Ac un ffordd sicr o wneud hynny yw trwy fod prydau gwareiddiedig yn rhan o fywyd y teulu. Os nad oes pwynt canolog i'r aelwyd, fel a geir o gwmpas y bwrdd, does dim cyfle i wir sgwrsio a chyd-fyw a thrwy hynny greu atgofion fydd yn felys i'r plentyn wrth iddo dyfu i fyny. Rhaid cael o leiaf un pryd bwyd bob dydd pan fo cyfle i gydymgynghori ynghylch gweithgareddau gwahanol yr aelwyd (a gweddïo weithiau er mwyn canfod lle gellir yn fuddiol docio rhai ohonynt er lles cadw'r teulu rhag mynd ar chwâl), a lle gellir gofyn gras bwyd ar ddechrau'r pryd bwyd a darllen stori o'r Beibl a chydweddïo ar ei ddiwedd. Cofiaf glywed flynyddoedd yn ôl ar bregeth, 'Os ydych yn rhy brysur i weddïo, rydych yn brysurach nag y bwriadodd Duw i chi fod.' Fu hyn erioed yn bwysicach i'w gofio nag yn ein dyddiau gwyllt a phrysur ni heddiw, ac yng nghyd-destun magu plant gellir aralleirio'r gosodiad yn berthnasol iawn, 'Os nad oes gennych amser fel rhieni i ofalu am fuddiannau ysbrydol eich plant, rydych yn brysurach nag y bwriadodd Duw i chi fod.'

Bellach fe ymddangosodd llu mawr o lyfrau sy'n delio â chodi a meithrin aelwyd Gristnogol, ond pan oeddem ni yn dechrau magu ein plant ym Mlaenau Ffestiniog ers talwm roedd llyfrau o'r fath yn brin ryfeddol. Cofiaf am un, fodd bynnag, a ysgrifennwyd gan gyfaill da i lawer ohonom, Gristnogion ifainc y dyddiau hynny, sef gweinidog o Landudno o'r enw H. R. Jones. A'r hyn a gofiaf yn arbennig amdano oedd ei bwyslais ar y pwysigrwydd o fod mewn agwedd o ddathlu mor aml ag sy'n bosibl ar yr aelwyd. 'Gwnewch yn fawr o ben-blwydd pob aelod o'r teulu,' meddai, 'does dim rhaid i'r dathliad fod yn un crand a drudfawr—y peth pwysig yw'r cofio.' Roedd gennyf fodryb annwyl iawn, o'r un meddwl ac anian, yn hen Sir y Fflint. Roedd hi mor llawen ei hysbryd nes yr oedd yn bleser pur i ni fel plant fynd ati hi a'i theulu i aros dros y gwyliau ysgol. Roedd ganddi'r ddawn o wneud achlysur o de cyffredin drwy wneud crempog neu rywbeth sydyn blasus. A phan oedd y tywydd yn braf doedd yn ddim ganddi bacio picnic brysiog i fwynhau un o'i hoff bethau, sef te ar y mynydd yn ein cwmni ni fel plant.

I ddal ar yr un cyweirnod, rwy'n gwbl argyhoeddedig y dylai pob diwrnod fod yn ddiwrnod arbennig iawn yn hanes pob teulu Cristnogol. Pan oedd ein plant yn fach yn y Bala ac wedyn yng

Nghwmafan, datblygodd amser te dydd Sul yn achlysur pryd yr hawlient gael clywed hanesion amdanynt hwy eu hunain pan oeddynt yn fach iawn, neu pan oeddem ni fel rhieni 'yn fach'. Gallech ailadrodd yr un straeon dro ar ôl tro, doedd dim arwydd bod y plentyn dan sylw na gweddill y teulu yn blino ar y saga deuluol. (Druan o dad, lawer prynhawn Sul, ar bigau drain eisiau mynd i'r stydi at ei bregeth!) Yna pan oeddynt yn hŷn, a ninnau'n byw bellach ym Mhen-y-bont ar Ogwr, deuai aelodau hynaf yr eglwys fechan yn eu tro i ginio a the o'r oedfaon ar y Sul, a byddai'r plant wrth eu bodd yn eu clywed hwy yn adrodd yr hyn a gofient o hanes cyffrous cychwyn yr achos wedi Diwygiad '04-'05. Er enghraifft, cofiai un ohonynt Evan Roberts yn ymwelydd cyson â'i chartref.

Prif bwyntiau

Wedi ceisio pwysleisio cyfraniad y tad a'r fam fel ei gilydd i'r aelwyd, carwn cyn terfynu restru'n fyr y pethau sy'n bwysig i'r ddau ohonynt eu cofio wrth fagu plant:

- Peidiwch byth â dangos unrhyw ffafriaeth rhwng y plant a'i gilydd mewn teulu, ond ceisiwch hyd eithaf eich gallu werthfawrogi pob un ohonynt yn rhinwedd eu personoliaeth unigryw hwy eu hunain. Dyma'r sialens i athrawon gyda'u dosbarthiadau yn yr ysgol, sef caru'r plentyn mwy anodd ei drin a'i ddeall, gan y gall pawb garu'r plentyn annwyl, disglair a didrafferth. Ac yn sicr ddigon, dyma'r sialens i rieni gyda theulu o blant gwahanol.

- Cofiwch bob amser mai eich cyfrifoldeb chi fel rhieni yw dwyn y plant i fyny yn 'addysg ac athrawiaeth yr Arglwydd'. Mae hynny yn gofyn rhoi amser i egluro egwyddorion ymddygiad a hyd yn oed brif bynciau'r ffydd iddynt mewn termau y byddant yn debyg o'u deall. (Cofiaf y funud yma am gwestiynau'r Rhodd Mam ers talwm a chredaf y gallwn eu hateb heddiw.) Fe fydd plentyn yn gwerthfawrogi'r sylw a roddir iddo, ac yn hapusach plentyn os bydd i chi egluro'n ofalus beth sy'n ddisgwyliedig ganddo ar adegau arbennig.

- Er eich bod i ddisgyblu a dysgu cwrteisi elfennol i'ch plant, peidiwch â gwneud hynny mewn modd sy'n tristáu'r plentyn nes gwneud iddo deimlo'n fethiant. Mae tanseilio hunanhyder cyfreithlon unigolyn yn gychwyn gwael ar gyfer wynebu bywyd. Wedi sôn am gyfrifoldeb plant i ufuddhau i rieni, ceir gwaharddiad penodol i dadau'n arbennig: 'na yrrwch eich plant i ddigio'

(Effesiaid 6:4), ac yn Colosiaid 3:21 ceir yr eglurhad: 'fel na ddigalonnont'. Felly, disgyblwch mewn cariad bob amser, a gwnewch hynny yn gwbl unol eich ysbryd fel dau riant.

- Mae o'r pwys mwyaf ein bod yn cofio'r hyn a ddywedodd Dr Martyn Lloyd-Jones ynghylch y pwnc dan sylw: bod trafferthion yn codi yn y cartref am fod rhieni Cristnogol yn disgwyl ymddygiad Cristnogol gan eu plant a hwythau hyd hynny heb eu haileni. Dylid bob amser weddïo y bydd i Dduw gyffwrdd â'u calonnau a'u dwyn i'r goleuni; mae'n dilyn wedyn y bydd y rhieni ar eu gwyliadwriaeth drwy'r amser er mwyn gallu gweld yr arwyddion cyntaf o waith gras, ond eto'n cofio'r un pryd yr elfen o ymatal sy'n gwbl weddus oni bydd yr arwyddion hynny i'w gweld.

- Dangoswch i'ch plant ym mhob rhyw fodd (nid pan fyddwch yn eu disgyblu yn unig) eich bod yn eu caru. Meddyliwch yn gyson am eich plant fel planhigion tyner, sensitif, all wywo neu flodeuo yn ôl y cariad a ddangoswch tuag atynt. Ac nid yw'r plentyn bach byth yn tyfu'n rhy fawr i chi ddangos hyn tuag ato. Mae pawb ohonom, yn fach a mawr, yn ymateb yn reddfol i gariad.

- Dysgwch i'ch plant mewn modd ymarferol fod angen i aelodau'r cartref weld yr angen am estyn i bob cyfeiriad, o fewn rheswm, i wneud ein haelwydydd yn fannau lle y gall aelodau llai breintiedig eglwys, megis y gweddwon, yr amddifad, yr hen a'r unig, gael cysgod rhag y ddrycin. Os na wnawn ni hyn, gall ein hunedau teuluol o fewn yr eglwys droi yn fuan yn fewnblyg a hunanol.

- Peidiwch byth â thrafod pobl eraill yng ngŵydd y plant. Dichon y bydd yn rhaid i chi fel rhieni eu trafod â'ch gilydd. Ond yn eich perthynas â'ch plant mae'n bwysig cyfleu'r argraff iddynt hwy yn gynnar yn eu bywydau nad ydynt i farnu ond yn hytrach, lle mae bai, i weithio ar bob problem fel y byddant yn yr ysbryd iawn 'i dynnu'r brycheuyn o lygaid eu brawd'.

- Yn hinsawdd beryglus ein dydd mewn sawl cyfeiriad, gofalwch hyd y gallwch, am ddiogelwch corfforol eich plant drwy weithredu penodol a chyfrifol.

- Pan ddaw problemau astrus ar draws eich llwybr (fel y byddant ysywaeth yn sicr o ddod), peidiwch â thrafod yn ddiderfyn hyd oriau mân y bore. Mae noson dda o gwsg yn gymorth amhrisiadwy i wynebu problemau yn weddigar ffres yn y bore.

- Yn olaf, cofiwch nad oes dim byd yn gwneud y plant yn hapusach na gweld eu rhieni yn hapus yng nghwmni ei gilydd ac yn gwbl unol wrth iddynt weinyddu'r cartref. Hynny, ynghyd â chariad a gofal y rhieni tuag atynt, a'u gwna yn oedolion hyderus i wynebu cymdeithas maes o law.

Wrth ysgrifennu, mynnai'r atgofion am y ddiweddar annwyl Anti Bessie ddod yn fyw i'm cof. Os buoch mewn gwersyll ieuenctid ym Mryn-y-groes dan oruchwyliaeth (o'r gegin) Anti Bessie, fe fyddwch yn gweld yn syth bin beth sydd gennyf dan sylw. Roedd ganddi ddisgwyliadau tra uchel ynglŷn â'r plant a'r bobl ifainc a ddeuai'n flynyddol i'r Bala am wythnos o wyliau. Roedd yn disgwyl iddynt, er enghraifft, fwyta'n ddibrotest y bwyd a osodid o'u blaen. Roedd yn disgwyl iddynt wisgo'n briodol ar gyfer y pryd bwyd gyda'r nos. Ac wrth iddynt adael roedd yn disgwyl iddynt gyfrannu o'u harian prin tuag at gael carped newydd i'r lolfa, a hynny fel eu bod yn teimlo bod ganddynt ran yn y cartref. Y wyrth oedd eu bod yn cydymffurfio'n llawen, a bod hynny'n digwydd yn ddi-feth, oherwydd fod Anti Bessie yn gwneud iddynt gyfrif fel personau, ac yn eu hamgylchynu yn ôl ac ymlaen â gwres ei chariad tuag atynt. Ac er cysur i lawer ohonom, fe ddechreuodd wneud hyn yn y gwersylloedd pan oedd ymhell dros ei hanner cant, yn nain ac wedi ei gadael yn weddw pan oedd ei dau blentyn yn ifanc iawn. Mae dyled rhieni iddi hi ac i Gristnogion gwiw tebyg iddi, heb sôn am ddyled y plant, yn fawr iawn.

Cyhoeddwyd 1994

Ymagweddu at dreialon bywyd

Mae'n bosibl fod rhai ohonoch wedi gweld rhaglen deledu gwta hanner awr a ddangoswyd yn ddiweddar tua amser te yn dwyn y teitl 'Bartholomew—a gift from God'. Petaech wedi ei gweld, ni allech yn eich byw ei hanghofio mewn munud awr. Ynddi adroddwyd yn gelfydd hanes bachgen bach wyth mlwydd oed o'r enw Bartholomew a anwyd i rieni Cristnogol yn ardal Bryste ac a ddioddefai oddi wrth gyflwr a elwid yn 'arthrogryposis'. Golygai hyn fod ei gymalau wedi cnotio i mewn i'w gilydd yn y bru, a dim ond cyfres o lawdriniaethau egr a ffisiotherapi caled a'i galluogodd i gerdded yn herciog pan oedd yn dair a hanner blwydd oed. Llwyddwyd hefyd i ryddhau ei freichiau ac i gael peth symudiad yn ei gymalau eraill. Roedd ei symudiadau ymhell o fod yn rhai ystwyth bechgyn eraill o'i oed ond roedd ei benderfyniad heulog i lwyddo yn ddi-ben-draw.

Ar ddiwedd y rhaglen gwelwyd ef yn ennill mewn eisteddfod leol yn Thornbury yn yr unawd piano a hynny gyda dim ond tri bys symudol ar bob llaw. Mae'r dôn a chwaraeai yn dal i ganu yn fy nghof. Ond nid yn unig Bartholomew a wnâi argraff arnoch wrth wylio'r rhaglen ond y ffydd, y llawenydd a'r tangnefedd dwfn a roddwyd i'w rieni. Cyfaddefai'r tad yn ddigon annwyl iddo ef gael trafferth gyda llu o amheuon pan anwyd ei fab, ac iddo ofyn y cwestiwn oesol, 'Pam y mae hyn yn digwydd i mi?'

O'r munud cyntaf, roedd ei fam wedi profi buddugoliaeth yn ei hysbryd, a thros wyth mlynedd anodd ei fagu gallai dystio i don ar ôl ton o dangnefedd gael ei dywallt i'w chalon wedi plyciau o dristáu. Hyn a'i galluogodd i ganolbwyntio ar ei bersonoliaeth a'i werthfawrogi yn hytrach nag aros yn gofidio am ei anabledd. Cafodd nerth i ddal i'w gynnal a'i annog ymlaen yn frwdfrydig. Roedd hyn bellach yr un mor wir am ei dad a'i frawd hŷn, a chanmolai yr arbenigwyr y cynnal a fu arno gan ei deulu.

Dangoswyd hefyd y teulu yng nghyd-destun yr eglwys lle'r addolent, a soniwyd am eu gwerthfawrogiad o gariad a gweddïau eu cyd-gredinwyr. Mewn gair, nodyn llawen, nid lleddf, oedd i'r rhaglen drwyddi draw. A'r hyn a'm trawodd fwyaf oedd fod buddugoliaeth ysbrydol y rhieni yn gymaint o ddirgelwch ac o ryfeddod, o gofio'r amgylchiadau, â'r ffaith fod plentyn bach wedi ei eni mewn cyflwr mor druenus o anabledd corfforol. Gwyddom fel credinwyr fod yna Un, pan fyddwn 'yn y dyfroedd mawr a'r tonnau', a all ddal ein pen 'fel na lifant drosot' (Eseia 43:2), a chlod fo i'w enw am hynny.

Y tair 'A'

Ym myd addysg ceir llawer o sôn y dyddiau hyn am y rheidrwydd i ddychwelyd at y tair 'R', ond, mewn erthygl afaelgar a anfonodd cyfaill meddylgar iawn ataf rai blynyddoedd yn ôl erbyn hyn, darllenais mai tair 'A' sy'n bwysig i geisio ymgyrraedd atynt yn ystod dioddefaint, siom a phoen. *Accept* (derbyn) i ddechrau—ac fe gymer hyn amser; yna *Adapt* (addasu)—sy'n bosibl wedi cael nerth a gras i dderbyn bod yn rhaid byw gyda'r prawf neu'r brofedigaeth a'n goddiweddodd. Ac yna y cam pellach o safbwynt gogoneddu Duw yn eich bywyd, *Adorn* (addurno). Mae'r tair 'A' hyn yn gamau penodol ynddynt eu hunain, pob un ohonynt yn hawlio amser ac amynedd, a'r naill yn arwain at y llall yn y drefn arbennig yma, gan ffurfio canllawiau gwybyddus, onid strwythur cadarn, y gall crediniwr weithio o'i fewn, a thrwy hynny gael cymorth i dderbyn profedigaethau a siomedigaethau bywyd.

Gras i dderbyn

Gŵyr y sawl y daeth treialon dyrys i'w fywyd pa mor anodd yw hi iddo ef neu hi ddod i delerau â'r 'A' gyntaf, yr *accept*, sef derbyn yn rasol yr hyn a ddaeth mor ddisymwth i'w ran ac a drodd ei fywyd wyneb i waered. Dim ond amser, yn aml, a all ddwyn ei falm eneidiol ei hun a galluogi'r cyfryw i godi pen a dechrau meddwl yn fwy ffyddiog a hyderus. Ond, yn ychwanegol at hynny, fel y gellir mesur effaith daeargrynfeydd mewn gwahanol rannau o'r byd ar y 'raddfa Richter', felly mae daeargrynfeydd personol bywyd yn medru effeithio'n ddwfn nid yn unig ar yr unigolyn ond ar y teulu a chylch ei gydnabod mewn cylch o adweithiau cynyddol bellgyrhaeddgar. Meddyliwn am y foment y clyw rhieni fod rhywbeth o'i le ar eu plentyn newydd-anedig; y foment y rhydd arbenigwr ei farn eich bod yn dioddef o gyflwr nad oes meddyginiaeth iddo; y foment y try eich byd yn dlotach ganmil wrth golli partner, plentyn neu rieni annwyl; y foment y dywedir wrthych nad oes gwaith ar eich cyfer bellach; y foment y collwch eich clyw, eich golwg neu ddefnydd o rai o'ch cymalau. Mae'r rhestr gyfled â bywyd ei hun, ac effeithiau parhaol y gwahanol dreialon yn gwahaniaethu yn eu difrifoldeb o berson i berson yn y dalgylch arbennig hwnnw. Fel y dywed dihareb Sbaenaidd y mae Cymry'r Wladfa'n hoff iawn o'i hadrodd, 'Mae hi'n fyd bach ym mhob cartref', neu fel y canodd Cymro dwfn ei welediad yn y pennill telyn adnabyddus:

> Mae f'esgid fach yn gwasgu
> Mewn man nas gwyddoch chwi,
> A llawer gofid meddwl
> Sy'n torri 'nghalon i.

Pan glywn am brofedigaethau a threialon yn dod i ran anwyliaid a chydnabod, sut y gallwn ni eu helpu i ddod i delerau â'r digwyddiadau hynny? Awgrymaf yn garedig ein bod yn treulio amser gweddigar yn ein gosod ein hunain (i'r graddau y gallwn) yn eu lle yn y gofid a'u goddiweddodd, a'n bod yn gofyn yn benodol mewn gweddi beth fedrwn ni ei wneud i'w helpu. Hynny yw, ein bod yn ceisio *cyd*-ymdeimlo yng ngwir ystyr y gair. Ymhell y bo geiriau ac ymddygiad rhy iach a rhwydd mewn amgylchiadau o'r fath. Hoffaf yn fawr yr hanesyn a glywais am wraig a deimlai'n gwbl analluog i gydymdeimlo â theulu yn ei hardal a oedd wedi dioddef profedigaeth fawr a sydyn o golli aelod o'r teulu a oedd yn byw ymhell mewn rhan arall o'r wlad. Golygai eu bod i gyd yn gorfod teithio'n blygeiniol drannoeth ar gyfer yr angladd. Wrth i'r gymdoges ddynesu at y tŷ, teimlai fath o barlystod yn ei meddiannu fel na allai ddwyn i gof unrhyw eiriau a fyddai'n addas i gyfleu ei chydymdeimlad. Yn sydyn, cofiodd am yr Arglwydd Iesu yn golchi traed ei ddisgyblion. Wedi cyrraedd y tŷ, ond heb allu dweud fawr ddim ar air, cynigiodd fynd ati i lanhau esgidiau gwahanol aelodau'r teulu ar gyfer eu taith drannoeth. Wrth ei gweld hi'n brwsio ac yn sgleinio'r esgidiau yn ofalus, daeth nodyn o normalrwydd a chydfwriad i'r aelwyd yn gyffredinol. Yn ara' bach dechreuodd gwahanol aelodau'r teulu, o'r hynaf hyd at yr ieuengaf, fynd ynghylch trefniadau cychwyn ar eu taith drannoeth. Enghraifft yw hyn, wrth gwrs, o weithred fach feddylgar yn gallu bod o wir gynhorthwy mewn cyfnod argyfyngus.

Beth am yr adegau pan fu rhai yn analluog i baratoi pryd o fwyd, a chyd-Gristion caredig yn teimlo cymhelliad i ddod â phryd bwyd llawn i'w cartref? Neu'r amser pryd y daeth person ablach a chryfach na chi i dorri'r glaswellt (sy'n tyfu waeth beth fo amgylchiadau'r teulu), neu efallai i docio'r gwrych neu i godi'r chwyn haerllug sydd fel petaent yn llawer parotach i dyfu na'r blodau. A gofiwch chi ddod i lawr y grisiau wedi noson ddi-gwsg a gofidus ambell dro a gweld llythyr yn eich aros ar y mat oddi wrth gâr sydd â'ch buddiannau gorau yn pwyso ar ei galon? Neu'r tro y bu i chi allu cynnig gwaith yn eich cartref neu'r eglwys i rywun sydd yn yr iselderau am ei fod yn ddi-waith a'r oriau blinion, gwag, yn ymestyn o'i flaen bob dydd? Dro arall cawsoch gymhelliad i ymweld â rhywrai mewn oed o'r eglwys mewn cartref henoed er mwyn gwneud iddynt deimlo eu bod yn dal yn annwyl yn eich golwg fel eglwys. Hwyrach i chi deimlo rheidrwydd i eistedd i lawr gyda pherson ifanc i drafod ei ddyfodol yn bwyllog ac ystyriol am eich bod wedi clywed ei fod mewn penbleth ynghylch cwrs ei fywyd.

Nid pethau bach dibwys yw gweithredoedd o'r fath yng ngolwg ein Harglwydd. O'u gwneud yn weddigar a than gyfarwyddyd yr Ysbryd Glân, maent yn y dosbarth 'cwpanaid o ddŵr oer i ddisgybl', a chariad yr Arglwydd Iesu at ei blant yn gyfryw fel bod gwneud hyn i ddisgybl yn gyfystyr yn ei olwg â'i wneud iddo ef ei hun—ac yn derbyn ei gymeradwyaeth ddwyfol. Felly, rwy'n gweld yr 'A' gyntaf, *Accept*, yn faes lle y gall cynhaliaeth gariadus eraill fod o fudd amhrisiadwy i'r sawl sy'n dwyn y baich, ac o gymorth hefyd i'w deulu gan eu bod hwythau yn cyd-ddioddef ac yn teimlo effeithiau'r daeargryn hefyd.

Gras i addasu

Credaf, fodd bynnag, fod mynd i'r afael â'r ail 'A', addasu, yn fwy o gyfrifoldeb i'r person ei hun, ac yn rhywbeth y mae'n rhaid iddo ef neu hi ei gymryd at ei galon mewn modd penodol a dwfn er mwyn llwyddo i fyw ei fywyd yn llawn o ddydd i ddydd. Wedi bod yn iach a heini am ran helaeth o'n bywyd, mae'n anodd tu hwnt ein haddasu ein hunain, er enghraifft, i fywyd o anabledd corfforol. Wedi i chi fod yn berson egnïol, llawn bywyd, mae'n anodd dros ben derbyn gwendid a diffyg nerth i gyflawni'r dyletswyddau mwyaf syml a gorfod dibynnu ar gymorth rhywun arall. Mae llawer mwy o gynorthwyon i'r cartref a hefyd gynghorion arbenigol ar gael heddiw (er gwaethaf holl doriadau gwariant yn y maes iechyd) nag oedd yn wir rai blynyddoedd yn ôl. Y broblem yw fod llawer o unigolion a allai elwa oddi wrthynt yn ei chael yn anodd derbyn y cyfryw yn rasol, yn enwedig os buont yn iach ac annibynnol eu hysbryd. Mae balchder calonnau pob un ohonom yn anhygoel, a'r anallu cynhenid sydd ynom i fod yn wir ostyngedig o galon yn gymaint o fynegbost â dim i'r angen am ras dwyfol i wneud y gwaith dwfn yma ynom.

O ganlyniad, weithiau mae'n rhaid i'n Tad nefol dynnu'r propiau i gyd oddi wrthym cyn y gallwn anghofio ein pwysigrwydd, ein cyfraniad allweddol tybiedig a'n statws 'bywydol' o fewn y teulu, yr eglwys a chylch ein cydnabod. Bryd hynny, yn ein gwendid a'n noethni enaid, y byddwn yn galw allan 'Abba, Dad' mewn gwirionedd. Pan ddown i'r fan yma, yn nyfnder ein profiadau o geisio addasu i'n hamgylchiadau argyfyngus newydd, y dechreuwn dderbyn yn rasol bob cynhorthwy a all ddod i'n rhan, gan ddiolch amdanynt o lwyrfryd calon. 'Pob rhoddiad daionus a phob rhodd berffaith, oddi uchod y mae, yn disgyn oddi wrth Dad y goleuni, gyda'r hwn nid oes gyfnewidiad na chysgod tröedigaeth' (Iago 1:17).

I daro nodyn cwbl ymarferol, a chan feddwl yn arbennig am y rhai hynny o'n plith sy'n dioddef o gyflwr afiechyd tymor-hir, bu'r pum canllaw a ganlyn yn gymorth nid bychan i mi:

1. Bwyta bwyd syml, iach a maethlon, gan fod yr ychwanegion (*additives*) sydd mewn rhai bwydydd heddiw yn creu eu problemau eu hunain.
2. Gofalu ymarfer ryw gymaint bob dydd, er bod hynny yn aml yn ymarfer cyfyngedig.
3. Gofalu peidio â gorflino gan fod blinder yn dwyn ei draul ddiddiolch ei hun, yn emosiynol a chorfforol.
4. Gosod nod tymor-byr i anelu ato. Mae'r bodlonrwydd a geir hyd yn oed wrth gyflawni ryw ddyletswydd bach yn therapi ynddo'i hun.
5. Gofalu cael nod tymor-hir fel rhywbeth i edrych ymlaen ato. Er enghraifft, trefnu gwyliau mewn digon o bryd. Mae hyn o'r pwys mwyaf er mwyn cadw gobaith ynghynn i chi a'ch teulu, ac yn foddion i ysgafnhau cyfnodau anodd.

Gras i addurno

Wedi bod drwy gyfnod hir ac anodd yr addasu, deuwn wedyn yn fwy parod i ymgyrraedd at lefel y drydedd 'A', sef addurno. Feddylioch chi erioed gymaint o'r Beibl sy'n adrodd hanes manwl ymwneud Duw ag unigolion yn nhreialon dyrys eu bywyd? Meddyliwch am funud am hanes Joseff yn yr Hen Destament: dyna un a fu yn ysgol y tair 'A' os bu rhywun erioed. Yn ffefryn ei dad, Jacob, cafodd fyw'n gysgodol yn y cartref heb wybod beth oedd bugeilio yn yr unigeddau peryglus fel ei frodyr hŷn. Darllenwn am ei freuddwydion llachar a ganolbwynt-iai'n echelog ar y teulu cyfan yn talu gwrogaeth i'w berson dawnus ef ei hun. Yna cafodd ei daflu i bwll erchyll, ei amddifadu o'i siaced am-ryliw grand, ac wedyn ei werthu'n ddiseremoni i Ismaeliaid crwydrol ar lwybr carafán yr anialwch i'r Aifft. Credaf iddo gael y cyfan yn anodd ei dderbyn ar y dechrau, ac mai'n raddol bach, yn y cyfnod o addasu, y dechreuodd Duw ei gryfhau ddigon fel cymeriad nes peri iddo wrthsefyll temtasiwn i anfoesoldeb gwraig ei feistr a'i gael ei hun o'r herwydd yn y carchar ac yntau'n ddieuog. Ond, fel llinyn arian drwy hanes cyffrous Joseff, gwelir ei sicrwydd fod Duw yn dal ei afael ynddo ac yn llywio ei fywyd drwy ei nerthu a'i alluogi i fod yn un a addasodd mor dda i amgylchiadau'r carchar nes peri bod y cyfrifoldeb o ofalu'n rhannol am y carcharorion eraill yn cael ei osod arno ef.

Wrth wneud y gwaith hwnnw'n ffyddlon a chynnes-galon, 'megis i'r Arglwydd ac nid i ddynion', daeth mor agos yn ei ymwneud dyddiol â'r carcharorion fel y bu i ddau swyddog go bwysig o lys Pharo ymddiried eu breuddwydion iddo, a chafodd yntau'r ddoethineb i'w dehongli'n ffyddlon iddynt. Er i un o'r ddau, sef y pen-trulliad, addo y byddai'n cofio am Joseff yn y carchar wrth iddo ef ei hun gael ei ryddhau, anghofio'n gyfleus iawn a wnaeth. Aeth misoedd lawer heibio cyn iddo gofio dim am Joseff pryd y cynghorodd Pharo i alw amdano i ddehongli'r breuddwydion a oedd yn creu'r fath benbleth iddo. Ond, yng nghanol ei adfyd a'r oedi, does dim achlust yn y Beibl fod Joseff wedi chwerwi ac anobeithio. Yn hytrach gwelir ei holl brofiadau chwithig yn bwydo rhywbeth a ddaeth yn argyhoeddiad cynyddol iddo dros y blynyddoedd ac a gyrhaeddodd ei uchafbwynt gorfoleddus pan ddatguddiodd ei hun i'w frodyr ar ddiwedd yr hanes. 'Chwi a fwriadasoch ddrwg i'm herbyn; ond Duw a'i bwriadodd i ddaioni' (Genesis 50:20). Roedd Joseff yn enghraifft berffaith dan yr hen oruchwyliaeth o wirionedd brawddeg a ddarllenais dro byd yn ôl: 'Adversity should make us better not bitter.'

Disgybl disgleiriaf y tair 'A' yn y Testament Newydd yw'r Apostol Paul: 'Canys myfi a ddysgais ym mha gyflwr bynnag y byddwyf, fod yn fodlon iddo' (Phil.4.11). Gwyddom fel y trodd ef ei gaethiwed yn Rhufain yn achlysur i ysgrifennu llythyrau amhrisiadwy werthfawr, dan gyfarwyddyd yr Ysbryd Glân, i'r Eglwys ifanc a oedd yn wynebu pob math o heriau a phoenau tyfu. Sut y teimlai Paul i ddechrau, tybed, pan sylweddolodd o ddifrif fod cyfnod ei deithiau cenhadol i bregethu'r efengyl a sefydlu eglwysi wedi dod i ben, a'i fod bellach yn gaeth mewn cadwyn i filwr Rhufeinig yn 'ei dŷ ardrethol ei hun'? Bu saint Rhufain yn garedig tuag ato, a deuai rhai o gymdeithion ei deithiau i'w weld o bryd i'w gilydd gan ddwyn hanes y gwahanol eglwysi. Gwyddom iddo alw am femrynau ac am ei glogyn cynnes o flew geifr a adawodd yn Troas (o bosibl i'w gadw'n gynnes wrth iddo ysgrifennu 'â'i law ei hun' neu lefaru ei lythyrau gwerthfawr). Ond blynyddoedd o brawf oeddynt ar ei ffydd a'i ymroddiad i'w Arglwydd. Y rhain oedd blynyddoedd addurno ei gystuddiau a'i dreialon pryd y trodd siom a rhwystredigaeth ei garcharu yn fendith aruthrol fawr i'r Eglwys Gristnogol ar draws y canrifoedd ac yn ogoniant i'r Un a'i galwodd 'o dywyllwch i'w ryfeddol oleuni ef'. Ac felly y bu mewn llawer o achosion tebyg trwy'r blynyddoedd. O ddyfnder profiadau tywyllaf y saint ganwyd llenyddiaeth bwerus a grasol *Taith y Pererin*, llu aneirif o emynau gwerthfawr a chyfran dda o lenyddiaeth fwyaf sylweddol y ffydd. Ymlawenhawn yn gyfiawn yn emynau gorfoleddus Pantycelyn, ond mae ei lythyr olaf at Thomas Charles, pryd na allai symud ond ychydig lathenni o'i wely i'r gadair, yn ddarn grymus o lenyddiaeth sy'n siarad cyfrolau wrthym heddiw am graidd y bywyd ysbrydol.

Dameg

Os goddefwch air bach personol i orffen, hoffwn sôn am y ddwy ffenestr sydd yma yn ein cartref, Heulwen*. Gwnaethpwyd y ddwy yn ffenestri llydan, cyfoes a dymunol, pan ymgymerodd y perchennog blaenorol â'r gwaith o ymestyn dipyn ar y gegin a'r ystafell fyw. Lleolir ffenestr y gegin yn nhalcen y tŷ, a thrwyddi gallaf weld byd symudol dros ben: teuluoedd yn prysuro i lawr y llwybr troed heibio i'r ffenestr i lawr i'r dref, cymdogion yn oedi i sgwrsio neu'n picio i lawr i arddio yn y lleiniau o dir gerllaw. Uwchben y llwybr y mae'r ffordd fawr lle ceir traffig cyson, bysiau, ceir a lorïau yn gyrru i fyny'r cwm. Ond hefyd, gan ei bod yn ffordd mor hir a gwastad, fe'i defnyddir yn gyson gan lawer i loncian neu i 'jogio' ar hyd-ddi, ac mae'r nifer o feicwyr sy'n pasio heibio i'r trac seiclo yn Afan Argoed yn anhygoel. Y tu ôl i'r rhes o dai gyferbyn, cwyd llechwedd mynydd serth, ac ar hyd ei lwybrau mae llawer o rodianna, yn enwedig yn yr haf. Ychwanegwch at hyn y marchogion ar geffylau sy'n pasio o bryd i'w gilydd o'r ysgol farchogaeth yn y Goetre a'r grwpiau bach o wragedd sy'n mynd heibio at yr arhosfa i ddal y bws i siopa'n ddifyr yn y dref, a gallech feddwl y byddai oedi gormod i edrych allan drwy ffenestr y gegin drwy'r dydd gwyn yn dueddol o ddwyn rhywun, na all gerdded ryw lawer erbyn hyn, i gaethiwed.

   Ond mae ffenestr yr ystafell fyw yn nhu blaen y tŷ yn wynebu i gyfeiriad cwbl wahanol, a dyma'r olygfa yr edrychaf arni y funud hon

*Ein cartref ym Mhen-y-cae, Port Talbot, rhwng 1989 ac 1997

wrth ysgrifennu hyn o eiriau. Mae'r tŷ ar godiad tir go uchel ar draws y dyffryn, ac felly gallwn weld dros ben y dref a'r harbwr a thros gulfor Bryste. Ac ar ddyddiau clir mae arfordir Dyfnaint i'w weld yn rhimyn yn y pellter. Ar dywydd braf iawn gellir hyd yn oed weld porthladdoedd Lynmouth a Lynton, a phrofiad neilltuol ar ddyddiau felly yw gweld adlewyrchiad yr arfordir mewn drych yn y tŷ a dotio at addewid a phrydferthwch y cyfan.

Wedi byw am dair blynedd yn y cartref newydd a syllu ar yr olygfa hon am ryw gyfran o bob dydd, dyma benderfynu yn y gwanwyn eleni fod yr iechyd yn caniatáu i'r ddau ohonom fynd ar wyliau i Ddyfnaint gan na fuom yno erioed o'r blaen. Wedi teithio dros bont Hafren, setlo i lawr a chael cyfle i fynd ar deithiau yn y car o amgylch y pentrefi bach lliwgar a thlws, ac yn ystod ambell daith i'r mynyddoedd neu at y glannau môr, yr hyn a argreffid beunydd ar fy meddwl oedd mor gyfoethog yn ei hamrywiaeth a'i phrydferthwch oedd y wlad o'i chymharu â'r rhimyn arfordir y bûm i'n syllu arno gyhyd.

Nefoedd Duw ryw ddydd yw nod terfynol y crediniwr. Er i ni osod ein bryd arno fel nad oes raid i ni mwyach hoelio ein llygaid yn unig ar fyd gwibiog 'ffenestr y gegin', dim ond amlinelliad pell ar y gorwel a welwn. Weithiau gwelwn hwnnw'n eglur, eto megis 'trwy ddrych, mewn dameg'. Dro arall daw niwloedd anghrediniaeth ac anobaith i guddio'r olygfa yn lân. Ond fe ddaw'r dydd pryd y cawn ninnau fynd dros bont angau i'r gwynfyd. A chysur o'r mwyaf i'r credadun yw cofio mai pen draw holl dreialon ac anawsterau'r bywyd hwn yw ein paratoi ar gyfer y gwynfyd hwnnw. Rwy'n diolch lawer am olygfa'r ystafell fyw.

'Canys ein byr ysgafn gystudd ni sydd yn odidog ragorol yn gweith-redu tragwyddol bwys gogoniant i ni; tra na byddom yn edrych ar y pethau a welir, ond ar y pethau ni welir: canys y pethau a welir sydd dros amser, ond y pethau ni welir sydd dragwyddol' (2 Cor. 4:17-18).

Cyhoeddwyd 1994

Ymdopi â straen a phrysurdeb

Mae'n sicr gen i mai rhan o apêl *Taith y Pererin* gan John Bunyan, ar wahân i'r ffaith ei fod yn glasur ysbrydol a llenyddol, yw fod Cristion yn llwyddo yn y diwedd i ddal ei ben yn erbyn anawsterau enbyd ac ar ddiwedd ei daith yn cyrraedd y Jerwsalem nefol yn llawen a buddugoliaethus. Er iddo gwympo i gors anobaith, cael ei garcharu dros dro yng nghastell amheuaeth a gorfod gwrthsefyll holl atyniadau Ffair Wagedd, fe'i cedwir i deithio ymlaen hyd nes bod yr utgyrn yn canu iddo yr ochr draw. Ac rydym yn llawenhau wrth feddwl amdano. Mor aml y gwelwn ninnau ein hunain wedi ein cloi mewn cyflwr llawn straen a thyndra sy'n ein rhwystro rhag mwynhau'r bendithion hynny a drefnodd ein Tad nefol ar ein cyfer. Teimlwn ein bod yn cael ein dal gan brysurdeb a phroblemau'r dydd a'r rheini'n bygwth ein tynnu ninnau i gors anobaith.

Rai blynyddoedd yn ôl bellach, mae gen i gof byw am griw bach ohonom fel gwragedd ifainc a mamau prysur yn dechrau cwrdd gyda'n gilydd bob pythefnos tua dechrau mis Hydref un flwyddyn. Roeddem yn cwrdd i weddïo a hefyd seiadu ynghylch ein problemau. Wrth sgwrsio daeth i'r amlwg mai'r hyn a boenai pob un ohonom fwyaf ar y pryd oedd sut i beidio â chael ein hysgubo oddi ar ein traed gan yr amrywiaeth gweithgareddau a dyletswyddau teuluol sy'n arwain at y Nadolig. Profiad pob un ohonom oedd bod gwefr ac arwyddocâd mawr ysbrydol yr ŵyl yn cael eu difetha gan yr allanolion bethau a'r cyffro bydol. Gwnaethom adduned yn y cyfarfod hwnnw ein bod yn anelu at gyrraedd y gwasanaeth bore Nadolig yn y capel mewn stad addas i'w fwynhau, ac y byddem yn y cyfarfodydd dilynol yn cynorthwyo ein gilydd i gadw rhag gormodedd o bryder a straen. Y cyfan a allaf ei ddweud ymhellach yw ein bod wedi cael cyfarfodydd bendithiol yn dilyn, a'n bod wrth rannu ein problem wedi llacio ein gofal ac wedi cryfhau'r ymdeimlad ein bod fel Cristnogion i fod i 'gario beichiau ein gilydd'. A bu'r Nadolig hwnnw yn un gwir fendithiol i ni a'n teuluoedd, a thyfodd y gymdeithas a'r ysbryd rhannu profiad fu rhyngom o nerth i nerth.

Fel yr aeth y blynyddoedd heibio deuthum yn fwy argyhoeddedig nag erioed ein bod fel Cristnogion unigol y dyddiau hyn yn cario gormod o bwysau arnom ein hunain, a ddim yn gwir rannu â'n gilydd fel y dylem. Wedi'r cyfan, dyna rai o ddelfrydau ein hoes, y *'self-made man'*, a'r wraig sy'n llwyddo i godi teulu a dilyn gyrfa lwyddiannus, ond does neb yn gofyn beth yw'r gost hyd nes y daw ymosodiad ar y galon neu dorri lawr yn nerfol a phroblemau iechyd eraill. Mewn arolwg diweddar, amcangyfrifir bod rhieni heddiw yn treulio ar gyfartaledd draean llai o oriau gyda'u plant bob wythnos nag a wnâi rhieni yn y chwedegau. Mewn ystadegau o'r fath gwelir tuedd ein hoes i fod ar gymaint o frys gwyllt yn ceisio dod i ben fel na chyfathrebir ar lefel ddofn â'n partneriaid a'n plant, nac yn wir â chymdogion a henoed neu â'n cyd-Gristnogion yn yr eglwys. O brofiad gallaf ddweud fod orig o rannu profiadau a gwrando ar ofidiau rhywun arall yn gallu gosod bywyd mewn persbectif llawer cliriach a llai gorthrymus. O wneud hyn daw mwy o ystyr mewn adnodau sy'n sôn am i ni 'garu ein gilydd' a 'chyfrannu tuag at anghenion y saint', a geiriau'r Arglwydd Iesu yn yr oruwchystafell ar garu ohonom ein gilydd fel y carodd efe nyni. Ond i sicrhau bod hyn yn digwydd, golygir bod y Cristion unigol yn cymryd arno'i hun y ddisgyblaeth o gynnig yn feunyddiol i'r rhai sydd o fewn cylch ei ofal a'i adnabyddiaeth y *'quality time'* y soniai un gweinidog o Awstralia a adwaenem, wrth gyfeirio at wir gyfeillach ysbrydol. Ac ni all hyn ddigwydd yn llawn oni bai fod y Cristion unigol yn bwriadol ymlacio ac yn gosod ei fryd ar wasanaethu ei gyd-Gristnogion ac nid yn unig ar ei bryderon a'i ofidiau ei hun.

Wedi sôn am werth gwir gymdeithas â'n gilydd a'r cymorth a gawn o wneud hynny, prin bod angen i mi sôn yma am y rhyddhad a deimlwn wrth 'fwrw ein baich' ar yr Arglwydd. Y rhyfeddod yw ei fod ef mor barod i wrando ac i esmwytháu arnom. Un cymorth mawr i rai sy'n ei chael yn anodd i sicrhau amser priodol i wneud hyn yw medru cyd-weddïo'n gyson â chymar neu gyfaill agos. (Dywedodd cyfaill sylwgar un tro fod dyletswyddau mawr a mân fel pe baent yn crochlefain am ein sylw pan feddyliwn o ddifrif am weddïo, a gwir y dywedodd.) Treuliwn ddigon o amser yng nghwmni ein gilydd yn trafod ein ham-gylchiadau, felly onid purion o beth fyddai dod i ryw ddeallltwriaeth â'n gilydd ein bod yn treulio cyfran o'r amser o leiaf yn cyflwyno ein pryderon a'n hofnau a'n gofalon i Dduw mewn gweddi. O wneud hynny, gallwn weld pa ryddid a gawn wrth geisio'i wyneb, a pha ryddhad fydd yn ein dilyn, megis y Salmydd gynt, pan gawn ninnau'r sicrwydd (yn aml) ei fod wedi ein gwrando. Cyfaddefodd Mrs Bethan Lloyd-Jones wrth ffrind agos iddi beth amser cyn ei marwolaeth mai'r golled fwyaf a deimlodd pan fu farw ei gŵr oedd colli'r fraint o gyd-weddïo ag ef ar yr aelwyd.

Mae nifer o awgrymiadau eraill cwbl ymarferol a allai ein cynorthwyo i osgoi straen a blinder mewn bywyd, a da fyddai crybwyll un neu ddau ohonynt. Yn gyntaf, mae'n bwysig odiaeth wrth wynebu ar ein bywyd ein bod yn gwybod at ba amcan neu amcanion yr ydym yn anelu atynt yn hytrach na rhygnu ymlaen heb nod clir o'n blaen. Gall rhai amcanion fod yn rhai syml ac ymarferol iawn, megis cadw i lawr yr elfen o lanastr sy'n mynnu crynhoi mewn cypyrddau a droriau (nes ei bod yn anodd gwybod ble mae dim byd pan fo ei angen arnom), rhoi trefn foddhaol ar yr ardd fel y gellir codi llysiau llesol a blodau lliwgar, tyfu lawnt i'r plant chwarae arni, cynllunio prydau bwyd maethlon a chytbwys ar gyfer y teulu neu brynu anrhegion Nadolig mewn digon o bryd i osgoi rhuthr munud olaf. Mae'r rhestr yn ddiderfyn ac yn amrywio yn ôl ein personoliaethau a chylchoedd ein cyfrifoldeb a'n dylanwad, ond mae'n holl-bwysig cadw rhestr o'r dyletswyddau sy'n ein hwynebu, ac os ydym yn brysur tu hwnt, gofalwn osod y dyletswyddau hyn yn nhrefn pwysigrwydd er mwyn osgoi cael ein blino gan y llwyth o ofalon a allai ein drysu yn feddyliol a nerfol. O wneud hyn, yr hyn sy'n fy rhyfeddu i'n barhaus yw fy mod, yn hwyr neu'n hwyrach, wedi gweithio drwy'r rhestr i gyd—mae fel petai'n fater o hunan-barch i fod wedi cyflawni'r gorchwylion ac yn llawenydd i gael croesi'r eitemau i ffwrdd o un i un. A chan fy mod yn sôn am wneud rhestr, carwn grybwyll mai perygl pob gwraig gydwybodol yw gwneud gormod ei hun a pheidio â rhannu'r gwaith pan fo rhai wrth law a allai gynorthwyo, o leiaf yn achlysurol, i osgoi straen ar gyfnod prysur. Felly mae'n dda i'r wraig wneud rhestr o'r hyn sydd ei angen arni o'r siopau gan fod rhai gwŷr yn hapus iawn i wneud y gwaith os ydynt yn gwybod beth yn union i'w bwrcasu. (Ac fel arfer fe gewch fwy yn y fargen!) Ac mae hyn yr un mor wir am rywun ifanc neu gymdoges a garai wneud cymwynas ambell dro.

Ond ar wahân i'r dyletswyddau beunyddiol hyn, mae'n bwysig fod gennym amcanion uwch a mwy pellgyrhaeddol fel rhan o'n hathroniaeth ar gyfer bywyd, neu fe gawn ein llygad-dynnu a'n hudo i bob cyfeiriad arall, ac mae hyn yn gallu bwyta ein hegnïon prin. Dyma'r math o gwestiynau a oedd gennyf mewn golwg fel y gallwn yn fwriadol iawn danlinellu'n feddyliol ein blaenoriaethau mewn bywyd:

• Ydi fy mhriod a minnau yn dal i geisio cyflawni'r addewidion a wnaethom i'n gilydd ar ddydd ein priodas?

- Ydi'r amser a roddaf i'm plant yn gwir adeiladu perthynas a dealltwriaeth rhyngom a fydd yn argoeli'n dda ar gyfer y dyfodol?

- Ydw i'n ceisio o leiaf ddeall problemau sydd yn y gymdeithas o'm cwmpas heddiw, megis effeithiau alaethus diweithdra, cyni economaidd mewn teuluoedd, anabledd, henaint a phrofedigaeth, fel y gallaf fod o beth cymorth pan ddof i gyfarfod â hwy o ddydd i ddydd (daw straen yn aml pan na fynnwn gydnabod realiti bywyd fel y mae heddiw).

- Yn bwysicach na dim, ydw i'n anelu at neilltuo amser i ddarllen y Gair? Wedi'r cyfan, gwlad a chymdeithas olau yn ei Beibl oedd Cymru unwaith. Beth am gychwyn y flwyddyn newydd drwy brynu esboniad (un syml os nad oes llawer o amser gennym) neu sicrhau cynllun darllen y Beibl fydd yn ein symbylu fel unigolion a theuluoedd i ddarllen y Beibl bob dydd?

Ystyriaeth arall a gefais yn gymorth i wynebu straen mewn bywyd o ddydd i ddydd yw bod yn barod i gredu bod y gwahanol bethau a ddigwydd i ni mewn diwrnod yn rhan o batrwm Duw ar gyfer y diwrnod hwnnw. Gwelais hyn gyntaf mewn llyfr a ddylanwadodd yn drwm arnaf, *The Triumph of John and Betty Stam*. Ynddo mae'r cenhadwr ifanc, John Stam, a'i briod, Betty, wedi mentro i faes cenhadol newydd sbon yn China (ac yn fuan iawn wedi mynd yno mae'r ddau yn cael eu dienyddio gan y Fyddin Goch ond yn marw'n fuddugoliaethus). Soniodd John Stam mewn llythyr at gyfeillion yn ei dref enedigol, Pateson, UDA, am ei waith o ddydd i ddydd yn Tsingtch: 'Things are always happening otherwise than one expects . . . the Lord helps us to be quite satisfied whatever He sends our way this day. Whether our hopes for study or work are realised or not, may He help us to be satisfied with His plan for the day as He unfolds it to us.'

Mae credu hyn yn peri i ni ymdawelu pan fo pobl ddiarth yn galw'n ddirybudd, rhywun anghenus yn dwyn ein hamser ar y ffôn, neu anap annisgwyl yn y teulu sy'n drysu ein holl gynlluniau am y diwrnod hwnnw. Gallwn o leiaf sefyll yn ôl ac ystyried a yw'r pethau hyn yn dod yn uniongyrchol o law yr Un y mae ein bywydau yn perthyn iddo. Darn o batrwm ein bywyd a welwn ni, ond mae Duw yn gweld holl batrwm ein bywyd o'i ddechrau i'w ddiwedd ac yn gwybod yn union ble mae'r holl brofiadau amrywiol (digon diflas weithiau i ni ar y pryd) yn gweithio i mewn i'w bwrpas ef o'n sancteiddio. Gŵyr hefyd pa ddoethineb sydd ei hangen arnom i'w hwynebu. Mae'n bwysig cofio hyn.

Carwn, cyn gorffen, sôn am rai awgrymiadau mwy ymarferol fyth.

Nid oes dim gwell ar gyfer llacio'r nerfau na mynd allan am dro i'r awyr iach. Ar gefndir ehangach mawreddog natur, ymddengys pob problem a gofid yn llawer mwy cymesur, ac mae cerdded ynddo'i hun yn therapi ardderchog. Mae gwrando ar gerddoriaeth dda yn gallu llacio'r nerfau ac esmwytháu'r ysbryd, ac fe all ymgolli mewn ambell lyfr swmpus, fel bywgraffiad Cristnogol wedi ei ysgrifennu'n afaelgar (hyd yn oed os oes rhaid i ni ei ddarllen yn bwyllog dros gyfnod o amser) godi disgwyliadau ein bywyd ninnau i ddimensiwn uwch. Beth bynnag a wnawn i ymlacio, mae'n holl-bwysig ein bod yn gwir ymlacio wrth wneud hynny ac nid yn ein twyllo ein hunain ein bod yn llwyddo—mae modd mynd dan straen a gormes wrth geisio ymlacio, hyd yn oed.

Un peth sy'n gallu dwyn llawer o ofid a straen i'n bywydau i gyd yw afiechyd, ac yn y cyswllt hwn hoffwn ddwyn i'ch sylw lyfr o'r enw *Superfoods* gan Michael Van Straten a Barbara Griggs. Yn ddiweddar bûm yn ymddiddori dipyn mewn bwydydd iach, a hwn yw'r llyfr gorau yr ymgynghorais ag ef hyd yn hyn. Sôn y mae am rinweddau bwydydd gwahanol mewn perthynas ag iechyd, ac am y bwydydd y dylid eu hosgoi mewn cyflyrau gwahanol megis y fogfa (asthma) ac anhwylderau'r croen. Mae yn y llyfr un bennod gyfan ar straen a blinder gan awgrymu'r pwyslais a ddylai fod ar rai bwydydd i gwrdd â'r cyflyrau hyn sy'n dod i ran pawb ohonom ryw bryd neu'i gilydd. Yr hyn a hoffaf fwyaf ynghylch y llyfr yw'r pwyslais ar werth llysiau, ffrwythau a pherlysiau yr ydym i gyd mor gyfarwydd â hwy ond heb lawn sylweddoli eu gwerth, a'r modd y gallant ein cynorthwyo i fyw ein bywydau o ddydd i ddydd.

Yn ychwanegol at bopeth a ddywedwyd, sylweddolwn i gyd fod holl awyrgylch yr oes, ar y cyfryngau, ac mewn cymdeithas o'n cwmpas, yn gwasgu'n drwm ar ysbryd unrhyw un a gychwynnodd ar y bererindod ysbrydol. Ond mae hi'n bwysig cofio hefyd fod sôn am yr elyniaeth hon drwy'r Beibl i gyd. Does dim ond rhaid meddwl am Abraham yn ymadael â chyfforddusrwydd Ur y Caldeaid, Moses yn troi ei gefn ar wychder llys Pharo, Joseff yn gwasanaethu'n ffyddlon mewn carchardy yn yr Aifft, a Daniel yn sefyll yn erbyn holl rym Nebuchodonosor, heb sôn am arwyr y Testament Newydd—a'r cyfan am fod eu bryd ar Ddinas ac iddi 'sylfeini, saer ac adeiladydd yr hon yw Duw'. Hwn yw'r persbectif a'n cyfyd ninnau heddiw uwchlaw pob straen a gofid.

Cyhoeddwyd 1994

Pobl y balconi

Sylwedd anerchiad a roddwyd yng Nghwrdd Merched
Eglwys Efengylaidd Gymraeg Caerdydd, 13 Gorffennaf 1995

Cofiaf ddarllen am weinidog profiadol, oedd yn dueddol i fynd yn wangalon ac isel ei ysbryd ar brydiau, yn rhannu gyda chyfaill iau beth fyddai'n codi ei ysbryd yn ddi-feth ar adegau felly. 'Byddaf, bryd hynny', meddai, 'yn troi clust fyddar i *leisiau'r seler* ac yn troi fy ngolygon at rai y caraf eu galw yn *bobl y balconi*. Mae meddwl amdanyn nhw yn fy ysbrydoli i ddal ati yn fy mywyd ysbrydol.'

Does dim rhaid egluro llawer i neb ohonom beth yw 'lleisiau'r seler' yn ein bywyd. Dyma'r nwydau cryfion a'r teimladau dwfn afreolus, 'y pethau sydd yng nghalon dyn' sy'n ein dwyn mor aml i gaethiwed a chywilydd. A phan ychwanegir atynt amgylchiadau dyrys ein byw yn hyn o fyd, a thynfa gref materoliaeth hudolus ein hoes, heb sôn am y cymeriadau caled a all fod yn gas a hynny heb achos yn aml, pa ryfedd fod *lleisiau'r seler* yn ein parlysu o bryd i'w gilydd. Gallant yn aml orchfygu'r cryfaf, heb sôn am y gwannaf ohonom.

'Diolch,' meddai'r gweinidog, 'am bobl y balconi.' Ceir rhestr gynhwysfawr iawn o rai o'r cyfryw yn Hebreaid 11—y 'cwmwl tystion' sy'n profi'n glir fod Duw yn ei ras anorchfygol yn gallu gwneud gwaith 'cynnal a chadw' ar ei bobl drwy dreialon di-ben-draw. Nid tyrfa o arsyllwyr didaro yw'r cwmwl tystion hyn ond cwmni o weithredwyr ffyddiog sy'n parhau i fod yn ysbrydoliaeth i saint yr oesoedd gredu yn Nuw a pharhau yn gadarn yn eu bywyd ysbrydol.

Ond yn ogystal â Hebreaid 11, fe all pob un ohonom feddwl am Gristnogion a ddaeth ar draws ein llwybr a fu'n ysbrydoliaeth i ni ar gyfrif eu ffydd, eu cariad, eu gobaith a'u dewrder. Gallant fod yn bobl adnabyddus, neu'n rhai distadl ac anadnabyddus. Drwyddynt hwy, fodd bynnag, gwelsom fywyd yr Arglwydd Iesu Grist (yr 'ultimate Balcony person' chwedl y gweinidog) yn cael ei fyw yn ddisglair yn eu bywyd hwy er gogoniant i Dduw. Fel y dywedodd Oswald Chambers, 'A saint never leaves impressions of himself, only that Jesus is having unhindered sway in his life.'

Cofiaf yn dda fynd gyda'm priod i weld Pastor George Griffiths a fu'n weinidog am flynyddoedd yn ardal Cwm-twrch, yng Nghwm Tawe. Glöwr ydoedd o ran ei alwedigaeth. Ond, wedi profi bendith ysbrydol fawr yn Niwygiad 1904, ffurfiodd nifer o'r dychweledigion Eglwys Tro'r Glien, Cwm-twrch Uchaf, a daeth George Griffiths yn weinidog arnynt: y 'Pastor' fel y galwent ef. Drwy'r blynyddoedd bu'r baich am weld Duw yn ymweld â'n gwlad mewn diwygiad yn bwysau cyson ar y bugail a'r praidd, a buont yn gweddïo'n ffyddlon am weld hyn yn digwydd. Erbyn hyn yr oedd yn gaeth i'w wely ac yn tynnu at ddiwedd ei bererindod. Eisteddai'r henwr hyfwyn, hardd ei wedd, i fyny yn ei wely, ac wrth sgwrsio eglurodd yn bwyllog beth y bu'n ei wneud y diwrnod hwnnw. 'Rydw i wedi bod yn whilo'r sylfeini,' meddai, 'ac mae'n dda gen i allu dweud eu bod nhw'n dal.' Beth yn wir allasai ysbrydoli gweinidog iau a'i briod yn fwy na chlywed gŵr Duw, aeddfed o ran ei oed a'i brofiad, yn wynebu angau ei hun, yn llefaru geiriau mor gysurlon a chadarn.

Un arall llai adnabyddus na'r Pastor a fu'n un o 'bobl y balconi' i mi oedd Olive o Awstralia bell. Pan fuom yn ymweld â'i heglwys gyntaf, roedd Olive yn llawn bywyd, a chan iddi ddod yn Gristion a hithau yn ganol oed roedd yn byrlymu o'r 'cariad cyntaf' heintus hwnnw na allai beidio â bod yn ddylanwad dyrchafol yn y cartref i'r henoed lle gweith-iai, yng nghylch ei theulu ac yn yr eglwys yn Dingley, Melbourne. Bob tro y cyfarfyddech ag Olive, roedd gwên hyfryd ar ei hwyneb, a'i hysbryd bob amser yn gynnes-galon. Ymhen chwe blynedd, pan gawsom y fraint o fynd i dueddau Melbourne eto, clywsom fod Olive wedi marw o ganser ar ôl salwch difrifol. Wna' i byth anghofio ceisio cydymdeimlo â'i gŵr, Tom—yntau a'u hunig fab yn weithgar iawn gyda'r achos yn Dingley. 'Peidiwch â gofidio gormod amdana' i', meddai. Ac yna aeth rhagddo i ddweud fel yr oedd yn eistedd yn yr ystafell gyda hi pan oedd yn wael iawn a hithau yn ei dyb ef yn dechrau suddo'n gyflym. Yn sydyn, clywodd sŵn fel sŵn canu yn dod o gyfeiriad y gwely ac aeth at ei wraig. 'Wyt ti'n canu 'nghariad i?' meddai. 'Wrth gwrs fy mod i', meddai hithau. Y rhain oedd ei geiriau ffarwél.

Yn eisiau—heddiw

Clustnodwyd 1995 i fod yn 'flwyddyn y teulu' ac, o ddifrif calon, rhaid gofyn a fu'r uned deuluol erioed dan gymaint o warchae ag y mae hi heddiw. Ceir pwysau o bob cyfeiriad ar blant a phobl ifanc i dyfu i fyny'n gyflym, i roi penrhyddid i'w nwydau, i'w mynegi eu hunain yn llawn ac i ysgwyd i ffwrdd hualau teulu a thraddodiad. Yna fe ddaw

196

pwysau anhygoel o gyfeiriad galwedigaethau gwahanol: pwysau ar unigolion iddynt roi eu holl egni creadigol y tu ôl i'r rheini, ac ar gefn hynny i ymblethu i mewn i fywyd cymdeithasol clòs, llawn adloniant, yn eu horiau hamdden, *heb roi dim ystyriaeth i alwadau cyfreithiol y teulu.* Gorau po gyntaf y sylweddolwn enbydrwydd y sefyllfa ac y cymerwn gamau gweddigar pendant i'w hatal, yn ôl y ddoethineb a'r nerth a roddir i ni.

Dyma gyfle dihafal i bob rhiant, i bob taid a nain, i bob hen-daid a hen-nain a phobl sengl ein heglwysi (sy'n ewythr neu'n fodryb answyddogol i laweroedd) i geisio bod yn 'bobl y balconi' i'r genhedlaeth sy'n codi. Yn erbyn cefndir diffyg ffydd ein hoes, mae angen i'r ifanc weld bod y ffydd Gristnogol yn ffydd fywydol, holl-gynhaliol, y rhoddwn ein heinioes i lawr, pe bai rhaid, yn hytrach na'i gwadu. Mae angen ysbryd ynom fel hwnnw oedd yn Daniel yr henwr a welai weledigaethau ym Mabilon er ei fod, yn ôl ei addefiad gonest ef ei hun, yn dychryn yn ddirfawr, 'a'm gwedd a newidiodd ynof; eithr mi a gedwais y peth yn fy nghalon' (Daniel 7:28). Mewn gair, mae angen i ni ddyblu diwydrwydd gan wrthod gadael i'r gelyn ein perswadio i laesu dwylo.

Yr hen lwybrau

Ond sut y gallwn wneud hyn? Ar un wedd mae'r ateb yn syml: gofalu'n ddyddiol ein bod mewn cymdeithas fywydol, glòs, â'r Un a ymgymerodd â'r gwaith o'n sancteiddio o'r funud yr ildiasom ein hunain iddo—a chyn hynny mewn gwirionedd. Yr hyn sy'n anodd yn ymarferol, fodd bynnag, yw meithrin yr unplygrwydd ysbryd sy'n peri ein bod yn mynnu rhoi lle canolog i'r 'moddion gras' hynny sy'n bwydo ac yn atgyfnerthu'r enaid—ac nid y lle ymylol fel yn hanes llawer y dyddiau hyn, mae lle i ofni.

Gallwn mor hawdd syrthio i'r fagl o gredu nad yw ansawdd ein bywyd ysbrydol ni fel Cristnogion syml yn cyfrif ryw lawer yn y pen draw, ac y gallwn yn dawel fach rygnu 'mlaen yn ddigon diddrwg didda. *Allai dim byd fod yn bellach o'r gwir.* Flynyddoedd yn ôl clywais sylw craff ar bregethu: 'Os na weddïaf un diwrnod mi fyddaf fi fy hun yn gwybod hynny. Os na weddïaf y diwrnod canlynol fe fydd fy ffrindiau yn gwybod hynny. Os na weddïaf y trydydd diwrnod fe fydd yr holl stryd yn gwybod hynny.' Peidiwn byth â dibrisio'r pwysigrwydd mawr o gadw ein bywyd ysbrydol personol yn fyw ac yn iraidd *ac i ofyn am nerth yr Ysbryd Glân i wneud hyn bob dydd o'n hoes.*

Wrth ystyried ffyniant ein bywyd ysbrydol, mae'n rhaid inni, heb ronyn o gywilydd, 'ymofyn am yr hen lwybrau' a glynu wrthynt doed a ddelo. Does dim dewis arall. Gadewch imi enwi rhai ohonynt.

Darllen y Gair

Rhaid gwneud yn siŵr ein bod yn neilltuo amser bob dydd i ddarllen y Gair ac ystyried bod hyn mor bwysig o safbwynt maeth i'n henaid ag y mae pryd o fwyd i roi maeth i'n corff. O na welem eto yng Nghymru Feiblau ag ôl traul a bodio arnynt (fel y Beiblau a ddarganfuwyd mewn waliau ysguboriau neu lefelau gwaith glo o eiddo Cristnogion mewn cyfnod o fendith) a'r Beibl yn llyfr agored yn ein cartrefi. Cofiaf fy nhad yn sôn wrthyf pan oeddwn yn ifanc iawn am hen lanc o flaenor gwir dduwiolfrydig ac addfwyn yn yr eglwys a fugeiliai. 'Roedd ôl traul fawr ar ddalennau ei Feibl', meddai, 'am ei fod yn ei ddarllen adeg bob pryd bwyd.' Ychydig fisoedd yn ôl, bellach, daeth Beibl R. B. Jones yn eiddo i'm priod, a diddorol a dadlennol dros ben oedd sylwi ar ba ran o'r Beibl yr oedd yr ôl gwisgo mwyaf arno: Rhufeiniad, yr epistol y bu R. B. Jones yn pregethu mor rymus ohono a than gymaint o eneiniad yng nghyfnod Diwygiad 1904–05, ac yn y blynyddoedd wedi hynny i adeiladu'r saint.

Buddiol dros ben i bawb ohonom yw dilyn esboniad fel y rhai o gyfres *Bara'r Bywyd*. (Mor galonogol yw gweld adnodau o wahanol rannau o'r Beibl yn ategu'r naill a'r llall ac yn tanlinellu bwriadau grasol Duw tuag at ei bobl.) Rhaid gofalu ein bod yn agor y Gair yn ddisgwylgar ac nid bodloni ar ddarllen y nodiadau esboniadol yn unig, gan weddïo y bydd i Dduw siarad wrthym drwyddo. Mor wir yw geiriau'r emynyddes Saesneg, 'Beyond the sacred page/We seek Thee Lord.'

Ceisio Duw mewn gweddi

Ni ellir darllen y Gair yn ddisgwylgar fel hyn heb i hynny ein harwain i geisio wyneb Duw mewn gweddi. Ac oni roddodd yr Arglwydd Iesu pan oedd ar ein daear weddi i'w ddisgyblion y gallasent (ac y disgwylid iddynt) ei gweddïo yn ddyddiol? Gallwn ninnau hefyd heddiw weddïo'n gynhwysfawr iawn o fewn fframwaith Gweddi'r Arglwydd gan wybod bod y deisyfiadau sydd ynddi yn gwbl unol â meddwl 'Ein Tad yr hwn sydd yn y nefoedd'. Dechreuwn ein gweddïo gyda Duw, gan ofyn am i'w enw ef gael ei sancteiddio (ei osod uwchlaw pob enw arall) gan ddeisyfu ymhellach y bydd ei deyrnas ef yn dod mewn nerth (hyd yn oed yn ein dyddiau ni), ac y bydd ei ewyllys berffaith ef yn cael ei gwneud gyda'r llawenydd a'r gorfoledd y gwneir hi yn y nefoedd. Yna, wedi gosod buddiannau Duw a'i deyrnas yn gyntaf, cawn yr anogaeth i weddïo am ein bara beunyddiol, am faddeuant gan ein bod ni wedi maddau'n llwyr i eraill. Gweddïwn wedyn am iddo ein harbed rhag cael ymosodiadau ffiaidd yr Un Drwg. Tra ydym yn gweddïo y weddi hon drosom ein hunain, rydym hefyd yn cynnwys ynddi deulu Duw gan mai 'ni' sydd drwyddi ac nid 'fi'. Mae'n weddi fawr, mae'n weddi ogoneddus ac mae'n weddi sy'n galw am gymorth yr Ysbryd Glân cyn y gallwn ei gweddïo yn yr ysbryd cywir. A chofiwch mai arweiniad yn unig i faes gweddi yw hyn. Mae llawer mwy i'w ddysgu am weddïo yn y Testament Newydd a thrwy'r Beibl i gyd o ran hynny.

Cyfoeth ein hemynau

Moddion cynhaliaeth pellach i'n heneidiau yng nghanol prysurdeb oes mor garlamus ac arwynebol â'n hoes ni yw cyfoeth ein hemynyddiaeth—'trysorau gras' yng ngwir ystyr y gair. A'r hyn sy'n fy rhyfeddu yw fod rhai o'r emynau sydd mor syml eu mynegiant yn gallu siarad mor rymus â ni, llawn cymaint â'r emynau mawr, mwy dyrchafol eu diwinyddiaeth a'u mawl. Cymerwch fel enghraifft y pennill bach sydd mor debyg yn ei fynegiant i rai o'n penillion telyn traddodiadol:

Dyma gyfarfod hyfryd iawn,
Myfi yn llwm, a'r Iesu'n llawn;
Myfi yn dlawd, heb feddu dim,
Ac Yntau'n rhoddi popeth im.

Yn ei symlrwydd, mynegir craidd y bywyd ysbrydol: 'Hebof fi ni ellwch chwi wneuthur dim' (Ioan 15:5).

Emyn arall cymharol syml ei fynegiant sy'n dod â llawenydd di-feth i mi yw 'Na foed cydweithwyr Duw/Byth yn eu gwaith yn drist', a'r ail bennill sy'n dechrau gyda'r cwpled 'Mae gweithwyr gorau'r nef'/Yn marw *yn eu gwaith.*' Parodd darllen yn ddiweddar yn un o lyfrau Warren Wiersbe ei sylw 'Every local church is but one generation away from extinction', i mi werthfawrogi, fwy nag erioed o'r blaen y ddwy linell nesaf o'r emyn: 'Ond eraill ddaw'n eu lle/Ar hyd yr oesoedd maith.' Sut bynnag y bydd amgylchiadau'n allanol, mae gwefr sicr yng nghwpled olaf yr emyn:

Llawenydd mawr ynghyd a gawn
Ryw ddydd, wrth weld y tŷ yn llawn.

Bob pnawn Sul byddai fy nain yn setlo i lawr i ddarllen ei llyfr emynau. Doeddwn i ddim yn deall ar y pryd, gan feddwl mai ar gyfer canu yn y gwasanaethau yn y capel yr oedd y llyfr hwnnw. Rwyf yn deall yn well bellach.

Llyfrau

Fe'n breintiwyd ni heddiw â thoreth o lyfrau a gynhyrchir yn gyson gan y gweisg Cristnogol ar gyfer plant, pobl ifanc ac oedolion. Ond o safbwynt profi'n fendith i'n heneidiau a bod yn gymorth inni i fynd i'r afael â'r dasg o geisio bod yn orchfygol yn ein rhodiad Cristnogol, mae'n bwysig bod gennym rai llyfrau sydd yn fytholwyrdd eu hapêl. O ran diddordeb, bûm yn edrych drwy ôl-rifynnau diweddar y *Cylchgrawn Efengylaidd* i weld pa lyfrau a enwir gan wahanol rai yn y gyfres sy'n holi unigolion ynghylch eu hoff bethau. Dyma hanner dwsin o rai Cymraeg a ddewiswyd: *Esboniad ar yr Epistol at yr Hebreaid* (Gwilym Hiraethog), *Mae Heddiw wedi Bod* (Emyr Roberts), *Elusen i'r Enaid* (Noel Gibbard), *Trwy Lygad y Bugail* (Mari Jones) a *Llên Cymru a Chrefydd* (Bobi Jones). A hanner dwsin o rai Saesneg: *More Than Conquerors* (Hendriksen), *Shadow of the Almighty* (bywgraffiad Jim Elliot), *Holiness* (J. C. Ryle), *The Reformed Pastor* (Richard Baxter), *What is a Family?* (Edith Schaeffer) ac *Among God's Giants* (Jim Packer).

Rhaid i minnau gyfaddef hoffter mawr at y llyfr olaf a enwyd lle mae'r awdur yn gosod allan, yn ei ddull dihafal ei hun, pa bwysleisiadau diwinyddol yng ngweithiau'r Piwritaniaid a enillodd ei edmygedd. Gwnaed cyff gwawd ohonynt a'u portreadu fel pobl gul a sych-dduwiol gan ddysgedigion goleuedig ein dyddiau ni. Ond mae ei astudiaeth ef o'u gweithiau yn eu dangos fel gweinidogion oedd yn hynod ofalus o fuddiannau ysbrydol eu praidd, yn deyrngar i'w cyfeillion, yn gariadus yn eu perthynas â'u gwragedd, yn gryf dros werthoedd y bywyd teuluol (gan gynnwys lles y gweithwyr oedd yn eu cartrefi), yn rhoi bri ar y Sabath a llu mawr o ragoriaethau eraill. Roeddynt yn feddiannol ar ffydd gadarn a'u galluogodd i wynebu 'the losses and the crosses', chwedl hwythau, a ddaeth i ran cynifer ohonynt, heb sôn am yr erledigaeth a nodweddai eu dydd a'u cyfnod.

Rhagluniaethau Duw

Daw hyn â ni'n naturiol at wedd arall ar ein bywyd ysbrydol sy'n gymorth nid bychan, o'i derbyn yn rasol, i sefydlogi ein heneidiau yn eu hymddibyniad ar Dduw. Cyfeirio yr wyf at ymwneud Duw â ni yn ei ragluniaeth. Yng nghanol ei dreialon i gyd, gallai Job ddweud, 'Canys efe a gyflawna yr hyn a osodwyd i mi' (Job 23:14). Rhaid gofyn am ras arbennig gan Dduw i dderbyn y pethau chwithig ac anodd a ddaw i'n rhan fel pethau sy'n dod yn y pen draw o'i law ef, gan gredu eu bod i gyd gyda'i gilydd yn rhan annatod o'r cynllun mawr dirgel sydd ganddo ar gyfer ei blant.

Llyfryn arbennig o gynorthwyol i'r cyfeiriad hwn yw *Behind a Frowning Providence* gan weinidog o'r Alban o'r enw John J. Murray. Collodd ef, a'i wraig Cynthia, ferch dair ar ddeg mlwydd oed wedi salwch difrifol, ac mae ffrwyth eu hymgodymu hwy â'u profedigaeth fawr i'w weld drwy dudalennau'r llyfryn gwerthfawr hwn. Pan fu eu merch Lydia farw, ysgrifennodd Dr Martyn Lloyd-Jones lythyr cysurlon dros ben atynt, a phan gofiwn ei fod yntau ar y pryd yn wael iawn, ac iddo farw dri mis yn ddiweddarach, mae'r llythyr yn ddogfen hynod iawn o safbwynt ysbrydol. Gwelir rhan o'r llythyr yn ail gyfrol bywgraffiad Iain Murray i Martyn Lloyd-Jones (tudalen 743), ond dyma gyfieithiad ohono, a chofiwn wrth ei ddarllen mai llythyr o gydymdeimlad ydyw:

Does dim rhaid i mi ddweud wrthych beth i'w wneud—rydych yn Gristnogion da ac fe wyddoch. Er hynny rydym i gyd 'yn y corff' ac yn llawn eiddilwch ac mae gennym bob amser ein gwrthwynebydd sydd, yn ei lwfrdra, yn ymosod arnom pan gawn ein profi. Yr unig beth sy'n cyfrif mewn gwirionedd yw eich bod wedi eich ildio eich hunain yn llwyr i'n Harglwydd bendigedig a'ch bod yn ymddarostwng i'w ewyllys berffaith Ef. Peidiwch â cheisio deall ond credwch, er gwaethaf popeth a deimlwch, fod 'pob peth yn cydweithio er daioni i'r rhai sydd yn caru Duw.'

Yn ystod y chwe mis olaf, yn arbennig, deuthum i sylweddoli y gwirionedd hwn, ac o ganlyniad gwn fwy am 'dangnefedd Duw sydd uwchlaw pob deall'. Yn wir, y mae uwchlaw ein deall, ond er hynny yn real . . . Ein gweddi drosoch fel teulu yw y byddwch mor ymwybodol o gael eich amgylchynu gan gariad Crist fel y byddwch hyd yn oed yn llawenhau.

****

I orffen hyn o eiriau, goddefwch stori fach am yr wŷr chwe blwydd oed a gollasom rai misoedd yn ôl. Fel llawer o blant ei oed, dioddefai'n aml gydag anwydon yn ystod misoedd y gaeaf a'r rheini'n creu y fogfa (asthma) arno. Un gaeaf roedd wedi cael cyrsiau gwahanol o foddion i geisio esmwytháu'r cyflwr, ac o'r diwedd roedd yn troi ar wella. Wrth noswylio diolchodd ei dad ar weddi gyda'r teulu fod 'Dafydd Elwyn dipyn bach yn well'. Mewn dim o dro teimlodd ei dad bwniad bach o gyfeiriad Dafydd Elwyn a sibrydodd 'llawer iawn yn well'. Yn ôl arfer rhieni aeth ei dad ymlaen heb gymryd arno ei fod wedi clywed y cywiriad i'w eiriau. Dyma bwniad arall a sibrydiad taerach y tro hwn—'llawer *iawn* yn well'. A bu'n rhaid i'w dad gydnabod ar goedd ei ddiolch fod Dafydd Elwyn 'lawer *iawn* yn well'. Roedd yn fodlon wedyn.

Yn y dyddiau enbydus hyn, lle mae cymaint angen am dystion ffyddlonach a chadarnach eu rhodiad, gwyn ein byd pan fyddwn ninnau mewn ffordd i ddiolch, hyd yn oed gerbron Duw, ein bod drwy ei ras 'yn llawer iawn gwell' nag y buom. Ie, yn llawer *iawn* gwell.

Cyhoeddwyd 1995

Emily Roberts

'Eiddo Iesu fyddaf mwy'

Fel sy'n digwydd mor aml, parodd clywed y newydd am farw ffrind blynyddoedd ym mherson Emily Roberts agor fflodiart o atgofion—a'r rheini'n mynd yn ôl bron i hanner canrif at ddechreuadau'r gwaith y daethpwyd i'w alw ymhen amser yn Fudiad Efengylaidd Cymru.

Un o'r atgofion mwyaf byw (oherwydd ei bosibiliadau dychrynllyd) oedd cofio eistedd rhwng Emily a gyrrwr fen ddodrefn y diwrnod oer hwnnw yng ngaeaf 1949 pan symudodd Emily a'i chwaer hŷn Wena o'u cartref yn Nyffryn Clwyd i fyw yng nghwm pellennig Mawddwy. Yn sydyn, wrth ddod i lawr Bwlch-y-groes (ffordd fynyddig ddramatig o dlws, ond peryglus dros ben), llithrodd fy nghoes yn erbyn ffon y gêr yn y man mwyaf serth yn y ffordd—a dim ond cyflymdra'r gyrrwr yn ei tharo'n ôl a barodd nad aeth y fen, y dodrefn, a ninnau bendramwnwgl i lawr y dibyn cyfochrog â'r ffordd. Trwy drugaredd, ymlaen yr aeth y fen, dadlwythwyd y dodrefn, a chafodd Emily a Wena y dedwyddwch mawr o wneud eu cartref ym mwthyn hynafol Aber Rhiwlech, wrth droed Bwlch-y-groes, drwy garedigrwydd yr hynaws John (Bryn Uchaf).

Mawddwy

Am gyfnod o naw mlynedd bu drws y cartref hwn yn agored led y pen i ymwelwyr o bob rhan o Gymru. Cefais yr hamdden a'r fraint yn ystod y dyddiau diwethaf yma o ddarllen gyda diddordeb mawr y ddau lyfr ymwelwyr a gadwodd y ddwy chwaer. Fe fyddai'n syndod i lawer ohonoch weld faint o enwau, a ddaeth yn flaenllaw yng ngwaith yr efengyl yng Nghymru wedi hynny, sy'n britho'i dudalennau—fel unigolion i ddechrau, yna fel cyplau, ac yna fel parau priod. Ac nid yn unig enwau hysbys, prysuraf i ddweud, ond llawer iawn, iawn o Gristnogion ffyddlon a oedd yn 'arweinwyr yn eu cylchoedd bychain', chwedl Gwenallt. Rhai yn dod yno ac yn setlo cwrs eu bywyd wrth gael cyfle i ymlacio yn y llecyn tangnefeddus hwn; eraill yn cyrraedd wedi blino'n lân wrth ddwyn 'pwys a gwres y dydd' ac yn mynd yn ôl i'r 'byd mawr tu allan' wedi eu hatgyfnerthu. Pawb yn mynegi eu diolch i Emily a Wena am eu croeso a'u cymdeithas. 'Y dydd yn unig a'i dengys' o ran gwerth y lletygarwch hwn, dan gronglwyd Aber Rhiwlech, i laweroedd o deulu'r ffydd, a hynny cyn bod darpariaeth canolfannau fel Bryn-y-groes, y Bala, yn y Gogledd a Bryntirion ym Mhen-y-bont ar Ogwr yn y De, a darpariaeth fwy cartrefol yr Hen Dŷ ym Mawddwy wedi i John Bryn Uchaf briodi Mari ac iddynt adeiladu eu cartref newydd.

'Yr efengyl fawr achubol'

Ond trown at Emily a'i chyfraniad unigryw hi i gychwyniadau gwaith y Mudiad yng Nghymru. Athrawes plant bach oedd Emily i ddechrau yng Ngwyddelwern, gerllaw ei chartref yn Nerwen, Dyffryn Clwyd, ac yn hynod o ymroddedig i'w galwedigaeth, gan ymserchu'n fawr yn y plant a oedd dan ei gofal. A dyna lle byddai wedi aros, mae'n siŵr, yn hapus ddigon, oni bai bod symudiad rhyfeddol ar gerdded ymhlith ieuenctid ein gwlad (De a Gogledd) yn y blynyddoedd hynny yn union ar ôl diwedd yr Ail Ryfel Byd. Bu bendith ddigamsyniol yn y colegau yng Nghymru bryd hynny, ond nid bendith ymhlith myfyrwyr yn unig ydoedd—roedd eraill y tu allan i furiau coleg, mewn ffermydd, gweithfeydd neu, fel yn hanes Emily, ar ddechrau eu gyrfaoedd, yn profi o'r un grymusterau. Gwelsant eu hangen am Waredwr, a hynny yng nghyddestun yr efengyl fawr achubol a osodwyd o'r neilltu ers blynyddoedd gan bregethu modernaidd pulpudau Cymru. Yn ddiweddarach, rhoes Emily ei hun fynegiant i'r efengyl honno mewn nifer o emynau da. Ymhlith y mwyaf cofiadwy, mae'r un a genid yn aml ganddi hi a'i ffrindiau i gyfeiliant y delyn yn y cyfarfodydd efengylu a ddaeth ymhen amser i nodweddu'r cyfnod hwnnw:

Byw i'r Iesu

Lle mae'r Iesu gennyt heno?
Ai tu allan mae o hyd?
Oes, mae angen am faddeuant
Ar y da', a'r gwael ynghyd;
Gweld yr angen,
Yna'i wahodd Ef i mewn.

Bûm i'n methu credu'n bendant
Fod yn rhaid ei dderbyn E,
Ond daeth gwawr o ben Calfaria,

204

Fe ddioddefodd yn fy lle;
A ches sicrwydd
Iddo farw drosof fi.

Gweld y rhoddi ar Galfaria
Wnaeth i'm hunan dorri lawr;
Ar un llaw fy nirfawr angen,
Ar y llall ei gariad mawr;
Rhaid oedd ildio,
Eiddo Iesu fyddaf mwy.

Wrth ei dderbyn cefais fywyd
Bery byth—O gwyn fy myd!
Aros ynddo—edrych arno,
Tystio iddo wnaf o hyd;
Byw i'r Iesu,
A thebygu iddo ef.

Bu hi'n wael iawn gydag anhwylder difrifol ar ei chalon, ac am wythnosau bu mewn ysbyty yn Lerpwl. Sawl tro y clywais hi'n dweud am y modd y daeth ati ei hun ar ôl llawdriniaeth fawr pan beidiodd ei chalon am ennyd, a'r adnod sy'n cynnwys y cwestiwn 'Arglwydd, beth a fynni di i mi ei wneuthur?' yn llywodraethu ei meddwl. Gyda'r un-plygrwydd hwnnw a oedd mor nodweddiadol o'i phersonoliaeth, meddyliodd Emily yn ddwys uwchben y cwestiwn wrth iddi'n raddol ddod ati ei hun. O dipyn i beth daeth yr alwad a llwybr ei gwasanaeth yn glir iddi—roedd am fentro allan mewn ffydd, a'i chyflwyno ei hun i hyrwyddo gwaith yr efengyl yng Nghymru.

Y Cylchgrawn Efengylaidd

Dyma'r cyfnod pan brofwyd bendith neilltuol yn Ymgyrch y Bala yn 1948. Ar ddiwedd yr ymgyrch gofiadwy hon, penderfynwyd cychwyn cyhoeddi rhifyn cyntaf *Y Cylchgrawn Efengylaidd*, ac er mai gwraig o'r De (Mrs L. Rees, Glanaman) oedd yr ysgrifenyddes gyntaf, yn fuan trosglwyddwyd y gwaith i ofal Emily. Ac er mwyn i Emily fedru hybu cylchrediad *Y Cylchgrawn* drwy Gymru, trefnwyd casgliad gan nifer ohonom, fel ei chyfeillion agosaf, i'r diben o brynu car iddi. 'Austin 7' bach du ydoedd; roedd Emily yn werthfawrogol iawn ohono, ac yn ei gadw fel pin mewn papur. Chafodd yr un car bach ei werthfawrogi'n fwy!

Wedi iddynt ymgartrefu ym Mawddwy, Wena (a oedd mor annwyl gennym oll) a oedd yn cadw'r cartref, ac Emily yn teithio Cymru yn ei char bach. Cododd cylchrediad *Y Cylchgrawn* i dair mil, ac arhosodd felly am flynyddoedd. Yn ogystal â'r gwaith hwnnw, roedd Emily yn cynnal cyfarfodydd amrywiol, yn ysgrifennu 'Llwybrau'r Plant', ac yn danfon *Y Cylchgrawn* allan am gyfnod o barlwr bach Aber Rhiwlech. Teg yw nodi iddi nid yn unig chwilio am ddosbarthwyr i'r *Cylchgrawn* yn yr eglwysi ledled Cymru ond iddi yn ei thro ymweld â phob siop lyfrau Gymraeg. Cadwodd gofnodion manwl yn ei hysgrifen fain ddestlus o'r rhoddion a'r cyfrifon, gan eu nodi i'r ddimai olaf—cyfrifon *Y Cylchgrawn* mewn un llyfr a chyfrifon Aber Rhiwlech yn y llall, a diddorol dros ben yw eu darllen heddiw.

Dros ysgwydd y blynyddoedd, nid yw'n anodd gwerthfawrogi bod doniau cynhenid Emily o ran destlusrwydd, ymroddiad, a threfn, wedi eu defnyddio gan Dduw i osod seiliau gwaith a ddatblygodd wedyn yn Swyddfa'r Mudiad yn Eryl Aran, y Bala, ac yna ym Mhort Talbot, cyn symud yn ddiweddarach i Ben-y-bont ar Ogwr a Llangefni. Roedd yn stiward ffyddlon os bu un erioed, ac roedd Wena yn debyg iawn iddi yn hyn o beth. Roedd y ddwy fel ei gilydd yn gwisgo nod ufudd-dod, ac yn gwbl ddilys yn eu hymgysegriad a'u rhodiad o ddydd i ddydd.

Ysgubor Goch

Wedi'r cyfnod bendithiol hwn ym Mawddwy, symudodd y ddwy chwaer i Gaernarfon lle bu Emily yn datblygu gwaith cenhadol yn Ysgubor Goch gyda'r Symudiad Ymosodol. Un a fu'n cydweithio'n glòs â hi o Ionawr 1956 hyd Orffennaf 1958 oedd Rina Macdonald (Miss Jones bryd hynny). Cafodd Emily flynyddoedd o wasanaethu yng nghylch Caernarfon, gyda Wena yn cadw'r cartref fel o'r blaen ac yn agor drws eu croeso i ymwelwyr fel yn nyddiau Mawddwy.

Y blynyddoedd olaf

Yna, yn 1975, dirywiodd iechyd Wena yn enbyd (gyda chancr) a bu farw ar 17 Mehefin y flwyddyn honno. I'r sawl ohonom a fu'n llygaddystion o ymrwymiad y ddwy chwaer i'w gilydd, a'r modd y bu iddynt—fel y ddwy ym Methania gynt—wasanaethu eu Harglwydd gyda'u doniau gwahanol, mae rhywbeth yn ddwys iawn yng nghofnod annisgwyl Emily ei hun yn y llyfr ymwelwyr:

Y tro diwethaf i H. R. Jones (Llandudno) fod yma, sef yr 20fed o Fai, dywedai ei fod yn lled dybio bod Wena 'yng ngolwg y wlad'.

Cyrhaeddodd yno Mehefin 17 'wedi cario'r dydd' a rhoddwyd hi i orffwys yn dawel hyd 'ganiad yr utgorn' ym mynwent Llanbeblig yr 20fed o Fehefin.

Teimlodd yn ddwfn o golli Wena, ac yn anffodus profodd gyfnodau o dywyllwch, yn debyg i'r emynydd William Cowper y dywedodd ei ffrind John Newton amdano, 'Sometimes God puts his children to bed in the dark.' Ond cyfnodau yn unig oeddynt i Emily yng nghanol llecynnau golau iawn.

Bellach rhoddwyd Emily hithau i orffwys ym mynwent Llanbeblig ddydd Sadwrn, Medi 9, ar ddiwrnod braf, a chwmni o gyfeillion oes a gweinidogion a fu'n ffyddlon iddi yn talu'r gymwynas olaf.

Pan ddarllenais yr emyn cyntaf yn rhaglen y gwasanaeth, mynd yn ôl a wnes i a chofio cwmni ohonom fel pobl ifanc yn canu o gylch yr organ fach ym Mawddwy a Wena'n chwarae:

> Pwy a'm dwg i'r Ddinas gadarn,
> Lle mae Duw'n arlwyo gwledd?

Pwy yn wir ond Iesu Grist?

Cyhoeddwyd 1995

Hen ddisgyblion Crist

Y mae hi'n ffaith sy'n sobri dyn ein bod, hyd yn oed fel Cristnogion, yn medru cael ein dylanwadu i'r fath raddau gan ddiwylliant sy'n pwysleisio gwerth pobl ifainc nes anghofio braidd ein bod yn mynd yn hŷn! Nid yw bod cymaint o bobl yn ymddeol yn iau chwaith yn ein helpu i werthfawrogi'r gwahaniaeth rhwng yr ifanc a'r hen bellach.

Cyfleoedd newydd i wasanaethu

Yn aml y dyddiau hyn, pan fydd pobl yn ymddeol, byddant yn teimlo eu bod yn llawn egni newydd o gael eu rhyddhau o gyfrifoldebau trymion a rhaglen waith a fu'n eu cyfyngu. Byddant yn croesawu dyfodiad 'ymddeoliad a henaint' gyda chryn obaith ac optimistiaeth ifanc. Byddant hyd yn oed yn edrych ymlaen at gyfle ehangach i wasanaethu yng ngwaith y deyrnas—gartref neu hyd yn oed dramor. Yn raddol, fodd bynnag, wrth i egnïon leihau ac wrth i broblemau iechyd gynyddu, dônt i weld bod yn rhaid iddynt wneud asesiad newydd o'u galwedigaeth fel Cristnogion, os yw eu bywydau i barhau i fod yn ystyrlon ac yn gyfrwng i ogoneddu Duw.

Yn ddiweddar daeth llythyr i'n cartref oddi wrth bâr a oedd newydd ymddeol o wasanaeth oes ar y maes cenhadol. Yn y llythyr hwn fe ddywed y gŵr: 'Ein dymuniad yw aros ynddo Ef a gorffwys ynddo Ef. Teimlwn fod cymaint o'r hyn a wnawn yn cael ei wneud yn noethineb ac egni'r cnawd, ac nad yw o ddim gwerth yn ei olwg Ef.' Wrth inni edrych yn ôl ar ein bywydau fel Cristnogion hŷn, gallwn i gyd ddweud 'Amen' uchel i'r geiriau hyn. Wrth gael ein hwynebu ag adnoddau sy'n lleihau, y mae angen inni weddïo am gael ein harwain i wneud yn unig yr hyn sy'n gyfiawn ac yn ei blesio Ef. Gwyddom ym mêr ein hesgyrn mai ymdrech ydyw a fydd yn parhau i fod yn ymdrech galed. Mae ein hunig gysur gwaelodol yn cael ei gyfleu'n hyfryd yng ngeiriau ysbrydoledig emyn John Newton:

'Tis grace has brought me safe thus far
And grace will lead me home.

Pan oedd fy ngŵr yn ymddeol o'i waith naw mlynedd yn ôl, anfonodd perthnasau a chyfeillion caredig gardiau a llythyrau atom i ddymuno'n dda inni. A chofiaf ryfeddu at gynifer o adnodau o'r Ysgrythur a gâi eu dyfynnu. Yn amlwg ddigon, y mae'r Beibl wedi ei fwriadu gan Dduw i fod yn ffynhonnell bendith, cynhaliaeth a nerth i'r credadun gostyngedig wrth iddo symud yn raddol tuag at y dydd o gyflawniad perffaith. Un addewid o'r fath oedd hwn: 'Llwybr y cyfiawn sydd fel y goleuni, yr hwn a lewyrcha fwyfwy hyd ganol dydd' (Diarhebion 4:18). Adnod arall, a ddyfynnid droeon yn y cardiau hynny, yw'r un sy'n sôn am y cysur o wybod fod yna Un fydd yn peri i'r cyfiawn flodeuo: 'Y cyfiawn a flodeua fel palmwydden; ac a gynydda fel cedrwydden yn Libanus. Y rhai a blannwyd yn nhŷ yr Arglwydd, a flodeuant yng nghynteddoedd ein Duw. Ffrwythant eto yn eu henaint; tirfion ac iraidd fyddant: i fynegi mai uniawn yw yr Arglwydd fy nghraig; ac nad oes anwiredd ynddo' (Salm 92:12-15). Gyda'i dreiddgarwch arferol esbonia Spurgeon: 'Mae gan y goeden balmwydd dri chan defnydd, ac y mae hi ar ei mwyaf ffrwythlon yn gan mlwydd oed.' Ymhell o fod yn cilio i ebargofiant a diddymdra, 'sans teeth, sans eyes, sans taste, sans everything' i ddyfynnu o eiriau enwog Shakespeare, dylai'r Cristion fod yn parhau i ddwyn ffrwyth yn ei henaint gan aeddfedu fel tywysennau o ŷd.

Yn aeddfed â duwioldeb y blynyddoedd

Er taer ddymuniad diwylliant ein dydd i anghofio'n hwylus fod yna'r fath gyflwr â henaint, mae'r Beibl yn cynnig golygwedd adeiladol a geiriau llawn doethineb a chyngor ymarferol i'r ifanc a'r hen fel ei gilydd, gan ddanlinellu'n arbennig y dylai'r naill genhedlaeth gynorthwyo a chynnal y llall, a hynny er adeiladaeth ei gilydd. Yn llyfr diweddar Edward Donelly ar Simon Pedr, *Eyewitness of His Majesty*, cawn ddarlun clir o Simon Pedr pan oedd yn hŷn. 'In his letters we see a tender, gracious pastor, ripe with the godliness of years, the light of heaven already shining in his face. The Holy Spirit has filled and transformed him. He is the same Peter still, yet how very different. We too can expect to be changed.' Fel Cristnogion hŷn, cawn fod sylw o'r fath yn un calonogol iawn wrth inni weld ein cyfyngiadau a'n diffyg tyfiant yn y bywyd Cristnogol.

Pan ymwelodd ffrind â'n cartref yn ddiweddar, dywedodd am y modd y cafodd ei gyffwrdd yn ddwfn wrth gael ei dywys gan y metron o amgylch cartref i genhadon hŷn wedi ymddeol. Mewn un ystafell ar ôl y llall, cafodd gyfle i gyfarfod dynion a merched a wnaethai gyfraniad dewr a gwerthfawr ar y maes cenhadol, yn awr yn gorfod brwydro yn erbyn anrhaith amser ar eu meddwl a'u cyrff. Fel meidrolion ein hunain, pan ddown i gyffyrddiad â Christnogion yr ydym yn eu caru a'u parchu'n fawr, a gweld bod eu 'dyn oddi allan' yn edwino, gallwn barhau i ganfod nerth yn null grymus a gonest yr Ysgrythur o ddelio â phroblem henaint. Yn syth ar ôl darllen am y dyn oddi allan yn edwino, cawn ein sicrhau bod y dyn oddi mewn yn cael ei adnewyddu o ddydd i ddydd (2 Cor. 4: 16-17).

Problemau ac addewidion

Yn neuddegfed bennod Llyfr y Pregethwr cawn ein hwynebu â'r disgrifiad cywiraf o lesgedd ac anhrefn a ysgrifennwyd erioed. 'Cyn dyfod y dyddiau blin, a nesáu o'r blynyddoedd yn y rhai y dywedi, Nid oes i mi ddim diddanwch ynddynt . . . yr amser y cryna ceidwaid y tŷ, ac y cryma y gŵr cryfion, ac y metha y rhai sydd yn malu, am eu bod yn ychydig, ac y tywylla y rhai sydd yn edrych trwy ffenestri; a chau y pyrth yn yr heolydd, pan fo isel sŵn y malu, a'i gyfodi wrth lais yr aderyn, a gostwng i lawr holl ferched cerdd: ie, yr amser yr ofnant yr hyn sydd uchel, ac yr arswydant yn y ffordd, ac y blodeua y pren almon, ac y bydd y ceiliog rhedyn yn faich, ac y palla chwant: pan elo dyn i dŷ ei hir gartref, a'r galarwyr yn myned o bob tu yn yr heol' (Preg. 12:1b, 3-5).

Yn cydredeg â'r disgrifiad realistig hwn, does wiw inni anghofio bod yr un Ysgrythur yn cynnig addewid ar ôl addewid y bydd Duw yn cynnal ei weision drwy'r blynyddoedd blinderus a thu hwnt. Addewid o'r fath yw'r sicrwydd a roddodd Duw drwy'r proffwyd Eseia: 'Hyd henaint hefyd myfi yw; ie, myfi a'ch dygaf hyd oni benwynnoch: gwneuthum, arweddaf [cludaf chwi] hefyd; ie, dygaf, a gwaredaf chwi' (Eseia 46:4).

Parhau i fod yn ddefnyddiol

Gall y cyfnod rhwng ymddeoliad ac aeddfedrwydd henaint fod yn gyfnod pryd y gall Cristnogion hŷn gyflawni swyddogaeth a fydd yn dwyn anrhydedd i enw Duw. Os ydym yn parhau i allu bod yn aelodau ffyddlon o'r eglwys leol, dyma'r adeg yn ein bywyd pryd y gall ein teyrngarwch a'n cefnogaeth olygu cymaint i'r gweinidog, ei henuriaid a'i ddiaconiaid. Pa mor aml y clywn ni am eglwysi yn galaru wedi iddynt golli aelod hŷn annwyl, ac am weddïau yn cael eu hoffrymu ar i Dduw alluogi eraill o gyffelyb galibr i gymryd eu lle—pobl fydd yn ymladdwyr mewn gweddi ac yn llawn o sêl dros bob agwedd o fywyd yr eglwys.

Fel Cristnogion hŷn dylem weddïo'n gyson ar i Dduw ehangu ein hysbryd fel y byddwn, er gwaethaf cyfyngiadau corff, yn dangos ein gwerthfawrogiad a'n diolchgarwch am weinidogaeth gweision Duw heddiw. Os cawsom gymorth gan bregeth, tâp, llyfr neu erthygl mewn cylchgrawn, dylem fynegi ein gwerthfawrogiad, er mwyn i weision Duw gael eu calonogi yn eu llafur. Mae agwedd feddylgar o'r fath yn ddull effeithiol o frwydro yn erbyn pechodau parod henaint—bod yn or-faldodus, yn ddiamynedd a hunandosturiol.

Rhaid dweud, yn ogystal, y dylai aelodau hŷn ochel y duedd i edrych yn ôl yn hiraethus at orffennol, pa mor ogoneddus bynnag y bu, heb gofio'r hadau dirywiad a lechai yno hefyd. Mae Llyfr y Pregethwr yn erbyn y duedd hon: 'Na ddywed, Paham y bu y dyddiau o'r blaen yn well na'r dyddiau hyn?', canys nid o ddoethineb yr wyt yn ymofyn am y peth hyn' (Preg. 7:10). Mae angen inni werthfawrogi'r weledigaeth y mae Duw yn ei ras wedi ei gosod ar galonnau arweinyddion presennol yr Eglwys Gristnogol. Ac os ydym weithiau yn cael ein perswadio eu bod yn gwyro yn eu barn, gallwn dynnu eu sylw at hynny, ac fe ddylent fod yn barod i wrando.

Yn ei fywgraffiad manwl o fywyd George Whitefield, mae Arnold Dallimore yn crybwyll pa mor arbennig o hardd oedd ymwneud Whitefield â gweinidogion yr efengyl, yn arbennig y parch a ddangosai at y rhai a oedd yn hŷn nag ef. 'I love to be acquainted with the true and old servants of Jesus Christ because I delight to sit at their feet and receive instruction from them.' Wrth inni glywed am yr eneiniad a'r nerth a nodweddai bregethu Whitefield, cawn ein cyffwrdd â'r ffaith ei fod yn prisio a gwerthfawrogi eu cyngor a'u cymdeithas, ac yn dal ar bob cyfle i fwynhau eu cwmni.

Cyfarwyddo'r ifanc

Y mae'r darlun o'r Paul hŷn yn hyfforddi Timotheus ifanc ar gyfer y weinidogaeth yn enghraifft dda yn y Testament Newydd o'r modd y gall aelod hŷn ddylanwadu ar aelod iau, er daioni. Ni chafodd Timotheus ei freintio â thad a oedd yn grediniwr, felly daeth Paul i lenwi'r bwlch gyda'i holl brofiad. Roedd ef wedi gweld potensial y dyn ifanc hwn, ac ni fynnai ganiatáu i grediniwr yn yr eglwys ddiystyru ei ieuenctid (1 Tim. 4:12). Wedi iddo ei helpu dros nifer o flynyddoedd, dywed Paul wrth Timotheus y dylai ef yn ei dro dradd-odi'r gwirioneddau a ddysgodd ef 'i ddynion ffyddlon, y rhai a fyddant gymwys i ddysgu eraill hefyd.' Dyma'r modd yr adeiladwyd yr Eglwys Gristnogol o oes i oes—y Cristnogion hŷn yn addysgu a chalonogi Cristnogion iau yn y 'sancteiddiaf ffydd'.

211

Cylch arall lle y gall Cristnogion hŷn gyflawni swyddogaeth werth-fawr iawn ym mywyd yr eglwys yw'r cyfle a gânt i gysylltu â phlant a phobl ifainc. Mae hi'n ffaith gydnabyddedig fod yna 'rapport' arbennig rhwng yr hen a'r ifanc. Caiff hyn ei adlewyrchu yn y stori am lanc ifanc yn holi un o'i ffrindiau: 'Pam fod dy nain yn treulio cymaint o'i hamser yn darllen ei Beibl?' Ar unwaith daeth yr ymateb: 'O, rwy'n meddwl ei bod hi'n paratoi ar gyfer ei Finals.'

Heddiw mae rhieni'n cael eu llethu gan ofynion o bob cyfeiriad. Mae gan bobl hŷn, ar y llaw arall, fwy o amser i holi'r ifanc ynghylch ysgol, coleg a hyd yn oed eu bywyd ysbrydol. Daw cyfleoedd weithiau i'w rhan mewn ffyrdd rhyfeddol iawn. Yn y byd addysgol heddiw y mae disgwyl i ddisgyblion gyflawni amrywiol brosiectau sy'n aml yn golygu gofyn cwestiynau i aelodau hŷn o'r teulu. Weithiau bydd y bobl ifainc yn gofyn cwestiynau ynglŷn â'r eglwys y maent yn ei mynychu. Maent wrth eu bodd yn gwrando ar storïau am y modd y cafodd byw-ydau eu newid ar adegau o fendith. Neu hanesion am bregethwyr a gweinidogion yr oedd eu taid a'u nain yn eu hadnabod ac a fu o gymorth iddynt.

Pan oedd y rhai sy'n deidiau a neiniau yn ifanc, byddent wedi ceisio parchu'r gorchymyn beiblaidd i ddysgu canllawiau Duw i'w plant: 'gan grybwyll amdanynt pan eisteddych yn dy dŷ, a phan rodiech ar y ffordd, pan orweddych hefyd, a phan godych' (Deut. 11:19). Pa mor gyfyngedig bynnag y bydd yr amgylchiadau y cânt eu hunain ynddynt, gall teidiau a neiniau barhau i gyflawni swyddogaeth debyg ym mywyd eu hwyrion a'u hwyresau. Dyma eu 'cwricwlwm cudd' oddi mewn i'r cwricwlwm ehangach a mwy ffurfiol yn nhystiolaeth ac athrawiaeth yr eglwys.

Ni ddylai'r cymorth a'r anogaeth gael eu cyfyngu i gyngor yn unig. Os yw amgylchiadau'n caniatáu, dylai Cristnogion hŷn, na all elwa ar gymdeithas ymhellach na'r cartref a'r eglwys leol, fod yn barod i helpu pobl ifainc yn ariannol i fynychu gwersylloedd a chynadleddau Cristnogol. Dylent roi llyfrau da yn anrhegion iddynt (yn arbennig Beiblau ac esboniadau), a cheisio cadw mewn cysylltiad â hwy pan fyddant yn gadael yr eglwys i ddilyn astudiaethau pellach, hyfforddiant neu waith.

Pan fo amgylchiadau'n mynd yn fwy dyrys ac yn fwy cymhleth, gall Cristnogion hŷn fod yn ffynhonnell calondid arbennig i'r rhai ifainc wrth sôn wrthynt am rai o'r bendithion a fu'n gymorth i'w cynnal a'u cysuro dros y blynyddoedd (2 Cor. 1:4). 'Mi a fûm ieuanc, ac yr ydwyf yn hen; eto ni welais y cyfiawn wedi ei adu, na'i had yn cardota bara' (Salm 37:25). Yn y gymdeithas baganaidd heddiw, fe fyddai bywyd y genhedlaeth iau yn llawer tlotach heb y genhedlaeth hŷn.

Maeth ysbrydol i 'hen filwyr' yr Arglwydd

Hyd yma soniwyd am swyddogaeth y rhai hŷn fel mentoriaid i'r cenedlaethau sy'n eu dilyn. I wneud hyn yn llwyddiannus, rhaid peidio ag anghofio y dylent fod yn ofalus iawn i beidio ag esgeuluso cynhaliaeth ysbrydol i'w heneidiau eu hunain. Wrth i amgylchiadau anodd ddod i'w rhan—newyddion am farwolaethau, salwch, llesgedd, colli'r defnydd o'u cymalau, eu nerth yn diffygio wrth iddynt geisio ymdopi o ddydd i ddydd—mae gwir angen iddynt gael eu hadnewyddu'n ddyddiol gyda'r sicrwydd fod y breichiau tragwyddol oddi tanynt a'u bod yn ddiogel yn ei ofal Ef. A'r hen emynydd Benjamin Francis yn marw, gofynnodd i'w ffrindiau estyn ei Feibl Cymraeg iddo, fel y gallai ddarllen Salm 23 yn Gymraeg. Pan ofynnwyd iddo pam yr oedd eisiau darllen y Salm honno yn arbennig, atebodd, 'Oherwydd fod gan Dduw ddiddordeb yn fy niogelwch tragwyddol.'

Heddiw, yn ein heglwysi, dylai Cristnogion hŷn gael eu cymell i gyfarfod mewn grwpiau (yn ystod y dydd os yw hynny'n fwy ymarferol), i ymweld â chartrefi'r henoed, i ymgynnull yn ystod yr wythnos, os gellir, i ddarllen llenyddiaeth werth chweil, i wrando ar dapiau—a'r fath gyfoeth o dapiau sydd ar gael y dyddiau hyn—a hyd yn oed yn bwysicach, i astudio'u Beiblau, ac i dreulio amser ystyrlon mewn gweddi. Mae angen llawer mwy o faeth ysbrydol ar Gristnogion hŷn na'r hyn a ddarperir gan y myfyrdod achlysurol neu adnodau unigol o'r Beibl sy'n aml yn cael eu dyfynnu allan o'u cyd-destun ysgrythurol.

Gall hanes yr Eglwys a bywgraffiadau fod yn ffynhonnell werthfawr o faeth i'r enaid i Gristnogion wrth iddynt heneiddio, yn arbennig y llyfrau hynny sy'n sôn am Dduw yn ymweld â'i bobl mewn bendith ac am ei ymwneud personol â'i eiddo ei hun. Mor wir yw'r ymadrodd fod ein crefydd yn 'fwy na syniad'! Mae dyfyniadau fel y rhai a ganlyn o ddyddiadur Howell Harris (am ddydd Mercher, 2 Ebrill 1746) yn enghraifft o'r gwirionedd hwn. Roedd ef yn bersonoliaeth ryfeddol o gymhleth, ac fe anobeithiai byth a hefyd ar gyfrif y drygioni a ganfyddai yn ei galon ei hun, er gwaethaf ei brofiad grymus o dröedigaeth ac er gwaethaf iddo gael ei ddonio mewn modd mor rhyfeddol i fod yn bregethwr grymus ac eofn ac yn drefnydd a

213

gweledydd dawnus. Dyma'r hyn a ysgrifennodd y diwrnod hwnnw wrth iddo farchogaeth i Raeadr ac wrth iddo brofi llawenydd y sicrwydd mai'r Arglwydd Iesu Grist, a neb llai, a oedd ar waith yn ei enaid:

Gwelais ei fod Ef yn gweithio ynof ffydd, cariad, gostyngeidd-rwydd, ffyddlondeb, diwydrwydd, edifeirwch a'i fod Ef yn fy ngwobrwyo am y pethau hyn fel pe bawn i wedi eu cynhyrchu fy hun. Gwelais nid yn unig fy mod yn blentyn iddo Ef ond fy mod yn blentyn a oedd dan ei wenau ac yn cael ei anrhydeddu'n fawr ganddo. Parodd y sylweddoliad hwn imi deimlo fy mychander. A chan fy mod yn awr yn teimlo mor agos ato, cefais ryddid i ofyn iddo am rai pethau allanol. Hiraethwn am gael adnabod ei feddwl Ef, ac fe ddatguddiodd bethau fel y gallwn weld yn fy ysbryd lawer o bethau a ddeallwn â'm meddwl ac a gredwn eisoes yn fy nghalon ond nad oeddwn wedi eu gweld â llygad ffydd tan yr adeg honno.

Gwerthfawr yn ei olwg Ef

Pa mor hen bynnag y bôm, y mae tystiolaeth o'r fath yn gymorth inni nid yn unig i ddal ati ond i sefydlu ein golygon ar amcanion uwch. A allwn ni fel Cristnogion hŷn weddïo dros ein gilydd y bydd hyn yn brofiad cynyddol inni hyd nes y cawn ei gyfarfod Ef wyneb yn wyneb? Boed i eiriau Thomas Scott yn ei esboniad ar Salm 71 ein calonogi i gyd:

Wrth i henaint agosáu, bydd ein cryfder yn edwino ar sawl cyfrif ond ni fydd Duw yn bwrw heibio ei weision penwyn pan na allant lafurio fel y gwnaethont cynt . . . Y mae'r Arglwydd yn aml yn cryfhau ei bobl â grym rhyfeddol yn eu heneidiau pan fo natur yn suddo a dadfeilio; fel bod eu ffydd gadarn, eu gobaith sicr, eu cariad a'u llawenydd helaeth, yn dangos i bawb o'u cwmpas y fath Gyfaill ffyddlon yw Ef i'w bobl. Boed i gredadun o'r fath lefaru am allu, trugaredd a gwirionedd ei Dduw, a gadael hynny'n dystiolaeth ar gof a chadw i'r rhai a ddêl ar ei ôl. Oherwydd y mae hen ddisgyblion Crist yn ddyledus i ddangos i'r cenedlaethau a ddêl ar eu hôl dystiolaeth ddwys o allu, pleser a mantais crefydd a gwirionedd addewidion Duw.

Cyhoeddwyd 2001

Atodiad 1

The art of marriage

(*words found in Exeter Cathedral*)

A good marriage must be created.

In the marriage the little things are the big things . . .

It is never being too old to hold hands.

It is remembering to say 'I love you' at least once each day.

It is never going to sleep angry.

It is having a mutual sense of values and common objectives.

It is standing together and facing the world.

It is forming a circle of love that gathers in the whole family.

It is speaking words of appreciation and demonstrating gratitude in
  thoughtful ways.

It is having the capacity to forgive and forget.

It is giving each other an atmosphere in which each can grow.

It is a common search for the good and beautiful.

It is not only marrying the right person; it is *being* the right partner.

Atodiad 2

'The Word, whose word can make me whole'

geiriau gwreiddiol W. J. Govan;
gweler J. Mountain, Evan Hopkins, goln,
Hymns of Consecration and Faith, *d.d., Rhif 260*

The Word, whose word can make me whole,
　Has heard my spirit's cry,
And in the palace of the soul,
　He dwells, my Lord and I.

How holy must the temple be,
　Where Jesus reigns within,
His precious blood, outpoured for me,
　I trust to make me clean.

And He is come, to whom the praise,
　The joy of heaven, belong;
My face I veil, my hands I raise,
　And silence is my song.

And now to me the gladdest thing
　Be His sweet will alone;
Content, since I am with the King,
　To make His choice my own.

He makes His palace in my soul,
　He brings my spririt nigh;
Within my heart, 'neath His control
　I dwell, my Lord and I!

W. J. Govan